Corvalán · Gespräche mit Margot Honecker

Luis Corvalán

Gespräche mit

MARGOT HONECKER

über

DAS ANDERE DEUTSCHLAND

Das Neue Berlin

Dieses Buch erscheint in Zusammenarbeit mit dem SPOTLESS-Verlag Berlin.

Die Übersetzung der im Original spanischsprachigen Texte (Prolog von Luis Corvalán, Epilog von Alfredo Bauer und Gerti Neumann sowie des Briefes von Luis Corvalán vom 12.1.2.1992) besorgte Sabine Schell.

ISBN 3-360-00950-9

Rosa-Luxemburg-Str. 39, 10178 Berlin
Umschlagentwurf: Jens Prockat
Druck und Bindung: Ebner Ulm

Inhaltsverzeichnis

Zur Einführung ...

Dieses Buch hat überraschend viele Vorworte. Mit gutem Grund. Es entstand in Chile und war für chilenische Leser gedacht, Menschen wohl vor allem, die einst vor der Pinochet-Diktatur fliehen mußten und in einem für sie fernen Land, der DDR, vorübergehend eine zweite Heimat fanden. Nach deren Untergang stellten sich ihnen viele Fragen. Nach dem Schicksal von Freunden, nach den Folgen der gesellschaftlichen Kehrtwende in diesem Land. Die Medien gaben ihnen kaum Antworten.

Als Erich Honecker am Ende eines skandalösen Prozesses aus seiner Heimat vertrieben wurde, fand er mit seiner Frau Margot in Chile ein Asyl. Es gab viele Chilenen, die die Solidarität, die einst die DDR gegenüber ihren Flüchtlingen geübt hatte, mit dieser Geste erwidern wollten.

Nun, Jahre nachdem Erich Honecker seiner tückischen Krankheit erlag, machte sich dessen Genosse, Freund und Kampfgefährte Luis Corvalán daran, Margot Honecker Fragen über das andere, das untergegangene Deutschland zu stellen. Sie kennt die Gegenwart in jenen Bundesländern, denen man eine blühende Zukunft versprach, aus Briefen, Botschaften und Büchern, die Vergangenheit kennt sie aus eigenem Erleben. Corvalán und Margot Honecker saßen oft beisammen, und eines Tages füllten Fragen und Antworten ein Buch. Das erschien in Chile – zu wiederholen wäre: für Chilenen – und sorgte für hektisches Getümmel in den deutschen Medien. Man suchte sich ein paar Antworten heraus, übersetzte sie für die eigenen Absichten möglichst paßgerecht aus dem Spanischen ins Deutsche, schnitt und montierte so lange, bis man das gewünschte Horrormosaik beisammen und für wenigstens 24 Stunden wieder Stoff für neue Anti-DDR-Storys hatte. Die Woge verebbte, aber es blieben ernsthaft Interessierte, die das Buch lesen wollten.

Der Urtext war in deutscher Sprache geschrieben worden, eine Rückübersetzung aus dem Spanischen hätte die ur-

sprüngliche Sprache kaum wiederherstellen können. Margot Honecker – skeptisch, ob es in Deutschland Interesse für dieses Buch gibt – übergab das in Chile erschienene Buch mit den für deutsche Leser gedachten Ergänzungen dem SPOTLESS-Verlag, der sich mit dem Verlag Das Neue Berlin zusammentat und das Projekt in Angriff nahm.
Während der Arbeit am Text tauchte sofort die Frage auf, ob es Sinn macht, ein Interview, das für mehr oder weniger informierte Ausländer geschrieben wurde, in Deutschland nachzudrucken. Es ist ein Text meist längst bekannter und zu DDR-Zeiten oft publizierter Fakten. Das aber bot auch positiven Reiz, dieweil viel in Vergessenheit geraten war und die Bücher, in denen man solche Fakten nachlesen konnte, bekanntlich gründlich »entsorgt« worden waren. Es tauchten logischerweise auch Fragen auf, die Margot Honecker in Santiago nachträglich beantwortete. So wuchs das Buch. Und deshalb braucht es einige Vorworte, in denen die Beteiligten ihre Anliegen knapp erklären.

Spotless-Verlag
Klaus Huhn

Verlag Das Neue Berlin
Matthias Oehme

Margot Honecker

Vorweg bemerkt

Vielleicht fragt mancher, was Don Lucho und mich bewogen hat, das eine und das andere von den vielen Gesprächen, die wir hatten, in die Öffentlichkeit zu bringen.

Aus vielen Begegnungen weiß ich, daß es in Chile, in dem Land, in dem ich ein Zuhause gefunden habe, nicht wenige Menschen gibt, die sich aus unterschiedlichster Sicht für die Fragen interessieren, die Don Lucho in unseren Gesprächen aufgeworfen hat.

Ich habe versucht, aus meiner Sicht auf einige Fragen Antwort zu geben. Es sind und bleiben noch viele offen, und es gibt nicht wenige Fragen, auf die es wohl heute noch keine gültigen Antworten gibt oder geben kann. Wir äußern also Gedanken, Überlegungen, die der Leser weiter bedenken oder in Frage stellen wird, um sich eine eigene Meinung zu bilden.

Es ist sicher eine berechtigte Frage, ob heute ein Interesse daran besteht, sich mit zurückliegenden Ereignissen, wie wir sie in diesem Büchlein aufgreifen, zu befassen. Schließlich leben wir in einer Zeit, da die Menschen überflutet werden von sich überstürzenden Ereignissen, in einer Zeit auch, angefüllt mit persönlichen Sorgen, in einer Zeit wachsender wirtschaftlicher, sozialer Spannungen und zunehmender Konflikte in verschiedenen Ländern auf allen Kontinenten unserer Erde.

Wer die Entwicklung unserer Welt heute hinterfragt, kommt nicht umhin, sie in Beziehung zu setzen zu dem, was vor über einem Jahrzehnt im Herzen Europas geschah. Es ist doch immer klarer erkennbar, daß die »Wende«, die in Europa stattfand, der Auslöser war für die tiefgreifenden Veränderungen, die sich seitdem in der Welt vollzogen haben und vollziehen. Es läuft nun, da die sozialistischen Länder Europas in den Kapitalismus zurückkatapuliert wurden, ungehemmt eine Entwicklung ab, die zu immer größeren Belastungen der Armen in dieser Welt führt, zu ungehemmter Einmischung der großen und mächtigen Staaten in die inneren Angelegenheiten der schwächeren – und dies wieder mit Gewalt und Krieg. Und es ist nicht zu übersehen, daß sich eine Entwicklung vollzieht, in der sich die neofaschistische Gefahr ausbreitet. Ich denke, Heutiges wird nur verständlich, wenn man es in historischen Zusammenhängen sieht.

Wir sprechen in dem vorliegenden Büchlein ein wenig über die Geschichte der DDR. Um sich über die Geschichte der DDR, ihre Entstehung, ihr Wachsen und ihr Ende ein Bild machen zu können, muß man ihre Geburt, ihre Entwicklung und ihre Niederlage in Zeit und Raum, in Zusammenhängen und nicht losgelöst vom Verlauf internationaler Entwicklungen betrachten. Was in dieser Publikation darüber gesagt ist, erhebt nicht den Anspruch auf eine umfassende Geschichtsbetrachtung. Es werden Fakten benannt, die mehr oder weniger bekannt, manchen Jüngeren aber unbekannt oder bei manchen in Vergessenheit geraten sind.

Es ist unser Anliegen, einen bescheidenen Beitrag dazu zu leisten, historische Wahrheiten gerade jetzt in Erinnerung zu rufen. Leider ist durch das Trommelfeuer verleumderischer Politik und einer Geschichtspropaganda, die jenem aktuellen Zeitgeist huldigt, der verlangt, alles in Frage zu stellen und zu verleumden, was sozialistisch war, in den Köpfen vieler Menschen längst ein verzerrtes Bild entstanden. Denn die Achtung vor der Wahrheit ist nicht die Stärke der heutigen Propaganda und sogenannter historischer Darstellungen, weder über den Sozialismus, um den wir uns bemüht haben, noch über die Länder, die sich unter großen Schwierigkeiten heute weiter darum bemühen.

Es ging uns bei den Betrachtungen, was und wie der Sozialismus in der DDR war, bei allem Ungelösten, Unvollkommenen, das ihm anhaftete und bei den vielen offengebliebenen Wünschen, besonders darum, deutlich zu machen, daß Arbeit, Bildung, Kultur für alle, Sorge um die Kinder und die Alten, solidarisches Miteinander, Achtung vor anderen Völkern und Rassen, Antifaschismus und Frieden in der DDR beheimatet waren.

Nicht alle unsere Ideale und Ziele konnten wir verwirklichen. 40 Jahre sind in der Geschichte der Menschheit nur eine kurze Zeit. Aber in diesen wenigen Jahrzehnten wurde mehr für die Verwirklichung der Menschenrechte getan als gestern und heute in den Ländern des Kapitals, die sich so gern anmaßten und anmaßen, in den sozialistischen Ländern Menschenrechte einzuklagen.
Ob es uns gelungen ist, ein wenig begreiflich zu machen, daß jeder Schritt beim Aufbau einer neuen Gesellschaft ein Schritt in eine neue Welt war, ein ständiges Suchen nach immer neuen Lösungen, daß wir auch irrten, daß wir Fehler machten, daß unsere Ordnung ihre Kinderkrankheiten und Wachstumsschwierigkeiten hatte, daß wir gute Freunde, aber auch gefährliche Feinde hatten, das soll der Leser beurteilen.
Ich will auch gleich vorweg sagen, daß Sie von mir keine umfassende Betrachtung oder gar Analyse der Ereignisse 1989 erwarten können. Das versuchen zu wollen, wäre vermessen von mir. Noch gibt es nirgends eine tiefgreifende Analyse der Ursachen der Wende in Europa, doch gibt es mehr und mehr theoretische Diskussionen und wissenschaftlichen Meinungsstreit, der zur weiteren Klärung beitragen wird. Ich habe nur einige Gedanken dazu geäußert.
Vielleicht enttäusche ich einige, die von mir so etwas wie Plaudereien aus den Hinterzimmern der Chefetagen oder Urteile über Personen erwarten, mit denen ich gemeinsame Wege ging, bis sie vor oder nach 1989 andere Wege einschlugen, die Seiten wechselten, die sich irrten in der Politik und so Verantwortung für Geschehenes tragen. Darüber, so denke ich, wird die Geschichte urteilen.
Vielleicht enttäusche ich einige Freunde, die so etwas wie meine Memoiren erwartet hätten. Und jene, die, wie heute üblich, darauf aus sind, die Intimsphäre von Menschen, die in der Öffentlichkeit standen oder stehen, zu vermarkten, kommen auch nicht auf ihre Kosten.
Wir haben dem Büchlein den Titel gegeben »Das andere Deutschland«. Das andere Deutschland wurde in unserer Ge-

schichte stets durch jene verkörpert, die auf der Seite des Fortschritts gegen die Reaktion standen. Das andere Deutschland, das waren die Spanienkämpfer, die die spanische Republik verteidigten. Das andere Deutschland repräsentierten diejenigen, die in der Zeit der Hitlerdiktatur gegen Faschismus und Krieg in Deutschland oder in Frankreich in der Resistance oder in der Sowjetarmee oder gemeinsam mit Partisanen gegen den Faschismus und – wo auch immer – gegen Unterdrückung und für die wahren Menschenrechte kämpften.
Das andere Deutschland wurde auch vertreten durch die vom Faschismus in die Emigration getriebenen Kommunisten, Sozialisten, Christen und Juden, darunter viele deutsche Dichter und Geistesschaffende. In der Zeit des in zwei Staaten geteilten Deutschlands war dieses andere Deutschland die Deutsche Demokratische Republik, ihre Bürger, die sich diesem fortschrittlichen Erbe der Geschichte verpflichtet fühlten.
Das andere Deutschland heute, das sind die demokratischen Kräfte, das sind die Linken, die leider noch geschwächt und nicht einig sind, die dennoch eine Kraft sind in Ost und West, die gegen Sozial- und Demokratieabbau, die gegen Krieg und Rüstung und gegen den eskalierenden Faschismus kämpfen. Die konsequentesten unter ihnen wissen wohl, daß heute nicht die Zeit ist für Illusionen, daß es tagtägliche Mühen erfordert, die Interessen der Menschen zu verteidigen, verlieren aber dennoch nicht das Ziel aus den Augen, eine gerechte menschliche Gesellschaft zu erkämpfen.
Ich mache auch in diesem Büchlein kein Hehl daraus, daß ich bei aller kritischen Betrachtung von Versäumnissen und Fehlern mit denen übereinstimme, die dafür eintreten, daß es die historischen Erfahrungen des Sozialismus zu bewahren gilt für ein besseres Morgen.
Ich hoffe, daß ich Sie anregen konnte, das Büchlein zu lesen.

(Rede Margot Honeckers bei der Vorstellung des Buches in spanischer Fassung in Santiago)

Luis Corvalán

Prolog

Die Deutsche Demokratische Republik, die DDR, wird in die Geschichte eingehen, weil sie der erste sozialistische Staat war, der auf deutschem Boden errichtet wurde. Unter Führung der Arbeiter entstand sie in dem rückständigsten und am meisten durch den Krieg zerstörten Teil Deutschlands, besaß weniger Territorium als die Zweite Region Chiles – nur 108 tausend Quadratkilometer – und hatte nur 16 Millionen Einwohner. Trotz dieser Beschränkungen wurde sie zu einem der 10 am meisten entwickelten Industrieländer der Welt und erreichte einen hohen Entwicklungsgrad und ein gutes Lebensniveau.

Ihr Wirtschaftswachstum war nicht zum Wohle einiger weniger, wie es im Kapitalismus der Fall ist, sondern zum Wohle aller, zum Wohl des Volkes.

Der berühmte und konsequente sozialistische Revolutionär Clodomiro Almeyda sagte nach zehn Jahren Aufenthalt in der DDR, daß ihre größte Anziehungskraft in der Einheit von wirtschaftlicher Entwicklung und dem Wohlstand der Menschen bestand. »Die Fortschritte in der Wirtschaft widerspiegeln sich stets auf sozialem Gebiet, dienen dem Wohlstand der Bürger«, erklärte er im Oktober 1989 in der Zeitschrift »Puente«. Und er fügte hinzu: »Dazu kommt ein hoher Entwicklungsgrad des politischen und sozialen Bewußtseins des Volkes. Die Sozialistische Einheitspartei Deutschlands, die SED, ihre Bündnisparteien und alle gesellschaftlichen Organisationen sind bemüht, das Bewußtsein des Volkes wachzuhalten für die historische Tragödie, die der Faschismus für Deutschland und Europa darstellte.«

Seit die Wortführer und Propagandisten des Kapitalismus versuchen, die ganze Welt glauben zu machen, daß der Sozialismus mit seinem Vorhaben, eine bessere Gesellschaft zu schaffen, gescheitert ist, habe ich die Pflicht verspürt, sie mit dem konkreten Beispiel der DDR Lügen zu strafen. Margot

Honecker verfolgt dasselbe Ziel. Mit diesen Zeilen wollen wir einen kleinen Beitrag dazu leisten.
Die DDR zeichnete sich aus durch ihr entschlossenes und permanentes Eintreten für den Weltfrieden und durch die umfassende und großzügige Praxis der internationalen Solidarität. Kuba, Vietnam, Äthiopien, Mozambique, Angola und Chile, neben vielen anderen Ländern der sogenannten Dritten Welt, erhielten ihre Unterstützung und ihre entschlossene und umfassende moralische und materielle Hilfe.
Der Schreiber hat nicht in der DDR gelebt, sie aber oft besucht, hat ihre Entwicklung und ihre Politik ständig aufmerksam verfolgt, hatte vielfältige Kontakte zu ihren Menschen und hat sehr direkt die Gefühle von Freundschaft und Solidarität erfahren, die dem chilenischen Volk in den Jahren der Allende-Regierung und während der Pinochet-Diktatur in tausendfacher Form erwiesen wurden. Ihr Exil in der DDR lebten mehr als zweitausend unserer Landsleute, Parteigänger oder Sympathisanten aller Parteien der Unidad Popular. Die Deutschen haben sie mit offenen Armen aufgenommen. Sie lösten ihre Probleme mit Wohnung, Arbeit, Gesundheit und Bildung und umgaben sie mit einer Atmosphäre von Zuneigung und Brüderlichkeit.
Der SED-Beauftragte für internationale Beziehungen war Hermann Axen. Er gehörte zur Thälmann-Brigade und hatte während des Bürgerkrieges in Spanien gekämpft. Er konnte etwas Spanisch. Ich war oft mit ihm zusammen, und jedesmal, wenn ich seine Hilfe in einer konkreten Angelegenheit erbat, begann ich damit, mich für die Belästigung oder das Problem zu entschuldigen, die meine Bitte mit sich bringen könnte. Daraufhin sagte er stets zu mir: »Machen Sie sich keine Sorgen, Genosse. Wozu sind wir da, wenn nicht, um zu helfen.«
Ich hoffe, daß diese Seiten verstanden werden als Ausdruck der Zuneigung und der Anerkennung der DDR, die für immer in unseren Herzen bewahrt ist.
Gleichzeitig erfüllen wir unsere Pflicht, die Stimme des Ab-

scheus zu erheben gegen den infamen Prozeß, der im Kohl-Deutschland gegen Erich Honecker und seine engsten Mitstreiter eröffnet wurde und der heute fortgesetzt wird gegen ehrenwerte Personen, die als Minister, Parlamentarier, Richter, Soldaten und Offiziere der Armee oder der Sicherheitsorgane der DDR tätig waren.

Die DDR entstand als Folge der Teilung Deutschlands in vier von den Siegermächten des Zweiten Weltkriegs besetzte Zonen und – noch konkreter – als vorhersehbare und unvermeidliche Folge der einseitigen, von den Vereinigten Staaten, Großbritannien und Frankreich getroffenen Entscheidung, in den drei von ihnen befehligten Zonen die Bundesrepublik Deutschland zu gründen. Es versteht sich von selbst, daß mit der Gründung des westlichen deutschen Staates die Gründung eines anderen Staates in der östlichen Zone absolut unvermeidlich war und damit das Verschwinden des Status einer von der Sowjetunion besetzten Zone. Doch Verständnis und Logik sind nicht gerade häufig zu finden im nationalen oder internationalen politischen Leben, denn die Stärksten pflegen ihr Diktat durchzusetzen, wie es kurz nach der Zerschlagung des faschistischen Deutschlands der Fall war.

Damals ließen sich die Westmächte auf die Politik des »Kalten Krieges« ein. Besagte Mächte und die Länder unter ihrem Einfluß- oder Herrschaftsbereich erkannten die Deutsche Demokratische Republik nicht an, unterhielten weder diplomatische noch Handelsbeziehungen zu ihr und schlossen sie über 20 Jahre aus den Vereinten Nationen aus. Diese Politik scheiterte schließlich 1971 mit der Anerkennung durch die UNO, zu der die Allende-Regierung, die bereits zuvor diplomatische Beziehungen zur DDR aufgenommen hatte, einen wertvollen Beitrag leistete. 1975 dann anerkannte die Konferenz von Helsinki ausdrücklich die Legalität der zu der Zeit bestehenden europäischen Grenzen, die historisch entstanden waren und den sozialistischen deutschen Staat einschlossen.

Aufgrund der neuen Situation unterhielt sogar die Regierung der Bundesrepublik Deutschland unter Helmut Kohl zwi-

schenstaatliche Beziehungen zu der von Erich Honecker geführten Regierung der DDR. Mehr noch, Kohl ging soweit, Honecker im September 1987 als Staatschef in Bonn zu empfangen, mit den dazugehörigen Zeremonien. Folglich sind die in der Bundesrepublik gegen Honecker und seine Genossen eröffneten Prozesse absolut willkürlich und dienen einzig und allein dem Bestreben der Verteidiger und Propagandisten des Kapitalismus, den Sozialismus anzugreifen und zu verleumden, indem sie ihn als System darstellen, das gegen die Menschenrechte und jedes humanistische Prinzip verstößt.
Hier wird beschrieben, wie es möglich war, von einem in Trümmern liegenden, kulturell, wirtschaftlich und gesellschaftlich vom Faschismus verwüsteten Territorium zu einem Land zu gelangen, wo die Menschenrechte Realität waren und dessen Bürger Zugang zu Arbeit, Bildung, Kultur und Sport hatten, sich von hohen und edlen Werten leiten ließen und sich um das Wohlergehen und das Glück jedes einzelnen und der ganzen Gesellschaft sorgten und wo ein Wirtschaftssystem existierte, in dem das gesellschaftliche Eigentum dominierte, und ein politisches Regime von mehreren Parteien, die in den Organisationen auf allen Gebieten und insbesondere und im Bewußtsein der Arbeiter verwurzelt waren. Wir denken, durch das Hervorheben dieser Wahrheiten auch dazu beizutragen, die Mauer aus Lügen über die DDR zum Einsturz zu bringen.
Wie es in der Geschichte immer der Fall war, berühren die großen gesellschaftlichen Umwälzungen, die in Richtung des gesellschaftlichen Fortschritts vorgenommen werden, die Interessen einiger weniger. Dies ist die Basis und der Ursprung der Klassenkonflikte, die mehr oder weniger gewalttätige Aktionen der einen oder der anderen Seite mit sich bringen, einschließlich schmerzvoller Erfahrungen, Mißbrauch und Ungerechtigkeiten nicht ausgeschlossen. In der DDR waren sie weniger häufig und schmälern nicht die Bedeutung ihrer großartigen Errungenschaften zum Wohle des Volkes und für den Frieden in Europa.

Der Autor Heins Kalhan sagt treffend: »Sogar im Kampf für die gerechteste Sache der Welt bleiben Ungerechtigkeiten nicht aus. Solange man dies nicht als Recht, sondern als Unglück betrachtet, wird es die gerechteste Sache der Welt bleiben.«
Eben dieser Sache haben viele Männer und Frauen des Volkes ihr Leben gewidmet, hervorragende Größen aus Kultur und Wissenschaft sowie ausgezeichnete Revolutionäre wie Ernst Thälmann, Wilhelm Pieck, Otto Grotewohl, Walter Ulbricht und Erich Honecker, die nur versuchten, das gesellschaftliche, politische, kulturelle und wirtschaftliche Leben zum Wohle aller zu verändern.
Bei der Bildung und Errichtung der neuen Gesellschaft nahm Honecker von Anfang an eine herausragende Rolle ein.
Als Sohn eines Bergarbeiters aus dem Saarland wurde er Dachdecker-Geselle, saß im Hitlerdeutschland zehn Jahre im Zuchthaus und mußte nach dem Untergang der DDR in das Gefängnis von Moabit zurückkehren. An Bauchspeicheldrüsenkrebs erkrankt, verbrachte er seine letzten Tage in Chile, wo er am 29. Mai 1994 starb, ein Jahr, vier Monate und 15 Tage, nachdem er unser Land betreten hatte.
Während seines Aufenthalts in Chile besuchte ich ihn relativ häufig. Ich habe ihn nie niedergeschlagen erlebt wegen seiner Krankheit, von der er genau wußte, daß sie tödlich war, und er redete nie über die schweren Tage des Zusammenbruchs der DDR, weder über die Zeit, die er das zweite Mal im Moabiter Gefängnis verbrachte noch über seine Parteigenossen, die in den Tagen der Prüfung schwach wurden, nicht über die infamen Beschuldigungen und Anklagen, die ihm galten, und auch nicht über die miserable Behandlung, die er von den Regierungen Kohl und Jelzin erfuhr. Ich sah ihn nur interessiert, immer mehr über Chile zu erfahren und uns über die Situation in Deutschland auf dem laufenden zuhalten.
In dem Buch über »Das andere Deutschland, die DDR« wird man auch Menschen aus dem revolutionären Umfeld erleben, die, wie es in dunklen Tagen zu geschehen pflegt, die Richtung verloren und sich auf ein Abenteuer ohne Zukunft ein-

ließen, auf das Abenteuer zu glauben, daß die deutsche Großbourgeoisie zulassen würde, daß die DDR erhalten bliebe und sie an ihrer Spitze, wenn sie nur ihren Kurs änderten.

Margot Honecker, die von Anfang an aktiv am Aufbau der Deutschen Demokratischen Republik beteiligt war, erzählt uns insbesondere von den Schwierigkeiten und den Errungenschaften. Als die DDR im Oktober 1949 geboren wurde, war sie 20 Jahre alt, doch war sie bereits eine erfahrene und tüchtige Antifaschistin. Sie war die jüngste Abgeordnete der Provisorischen Volkskammer und dann Mitglied der Volkskammer bis zum Ende der DDR. Sie gehörte zum Zentralkomitee der Sozialistischen Einheitspartei (Deutschlands) und hatte lange Jahre das Bildungsministerium unter sich. Sie erlebte also alle Prozesse, die mit der Gründung der DDR begannen, sich während der 40 Jahre des Aufbaus des Sozialismus entwickelten und in der Annexion des sozialistischen Staates durch die Bundesrepublik Deutschland gipfelten, von innen heraus. Während ihres Aufenthalts in Chile ist Margot Honecker am Rande der politischen Aktivität geblieben. Doch sie hat umfassende Kenntnis der deutschen Situation, welche sie täglich aufmerksam verfolgt.

Als ich ihr vorschlug, sie ausführlich zu interviewen und das Interview in einem kleinen Buch zu veröffentlichen, sagte ich ihr, mein Motiv sei der Wunsch, dazu beizutragen, die sozialistische Erfahrung der Arbeiterklasse und des Volkes der DDR hervorzuheben und zu würdigen, ohne die Absicht zu haben, eine vollständige Darstellung oder eine erschöpfende Analyse dieser Erfahrung und noch viel weniger des Zusammenbruchs des Sozialismus in der Sowjetunion und in Osteuropa vorzunehmen.

Ich fügte hinzu, daß ich diese Arbeit als eine Art Reportage konzipiert habe, wie eine im wesentlichen auf Fragen und Antworten basierende Unterhaltung.

Wir werden über »alles Mögliche« reden, sagte ich zu ihr, und Sie können auf die Fragen, die ich Ihnen stelle, antworten oder auch nicht. Bei einigen Fragen werde ich als unverschämter

Journalist auftreten und nach ihrer Meinung zu Dingen fragen, die für mich verständlich sind oder es sein könnten, aber über die bei nicht wenigen Leuten Unwissenheit oder Verwirrung herrscht. Dann werde ich dem Buch eine Form geben und es Ihrer Beurteilung überlassen. In dem Buch wird nicht ein einziges Wort stehen oder stehenbleiben, mit dem Sie nicht einverstanden sind. Und so haben wir es gemacht. Margot ist eine intelligente und gefühlvolle Frau, die nur das Nötigste sagt und manchmal gar nichts oder nur mit ihren himmelblauen, lebhaften Augen und einer leichten Kopfbewegung ihre Zustimmung oder Ablehnung verrät. Sie sagte nichts zu mir, aber ich merkte, daß ihr die Idee gefiel, sie dachte einige Tage darüber nach, und als wir erneut miteinander sprachen, wies sie mich auf die Sprachschwierigkeiten hin, denn ich verstehe nicht ein Wort Deutsch, und sie spricht wenig Spanisch.

Dann schauten wir nach Möglichkeiten, die Schwierigkeiten zu überwinden, die sich als größer erwiesen, als ich gedacht hatte, und vor denen wir uns zuguterletzt retteten mit Hilfe von Borgis Lohan, Barbel Saavedra, Patricia Silva, Juan Carlos Arriagada und vor allem durch die wertvollen Hilfestellungen von Professor David McConell und dem Schriftsteller Dr. Alfredo Bauer, einen gebürtigen Österreicher, der schon seit vielen Jahren in seiner zweiten Heimat Argentinien lebt, und seiner Ehefrau, Gerti Neumann, einer Argentinierin von österreichischer Abstammung. Ihnen allen sind wir sehr dankbar.

Als der in der Sowjetunion und den Ländern Osteuropas errichtete Sozialismus scheiterte, verkündeten die Sprecher der multinationalen Konzerne das Ende der Geschichte und die ewige Herrschaft der neoliberalen Version des Kapitalismus. Nachdem kaum zehn Jahre seit diesen Jubeltagen für die Kapitalisten vergangen sind, ist der Neoliberalismus bereits entlarvt und erscheint als das, was er ist: das große Geschäft der Multinationalen, die in ihrem Gewinnstreben die Ausbeutung des Menschen durch den Menschen verschärfen, auf

Kosten der armen Länder immer mehr Reichtümer anhäufen, die natürlichen Ressourcen der Erde plündern und die Umwelt für das Überleben der Menschheit vernichten. All dessen sind sich die Menschen mehr und mehr bewußt und fangen an, das System in Frage zu stellen.
So viele Hindernisse und Schwierigkeiten es auch in der Gegenwart geben mag, ich bin sicher, daß die Völker letzten Endes den oder die Wege beschreiten werden, die zu einer klassenlosen Gesellschaft führen, in der alle Menschen wirklich Brüder sein werden. Und bei diesem neuem Unternehmen werden sie die sozialistischen Erfahrungen von gestern berücksichtigen, mit ihren Erfolgen und Irrtümern, darunter auch die wertvolle Erfahrung der Deutschen Demokratischen Republik.

Santiago de Chile, September 2000
Luis Corvalán

I. Margot Feist

LUIS CORVALÁN: Meine Gesprächspartnerin war als Margot Feist Abgeordnete der ersten Volkskammer der DDR. Später heiratete sie Erich Honecker und begleitete ihn, als man ihn aus Deutschland verbannte, nach Chile. Hier lebt sie seit 1992. Zunächst einige Fakten zu ihrem Lebenslauf. Sie wurde im April 1927 in Halle geboren, einem Industriezentrum in Mitteldeutschland. Sie wuchs in einer Arbeiterfamilie auf, lernte schon bald Verantwortung zu tragen für die Familie und nahm schon früh am politischen Geschehen teil. Sie lernte den Faschismus am eigenen Leib kennen, erlebte den Krieg und die schweren Nachkriegsjahre. Ihr Vater war ein überzeugter Antifaschist und verbrachte sieben Jahre hinter Gittern und Stacheldraht, erst im Zuchthaus, danach im Konzentrationslager Buchenwald. Ihre frühe Kindheit war überschattet von der Arbeitslosigkeit des Vaters und später durch Hausdurchsuchungen der Gestapo. Das prägte ihre Haltung. Da war noch ein drei Jahre jüngerer Bruder, mit dem Sie bis heute eng verbunden sind.

MARGOT HONECKER: Leider ist mein Bruder seit Jahren schwer krank. Mein Vater starb, kurz bevor mein Mann starb. Er war sein Leben lang aktiver Gewerkschafter und Kommunist. Er kam während seiner Wanderjahre als Schuhmachergeselle auch nach Mitteldeutschland und dort mit der sich gegen die Ausbeutung wehrenden Arbeiterklasse in Berührung. Meine Mutter war, als er sie kennenlernte, Arbeiterin in einer Matratzenfabrik. Ihr Vater war im Ersten Weltkrieg gefallen und hatte eine Frau mit sieben Kindern hinterlassen.
Da wir nun schon mal bei meinem Lebenslauf sind: 1933 kam ich in die Schule, im gleichen Jahr wurde mein Vater verhaftet. Meine Mutter hatte es nicht leicht, meinen Bruder und mich durchzubringen. Sie war eine einfache, aber kluge und vor allem sehr tapfere Frau. Sie starb 1940, 34 Jahre alt. Ein Jahr vorher war mein Vater entlassen worden, wenige Mona-

te später beendete ich die Schule. Ihr Tod war die Folge einer Abtreibung. Damals wie heute wurden und werden Millionen Frauen in der Welt aus materieller oder psychischer Not durch Gesetze dazu gezwungen.
Wenn ich mich heute noch oft an meine Mutter erinnere, dann, weil sie uns half, das Leben richtig zu sehen. Sie lehrte uns auch, die faschistische Greuelpropaganda zu durchschauen, die Kommunisten als »Untermenschen« verdammte. Der Haß der Faschisten auf die Kommunisten resultierte daraus, daß sie die ersten gewesen waren, die in Deutschland gegen einen drohenden Krieg auftraten und kämpften. Ihre Worte: »Ihr könnt den Kopf hoch tragen, denn Euer Vater gehört zu den Menschen, die Gutes wollen für alle Menschen«, vergaßen wir nie.

LUIS CORVALÁN: Wie ging es in Ihrem Leben weiter, als Ihr Vater aus Buchenwald zurückkam?

MARGOT HONECKER: Natürlich wußte man in Deutschland von den Konzentrationslagern. Nun hörte ich von meinem Vater aus eigenem Erleben von den Leiden der Menschen, von den Grausamkeiten der Faschisten, von den Genossen, die dort starben, den Greueltaten an den Juden, den Sinti und Roma. Vater und Freunde sprachen nicht wie Helden über das Erlebte, einfach und schlicht sprachen sie über den Widerstand und über die Genossen, die sie verloren hatten.

LUIS CORVALÁN: Und wie vollzog sich Ihr weiteres Leben?

MARGOT HONECKER: Nach dem Tod meiner Mutter sorgte ich für meinen Vater und meinen Bruder, und die illegale Gruppe, in der mein Vater tätig war, bezog mich in ihre Arbeit ein.

LUIS CORVALÁN: Das war sicher nicht ungefährlich, so jung, wie Sie damals waren.

MARGOT HONECKER: Ob ich Angst hatte? Ja sicher, aber Angst war ja überall in dieser Zeit, sie war alltäglich geworden. Später zog ich mit meinem Bruder wegen der häufigen Fliegeralarme nach Schlesien zur Mutter meines Vaters. Dort wurde ich im »totalen Krieg«, den die Nazis verkündet hatten, dienstverpflichtet, in einem Fernamt zu arbeiten. Das war mir noch lieber als in einer Munitionsfabrik zu arbeiten.

LUIS CORVALÁN: Dort blieben Sie bis Kriegsende?

MARGOT HONECKER: Ja, dort in Schlesien erlebten wir den Einmarsch der Sowjetarmee im Mai 1945. Bis in die letzten Minuten kämpfte deutsche und lettische Waffen-SS gegen die Sowjets. Im September 1945 schlugen wir uns durch nach Hause, nach Halle. Mit uns strömten Hunderttausende Umsiedler aus den nun polnisch gewordenen Gebieten Schlesiens. Bis 1948 kamen über vier Millionen Umsiedler in die sowjetische Besatzungszone, das waren über 40 Prozent der 10 Millionen Umsiedler, die auf die vier Besatzungszonen Deutschlands verteilt wurden.
In Halle begann ich im Antifaschistischen Jugendausschuß mitzuarbeiten. In vielen Orten hatten sich solche Ausschüsse gebildet. Im Vordergrund stand praktische Arbeit: Die Trümmer der Ruinen mußten beseitigt werden, zerstörte Dächer erneuert, Schulen wieder nutzbar gemacht, Jugendheime eingerichtet, Sportplätze instandgesetzt und Alten und Kindern geholfen werden, der Not des Alltags Herr zu werden. Wir sammelten Kohle und Holz und organisierten auch noch die ersten Weihnachtsfeiern. Tagsüber halfen wir, wo wir konnten, und manche Nacht hindurch diskutierten wir mit Gleichaltrigen, um sie für unsere Ziele zu gewinnen. Viele mußten aus ihrer Lethargie geweckt oder gar aus ihrer Trauer über den »verlorenen« Krieg aufgerüttelt, manche auch noch von ihrem Wahn befreit werden, Deutschland rangiere vor anderen Völkern und die Germanen vor anderen Rassen. Damals lernte ich, wie schwer es oft ist, die Wahrheit zu verbreiten.

LUIS CORVALÁN: Wenn Sie von jungen Leuten sprechen, die sich diesen Aufgaben widmeten, so waren das anfangs doch sicher nicht viele?

MARGOT HONECKER: Nein, wir waren nur wenige. Junge Kommunisten, Sozialisten, liberale Demokraten, es waren auch solche dabei, die vorher die Uniform der Hitlerjugend getragen hatten und die der Krieg mit seinen Schrecken belehrt hatte. Wir waren glücklich, wenn nach und nach immer mehr von den vielen noch abwartend Beiseitestehenden mitmachten.

LUIS CORVALÁN: Wofür waren Sie konkret verantwortlich?

MARGOT HONECKER: Ich hatte mich mit anderen um die Kinder zu kümmern, die noch hungerten, die Vater oder Mutter verloren hatten oder ihre Schule durch die Kriegseinwirkungen nicht hatten beenden können. Wir kümmerten uns um die Umsiedlerkinder, die eine neue Heimat finden sollten. Gemeinsam mit jungen antifaschistischen Lehrern gelang es uns nach und nach, die Kinder von der Straße zu bringen. Es wurde eine »Kindervereinigmg« ins Leben gerufen, in der sich die Kinder zusammenfanden zu gemeinsamen Spiel, zum Lernen, zum Sport.
Ende 1949 wurde ich als Vorsitzende der Pionierorganisation, die aus der Kindervereinigung hervorgegangen war, nach Berlin berufen.

LUIS CORVALÁN: Und gingen Sie begeistert in die Hauptstadt?

MARGOT HONECKER: Offen gestanden fiel es mir schwer, aus Halle wegzugehen. Dort war ja auch meine politische Heimat, dort hatte ich meine Familie, Freunde und Genossen, alte und junge. Dort hatte ich die Vereinigung der beiden Arbeiterparteien erlebt, hatte als junges Mädchen mit diskutiert, wenn Sozialdemokraten und Kommunisten nach gemeinsamen Wegen suchten.

LUIS CORVALÁN: Das war sicher kein leichter Prozeß bis zur Vereinigung?

MARGOT HONECKER: Es war nicht leicht, aber die meisten waren überzeugt, daß es ein historisch notwendiger Schritt war. Man wollte Lehren aus der Geschichte ziehen, wollte die unheilvolle Spaltung der Arbeiterklasse endlich beenden. In diesen Diskussionen ging es auch nicht ohne gegenseitige Vorwürfe ab. Mancher Kommunist erinnerte sich an revolutionäre Kampfaktionen, die von der Polizei niedergeknüppelt wurden, deren Präsident ein Sozialdemokrat war, und mancher Sozialdemokrat erinnerte sich an das sektiererische Verhalten von Kommunisten. Beide aber waren sich einig, daß es ein Unglück gewesen war, nicht rechtzeitig die Aktionseinheit der Arbeiterklasse gegen den Faschismus zustandezubringen. Wenn wir Jungen uns in die Diskussion einmischten – manchmal aus Sorge, daß sich die Alten nicht einigen würden –, hieß es oft: »Ihr Jungen könnt das nicht beurteilen.« Aber schließlich gingen diese Zusammenkünfte mit dem Wunsch und dem Willen zur Vereinigung zu Ende. Um noch einmal darauf zurückzukommen: Nach Berlin zu gehen, das hieß für mich auch, dorthin zu gehen, wo man gebraucht wird. Wir waren nicht aus Opportunismus in die Partei gekommen, weil wir uns Vorteile davon versprachen oder aus Gründen des eigenen Fortkommens. Später erlebten wir das leider öfter.

LUIS CORVALÁN: Und noch eine mehr persönliche Frage: Wann haben Sie Erich Honecker kennengelernt?

MARGOT HONECKER: Als ich nach Berlin kam, war ich eine junge Frau mit einem eigenen politischen Profil, das ich mir auch später immer zu bewahren suchte. Ich kannte Erich, so wie andere den Vorsitzenden des Jugendverbandes kannten.

In unserer gemeinsamen Arbeit in Berlin kamen wir uns auch persönlich näher. Wir heirateten, bekamen eine Tochter, später auch Enkelkinder. Wir erlebten glückliche und traurige Stunden, erlebten gemeinsam Höhen und Tiefen im persönlichen wie im politischen Leben.

II. Der schwere Anfang

LUIS CORVALÁN: Margot, ich glaube, es wäre interessant für die Leute in Chile, wenn Sie aus Ihrer Sicht erklären, wie die sozialistische DDR beschaffen war. Ich las in den Erinnerungen Erich Honeckers, welch schreckliches Erbe das Hitlerregime hinterlassen hatte. Millionen Menschen hatten seine Weltherrschaftspläne mit dem Leben bezahlen müssen. Millionen deutsche Soldaten befanden sich in Kriegsgefangenschaft. Auf der Suche nach einem Obdach zogen Millionen Flüchtlinge über die Landstraßen. An kaum einer Familie war die Naziherrschaft spurlos vorübergegangen ... Produktionsstätten waren schwer beschädigt, Verkehrs- und Nachrichtenverbindungen unterbrochen ... viele Stätten wissenschaftlicher Lehre und Forschung lagen in Schutt und Asche ... die meisten Menschen dachten nur an den nächsten Tag. Ihre Gedanken kreisten um ein Stück Brot, um ein Dach über dem Kopf.

MARGOT HONECKER: Der Krieg, der von Deutschland ausgegangen war, war an seinen Ausgangspunkt zurückgekehrt. Als ich das erste Mal im Oktober 1945 mit meinem Bruder auf dem Weg in meine Heimatstadt Halle durch das in Schutt und Asche liegende Dresden lief, habe ich geweint. Nichts war mehr geblieben von der Schönheit dieser Stadt. Wir waren in späteren Jahren sehr glücklich, als ein Teil der großen Kulturstätten mit viel Mühe wiederaufgebaut war, bewundert von aller Welt, auch von den Herren aus dem Westen. Viele von denen taten nach 1989 so, als hätten sie ein »marodes« Dresden übernommen, in dem sie erst Ordnung schaffen mußten ...
Die Kriegsfolgen auf unserem Territorium waren verheerend. Es kann nicht oft genug wiederholt werden: Von den 70 Prozent der deutschen Industrie, die sich in den westlichen Besatzungszonen befanden, waren 20 Prozent zerstört, in der sowjetischen Besatzungszone waren nur 30 Prozent der deut-

schen Industrie beheimatet, und davon waren 45 Prozent zerstört. Das war also eine höchst ungleiche Ausgangsbasis. Die deutsche Industriestruktur war historisch gewachsen, war einst ein einheitlicher Organismus. Viele wissen: Auf dem Gebiet der DDR gab es keine nennenswerte Stahlindustrie, keine Steinkohle, keine bedeutenden Werften.

LUIS CORVALÁN: Auf dem VII. Parteitag 1967 der SED stellte Honecker die Frage, was wohl aus den Herren Kapitalisten geworden wäre, wenn 1945 im Osten 120 Hochöfen und im Westen 4 Hochöfen gestanden hätten ...

MARGOT HONECKER: Daran soll man schon erinnern. Und auch daran, daß in der sowjetischen Besatzungszone die Rüstungsbetriebe demontiert wurden und an die SU faktisch für ganz Deutschland die Reparationskosten gezahlt wurden. Bekanntlich hat ein Bremer Historiker, Prof. Dr. Peters, errechnet, daß die DDR 98 Prozent der gesamten deutschen Reparationen geleistet hat.

LUIS CORVALÁN: Ergab sich das nicht aus den Potsdamer Beschlüssen?

MARGOT HONECKER: Nach dem Potsdamer Abkommen mußte Deutschland allen Siegermächten Kriegsentschädigungen zahlen. Faktisch aber haben die sowjetische Zone und die spätere DDR die Hauptlast dieser Zahlungen tragen müssen. Ungeachtet dieser Ausgangsbedingungen, ungeachtet des von Anfang an gegen die DDR geführten Wirtschaftskrieges hatte sich die DDR zu einem international anerkannten Industrieland entwickelt.

LUIS CORVALÁN: Wenn Sie von wirtschaftlicher Aggression sprechen, meinen Sie die Embargopolitik gegen die DDR, die wirtschaftliche und diplomatische Blockade auf der Grundlage der »Hallstein-Doktrin« und des Marshall-Plans, über den die USA Milliarden Dollar als Starthilfe für Westeuropa ausgaben, die Westzonen Deutschlands inbegriffen. Damit sollte verhindert werden, daß, wie sie ganz offen erklärten, weitere Länder in die Hände des Kommunismus fielen, sollte also ein Damm gegen den Kommunismus errichtet werden.

MARGOT HONECKER: Womit sie auch kräftig halfen, das westdeutsche Monopolkapital zu restaurieren. Aber zum schon erwähnten Feldzug gegen die DDR: Wirtschaftsboykott, Handelsboykott, Wirtschaftssabotage und die Abwerbung von Fachkräften machen auch deutlich, was die Arbeiterklasse, die Bauern und die Wissenschaftler trotz dieser Hürden geleistet haben, was die Menschen unter den Bedingungen sozialistischer Produktionsverhältnisse zu leisten in der Lage sind. Wenn dieses System angeblich nichts wert ist, wäre das kaum möglich gewesen.
Noch ein paar Zahlen zu diesem Thema: 1946 betrug das Volumen der Industrieproduktion auf dem Gebiet der DDR nur 42,1 Prozent dessen, was 1936 produziert worden war. In der Zeit von 1946 bis 1979, also in 30 Jahren, hatte sich die Industrieproduktion um das 23fache erhöht. Die DDR erzeugte schon 1980 mit einem Viertel der Bevölkerung des ehemaligen Gesamtdeutschlands von 1936 fast das zweieinhalbfache der seinerzeitigen gesamten Industrieproduktion. 1979 wurden in der Landwirtschaft 36 Dezitonnen Getreide erzeugt. Die DDR konnte sich selbst ernähren. Das Nationaleinkommen war von 1949 bis 1979 um das 7,4fache gewachsen. In einer Übersicht des UNO-Entwicklungsprogramms des Jahres 1987 ist unter der Kennziffer »pro-Kopf-Bruttoinlandsprodukt« ausgewiesen, daß unter den 130 erfaßten Staaten 110 Staaten ein geringeres Bruttoinlandsprodukt pro Kopf der Bevölkerung aufwiesen als die DDR. Das ist keine antiquierte DDR-Propaganda, es sind Fakten, die bislang niemand bestritt. Und die kaum aus der Welt zu reden sind, was immer man auch heute tut, um das sozialistische System zu delegitimieren.

LUIS CORVALÁN: Diese Fakten sprechen tatsächlich für sich. Vielleicht sagen Sie uns Chilenen etwas darüber, wie sich die Umgestaltung auf den verschiedenen Gebieten vollzog.

MARGOT HONECKER: 1946 waren durch einen Volksentscheid im Industriezentrum Sachsen alle Nazi- und Kriegsverbrecher enteignet worden. Bis zum Jahre 1948 wurden die Konzerne in der Ostzone in Volkseigentum überführt. Enteignet wurden – um nur einige Beispiele zu nennen – die IG Farben, Krupp, Siemens, Flick, also die Unternehmen, die an dem faschistischen Völkermord Milliarden verdient hatten. Die Banken wurden ebenfalls in Volkseigentum überführt. Daß der Konzern, der das Todesgas für die Konzentrationslager produzierte und lieferte, in der BRD bis heute nicht aufgelöst wurde, macht den Unterschied zwischen den beiden Staaten auch in dieser Hinsicht sehr deutlich.

LUIS CORVALÁN: Wie war das mit den kleinen Produzenten, wurden die auch enteignet?

MARGOT HONECKER: Neben dem volkseigenen Sektor blieb bis in die 50ger Jahre ein privater Sektor bestehen. Noch 1950 kamen 23,5 Prozent der Industrieproduktion aus kleinen und mittleren Betrieben. 1960 entstanden halbstaatliche Betriebe. Privaten Betrieben wurde eine finanzielle Beteiligung des Staates angeboten. Sie lieferten 1960 rund 6,5 Prozent der Industrieproduktion. Ein Teil der früheren Betriebsinhaber wurde Leiter dieser nun volkseigenen Betriebe.
Später begingen wir leider den Fehler, die kleinen Betriebe, die flexibel auf die Versorgung mit Gütern der Leichtindustrie reagieren konnten, zu großen Kombinaten zusammenzuschließen, was sich ungünstig auf die Bedürfnisse der Bevölkerung und auf moderne Entwicklungen auswirkte.

LUIS CORVALÁN: Und die Handwerker?

MARGOT HONECKER: Neben handwerklichen Produktionsgenossenschaften, deren Eigentum genossenschaftlich war – eine Eigentumsform, die es bekanntlich in vielen Ländern der Welt gibt –, existierte weiterhin privates Handwerk. Und neben den staatlichen und genossenschaftlichen Handelseinrichtungen gab es auch Einzelhändler. Sie trugen wesentlich mit Reparaturen und anderen Dienstleistungen zur Versorgung der Bevölkerung bei. Es wäre aber notwendig gewesen, gerade in den 80er Jahren ihre Entwicklung großzügiger zu fördern, um den berechtigten Wünschen nach besserer Versorgung mit Dienstleistungen entsprechen zu können.

LUIS CORVALÁN: Wenden wir uns der Agrarfrage zu. Ich weiß, daß die Agrarreform unmittelbar nach der Befreiung in Angriff genommen wurde und daß es eine tiefgreifende Reform war, der die Großgrundbesitzer erbitterten Widerstand leisteten. Wie war das, worin bestand diese Reform?

MARGOT HONECKER: Die Bodenreform gehörte zu den entscheidenden Umwälzungen nach 1945. Zunächst ging es darum, die landwirtschaftlichen Nutzflächen, die durch den Krieg vernichtet worden waren, wieder nutzbar zu machen, denn viele Flächen lagen brach, weil die Großgrundbesitzer gen Westen gezogen waren, und der Hunger war groß, weil viele Flüchtlinge untergebracht und versorgt werden mußten. Die Älteren erinnern sich noch an jene harten Jahren, für die Jüngeren ist es heute oft schon ferne Vergangenheit. Es fehlte an allem, an Maschinen, an Zugtieren, an Saatgut. Vor allem ging es auch darum, auf dem Land antifaschistisch-demokratische Verhältnisse zu schaffen. Die ökonomische und politische Macht der Junker und Großgrundbesitzer sollte endlich gebrochen werden, denn das preußsische Junkertum war immer beteiligt, wenn in und von Deutschland aus Unheil angestiftet wurde.

LUIS CORVALÁN: Wie ging die Enteignung vor sich?

MARGOT HONECKER: Der Boden von 7000 Großgrundbesitzern mit über 100 Hektar Besitz, von aktiven Nazis und Kriegsverbrechern, Boden, der Banken oder Monopolen gehörte, wurde entschädigungslos enteignet. Anderes privates Eigentum an Grund und Boden, zum Beispiel der Kirche, blieb unberührt. Der Boden wurde an Landarbeiter, landarme oder landlose Bauern, an Umsiedler vergeben. Er blieb frei von Hypotheken und galt als individuelles und vererbbares, aber unverkäufliches unteilbares Eigentum. Über 550000 Menschen erhielten Land, und man nannte sie Neubauern.

LUIS CORVALÁN: Das vollzog sich in harten Auseinandersetzungen.

MARGOT HONECKER: ... die von den Junkern durchaus nicht immer gewaltlos geführt wurden.

LUIS CORVALÁN: Heute wird behauptet, diese Reform sei undemokratisch gewesen.

MARGOT HONECKER: Es war eine höchst demokratische Maßnahme, denn es erhielten die den Boden, die ihn bis dahin als Knechte bearbeitet hatten. Zum ersten Mal konnten sie selbst die Früchte ihrer Arbeit ernten. Hat das nicht auch etwas mit Menschenrechten und mit Menschenwürde zu tun? Und verteilt wurde das Land, nachdem man auf Bauernversammlungen kompetente Personen dafür bestimmt hatte. In den Kommissionen wirkten ehemalige Kleinpächter, Landarbeiter, Umsiedler ...

LUIS CORVALÁN: Umsiedler waren die Menschen, die ihre Heimat durch die faschistische Okkupation zum Beispiel in Polen verloren hatten?

MARGOT HONECKER: Ja. Bald darauf entstanden Komitees der gegenseitigen Hilfe, die später in der »Vereinigung der gegenseitigen Bauernhilfe« aufgingen. Es entstanden mit Hilfe des Staates Maschinen-Ausleihstationen, wo die Bauern zu niedrigen Kosten Traktoren und andere landwirtschaftliche Maschinen ausleihen konnten. Allerdings hatten wir kaum noch intakte Traktoren. Die Sowjetunion lieferte uns welche. Das alles kann man negieren, wenn man die Geschichte umschreiben will, aber man kann es nicht aus der Geschichte vertreiben. Es wurde damals viel Bewundernswertes geleistet ...

LUIS CORVALÁN: Man hörte damals viel von der großen Aktion, daß Industriearbeiter aufs Land gingen.

MARGOT HONECKER: Zehntausend Industriearbeiter gingen aufs Land und packten mit an, halfen den Neubauern. So entstand auch ein Bündnis zwischen Arbeitern und Bauern, wie es es nie zuvor gegeben hatte.

LUIS CORVALÁN: Vielleicht sagen Sie noch etwas darüber, wie sich die Bildung der Landwirtschaftlichen Genossenschaften vollzog.

MARGOT HONECKER: Das war ein schwieriges Kapitel. Es gab lange und oft auch hartnäckige Diskussionen, bis wenigstens ein Teil der Bauern überzeugt war. Jeder hatte eben begonnen, sein eigenes Stück Boden mit Mühe und Fleiß zu bearbeiten, und sollte es nun in eine Gemeinschaft einbringen, sollte gemeinschaftlich arbeiten und den Erlös teilen. Wem fällt das leicht? Es dauerte, bis sich mehr und mehr Bauern und Bäuerinnen von den Vorteilen dieses Weges überzeugten. Ich lebe heute weitab von der Heimat, aber mir ist nicht entgangen, wie viele Genossenschaften beisammen blieben, als ihnen die Freiheit der freien Marktwirtschaft die Gelegenheit bot, zur alten Bauernwirtschaft zurückzukehren. Und mir ist auch nicht entgangen, mit welchem Eifer der Staat den Nachfolgern der Genossenschaften Schwierigkeiten bereitet.

LUIS CORVALÁN: Soviel ich weiß, wurde der Boden in der DDR nicht wie in der Sowjetunion verstaatlicht?

MARGOT HONECKER: Ich sprach schon darüber, daß die Entwicklung der Genossenschaften ihre Zeit brauchte. Dem Rechnung tragend, wurden schrittweise verschiedene Typen von Genossenschaften mit unterschiedlichen Eigentumsformen geschaffen. In »Typ I« und »Typ II« – diese Formel hatte sich bald eingebürgert – war nur die Pflanzenproduktion gemeinsam, im »Typ III« kam noch die Tierproduktion hinzu. In allen drei Kategorien aber blieben die Bauern Eigentümer des Bodens. Erst vor einigen Tagen hat das höchste Gericht der BRD bekanntlich diese gesetzliche Regelung wieder mehr auszuhöhlen versucht. Um die Antwort zu vervollständigen: Der Boden blieb Bauerneigentum, und in Bauernversammlungen wurden die Statuten der Genossenschaften und ihre Vorstände gewählt. Man wird vielleicht einwenden, dies sei hinlänglich bekannt. Mancher weiß aber vielleicht nicht oder nicht mehr: Es dauerte etwa von 1952 bis 1960, bis sich etwa eine Million Bauern den LPG anschlossen.

LUIS CORVALÁN: Der Staat gewährte den Genossenschaften von Anfang an Hilfe?

MARGOT HONECKER: Ja. Landmaschinen wurden an die LPG zu Vorzugspreisen verkauft. Heute würde man in meiner Heimat wohl »Schnäppchenpreise« sagen.

LUIS CORVALÁN: Die Bauern lebten, wie auch ich weiß, ganz gut in der DDR.

MARGOT HONECKER: Den Bauern ging es nicht schlecht. Sie arbeiteten auch hart. Die meisten LPG waren ökonomisch leistungsfähig und nicht arm. Natürlich gab es auch Genossenschaften, die nicht so erfolgreich waren, wofür es unterschiedlichste Ursachen gab. Jedenfalls waren die Bauern an

den sozialen Errungenschaften der DDR beteiligt. Zum Beispiel hatten 90 Prozent aller in der Landwirtschaft Tätigen eine abgeschlossene Facharbeiter-, Meister- oder sogar Hochschulingenieurausbildung, die Bäuerinnen eingeschlossen. Mit den Gewinnen der Genossenschaften wurden Wohnungen, Kindergärten, Sozial- und Kultureinrichtungen gebaut. Die Bauern hatten gesetzlich garantierte Ferien. Daran ist heute nicht mehr zu denken.
Das alles soll nicht heißen, daß in der DDR-Landwirtschaft nur Milch und Honig flossen. Es wurden arge Fehler begangen, als man versuchte, die Genossenschaften in immer größeren Kombinationen zu vereinigen. Solche übereilten Schritte in Richtung Superproduktion bewährten sich nicht und wurden korrigiert. Aber erst mal hatten die Bauern natürlich manchen Ärger auszustehen.

LUIS CORVALÁN: Aber jetzt kehren die Wendepolitiker zurück zu den früheren Besitzern. Hat nicht ein großer Teil schon seinen Besitz zurückerhalten?

MARGOT HONECKER: Ja, und das, obwohl im sogenannten »Zwei-plus-Vier-Vertrag« festgelegt worden war, daß die Ergebnisse der Bodenreform nicht rückgängig gemacht werden dürfen. Ich hörte dieser Tage von einem Grafen, der sich beschwerte, daß er den Wald, der ihm vor der Bodenreform gehörte, zurückkaufen soll. Dabei hatte man ihm schon Sonderkonditionen gewährt.

LUIS CORVALÁN: Kehren wir zurück zu meiner ersten Frage, der nach dem schweren Beginn. Er war sicher auch dem Schutt in den Köpfen nach zwölf Jahren Faschismus geschuldet?

MARGOT HONECKER: Ja. Das Schwerste, was es zu überwinden galt, war die faschistische Ideologie. Grausam und unmenschlich war der Faschismus. 1933 hatte es mit der Verfolgung der Kommunisten, Sozialdemokraten und den furchtbaren Judenpogromen begonnen. Alle, die sich gegen Krieg und Faschismus wandten, ganz gleich ob Christen, Demokraten, Liberale, wurden in Konzentrationslager gesperrt. Es wurde gefoltert, gehängt, erschossen und vergast. Gedanken und Thesen, wie die von der »überlegenen Rasse«, und der Antikommunismus, steckten noch lange in vielen Köpfen und wurden auch weitergegeben, wie man heute erlebt.

LUIS CORVALÁN: Unser gemeinsamer Freund Alfredo Bauer schreibt in seinem Buch »El origen de la RDA«, daß es in Hitlerdeutschland zwanzig Haupt-Konzentrationslager gegeben hat und etwa tausend Nebenlager. Er klagt an, daß 18 Millionen Menschen durch die Hölle dieser Lager gingen und davon 11 Millionen ums Leben kamen. Er erinnert daran, daß es Frauenkonzentrationslager gab, wie das in Ravensbrück, in dem 50000 Frauen eingesperrt waren.

MARGOT HONECKER: Was Rassismus, Chauvinismus, was Antisowjetismus, Antikommunismus in den Menschen, in ihrem Denken und Fühlen angerichtet hatten, war schwer zu überwinden. Wie oft haben wir uns in den ersten Stunden und Jahren die Frage gestellt, ob und wie man mit all dem fertig werden soll. Es ist keine übertriebene Feststellung, daß die Mehrheit des deutschen Volkes an einen »Endsieg« glaubte, und das bis zum bitteren Ende. Es bedurfte großer Konsequenz, dieses Denken zu überwinden. Das konnte nur mit viel Geduld erreicht werden.

LUIS CORVALÁN: Da waren überzeugende Argumente gefragt.

MARGOT HONECKER: Es war nicht sehr populär, die bitteren Wahrheiten offen auszusprechen. Oft stand man vor einer Wand, gefügt aus Vorbehalten, Feindseligkeit, Angst und Hoffnungslosigkeit. Wie oft bin ich, selbst hungrig und frierend in dem klirrend kalten Winter 1946, von Treffen mit jungen Leuten nach Hause gekommen, meist mutlos, manchmal hoffend, daß die Jugend nachzudenken beginnt. Niemand wollte zunächst von Politik hören, niemand wollte mit Politik zu tun haben. Als sie jedoch begannen, über ihr Leben und ihre Zukunft nachzudenken, wuchs die Einsicht, daß man nicht im luftleeren Raum existiert, daß man für sein Leben Verantwortung trägt.

LUIS CORVALÁN: Schließlich war ja diese Jugend verführt durch falsche Parolen über einen sogenannten Patriotismus und verblendet durch Antikommunismus.

MARGOT HONECKER: Ja, aber die Jugendlichen konnte man doch dafür nicht verantwortlich machen. Wir mühten uns, sie zu gewinnen, am Neuaufbau unseres Landes mitzuwirken. Wir diskutierten die »Grundrechte der jungen Generation«. Dieses Programm enthielt die politischen Rechte der Jugend, das Recht, gleichberechtigt am politischen Leben teilzunehmen, das aktive Wahlrecht mit 18 Jahren und das passive Wahlrecht mit 21 Jahren ausüben zu können. Diese »Grundrechte« enthielten auch das Recht auf Arbeit und Erholung und das Recht auf Bildung. Diese Rechte mußten von den damaligen Länderparlamenten in der DDR bestätigt werden, und das wiederum ging nicht ohne Auseinandersetzungen zwischen den verschiedenen Parteien ab. Dabei lernten wir, unsere demokratischen Rechte wahrzunehmen. Als der Landtag Sachsen-Anhalts, in dem die bürgerlichen Parteien die Mehrheit hatten, die Grundrechte ablehnte, zogen junge Menschen aus allen Teilen des Landes vor das Parlament, um ihre Rechte einzufordern.

LUIS CORVALÁN: Es gab in den ersten Nachkriegsjahren wahrscheinlich viel Gemeinsames zwischen jung und alt und den verschiedenen politischen Richtungen im Streben, die Wunden des Krieges zu heilen

MARGOT HONECKER: Der Wille wuchs, nie wieder Faschismus und nie wieder Krieg zu dulden. Ein Neubeginn forderte die Mobilisierung aller Schichten des Volkes. Die entscheidende Voraussetzung war eine einheitliche Arbeiterpartei, also die Vereinigung der beiden großen Arbeiterparteien, und deren Bündnis mit den anderen Parteien und Massenorganisationen. Kommunisten und Sozialdemokraten wirkten eng zusammen mit den anderen demokratischen Parteien und Organisationen, also mit der Christlich Demokratischen Union, der Liberaldemokratischen Partei, dem Gewerkschaftsbund, der Freien Deutschen Jugend, dem Frauenbund, dem Kulturbund und mit der Bauernpartei.

LUIS CORVALÁN: Wenn man sich mit der Geschichte der sozialistischen Länder befaßt hat, kommt man zu dem Schluß, daß der Sozialismus in der DDR unter Bedingungen entstandt, die einige Besonderheiten aufweisen.

MARGOT HONECKER: Man kann in der Tat weder die Ergebnisse noch die Probleme, mit denen es die DDR zu tun hatte – viele wirkten bis zu ihrem Ende –, objektiv beurteilen, wenn man die Bedingungen, die Besonderheiten der Entwicklung der DDR außer acht läßt. Ich halte übrigens persönlich nichts davon, von einem »sozialistischen Modell« zu sprechen, das von Moskau vorgegeben war.

Es gab und es gibt in allen sozialistischen Ländern, den gewesenen ebenso wie in den heute weiter existierenden, unterschiedliche objektive Gegebenheiten. Dazu gehören ein historisch gewachsener Entwicklungsstand der Produktivkräfte, unterschiedliche Geschichtsverläufe, Eigenheiten der kulturellen Entwicklung und nationale Besonderheiten. Viele wirken so oder so, unabhängig von den Entscheidungen dieser oder jener Führungskräfte.

LUIS CORVALÁN: Auch die DDR übernahm vieles aus der Sowjetunion.

MARGOT HONECKER: Daß wir in der DDR, wie alle anderen osteuropäischen Länder, die in der Nachkriegsperiode den Aufbau des Sozialismus in Angriff nahmen, die Erfahrungen der UdSSR nutzten, ist doch nur natürlich. Die UdSSR war schließlich das erste und bis dahin das einzige Land, das über Erfahrungen beim Aufbau einer historisch völlig neuen Gesellschaft verfügte. Die grundlegenden Erfahrungen bei der Umgestaltung der Produktionsverhältnisse, bei der Schaffung eines Staates der Arbeiter und Bauern, bestimmte Gesetzmäßigkeiten beim Aufbau einer sozialistischen Gesellschaft zu mißachten, wäre doch eine Dummheit gewesen. Daß es dabei auch manches gab, was wir zeitweilig formal übernahmen und das sich nicht bewährte und korrigiert werden mußte, ist nicht zu leugnen. Und natürlich wirkte die sowjetische Politik auf alle mit ihr eng verbundenen Staaten ein, wirkten die Ideologien über Ländergrenzen hinweg, sowohl im Positiven wie im Negativen. Schließlich spiegelten sich die ökonomischen Abhängigkeiten auch in den politischen Beziehungen wieder.

LUIS CORVALÁN: Kommen wir zurück auf die Besonderheiten.

MARGOT HONECKER: Es ist bekannt, daß die Kommunistische Partei im Jahre 1945 in ihrem historischen Aufruf, der auf die Schaffung eines antifaschistisch demokratischen Deutschlands orientierte, erklärte, daß es falsch wäre, in Deutschland das Sowjetsystem zu übernehmen. Es ging 1945 darum, eine antifaschistisch-demokratische Ordnung zu errichten, und das nicht nur in einem Teil Deutschlands, sondern in ganz Deutschland. Der Sozialismus stand nicht als nächstes Ziel auf der Tagesordnung, es ging um den Aufbau eines demokratischen und vor allem friedliebenden Deutschlands. In allen Teilen Deutschlands waren antifaschistische Ausschüsse entstanden, in denen verschiedene weltanschauliche und soziale Gruppen zusammenwirkten. Diese Kräfte

stützten sich bei der Durchsetzung demokratischer Maßnahmen auf das Potsdamer Abkommen. Leider kam es sehr bald zur Unterhöhlung des Abkommens durch die westlichen Alliierten, die mit den restaurativen Kräften im Westen Deutschlands gemeinsame Sache machten.
In den ersten Nachkriegsjahren konnten noch grundlegende demokratische Forderungen, durch Volksabstimmungen gestützt, auch in den Verfassungen westdeutscher Bundesländer durchgesetzt werden. Sie wurden jedoch bis heute nicht verwirklicht oder im Laufe der Zeit rückgängig gemacht.

LUIS CORVALÁN: Es vollzog sich ja dann sehr bald eine Entwicklung in Richtung der Spaltung Deutschlands. Wir werden darauf zurückkommen.

MARGOT HONECKER: Wenn wir über Besonderheiten der Entwicklung der DDR sprachen, so ist wohl die hervorstechende Besonderheit unseres Entwicklungsweges, daß der Aufbau des Sozialismus eng mit dem Kampf um die nationale Einheit auf demokratischer Grundlage verbunden war, daß sich der Aufbau des Sozialismus in den verschiedenen Phasen unter den Bedingungen der Existenz zweier grundlegend verschiedener Gesellschaftssysteme in einem Land, und das zunächst bei offener Grenze, vollzog. Ständig war die DDR konfrontiert mit jenen Kräften in dem anderen Teil Deutschlands, die den gesellschaftlichen Fortschritt verhindern wollten, deren Politik immer darauf gerichtet war, die gesellschaftlichen politischen Grundlagen der DDR zu beseitigen.
Wenn man also die geschichtliche Entwicklung der DDR betrachtet, wie sie wirklich verlaufen ist, kann man nicht umhin festzustellen, daß die Bedingungen, unter denen sie sich vollzog, bei allem Gemeinsamen, was die sozialistische Entwicklung mit sich bringt, bei allem, was sie gemeinsam mit andren sozialistischen Ländern hatte, Besonderheiten aufweist, von denen natürlich auch politische Entscheidungen geprägt waren.

III. Die sozialen Leistungen der DDR

LUIS CORVALÁN: Der Sozialismus in der DDR läßt sich nicht auf ökonomische Ergebnisse reduzieren.

MARGOT HONECKER: Ja, das war mehr. Erstmals in der deutschen Geschichte wurde eine gerechte und humane Gesellschaftsordnung errichtet. Selbst wenn man alle Fehler, Irrtümer und Schwächen unserer Politik summiert, ändert sich nichts daran, daß in einem Teil Deutschlands das Volk frei von Ausbeutung, für das eigene Wohl arbeitete, daß grundlegende Menschenrechte verwirklicht wurden. Es gab das Recht auf Arbeit, demzufolge gab es keine Arbeitslosigkeit, keine Armut, keine Obdachlosen, aber auch keine Bodenspekulationen und keinen Mietwucher. Was in den volkseigenen Betrieben erwirtschaftet wurde, kam allen zugute. So konnten soziale Sicherheit garantiert, gerechte Löhne, gleicher Lohn für gleiche Arbeitsleistung ohne Unterschied von Alter und Geschlecht gesichert werden. Die Mieten waren bezahlbar, Mittel für das Gesundheitswesen standen bereit, Bildung und Kultur wurden ebenso finanziert wie die Kinderkrippen und Kindergärten. Bis hin zu den Renten floß alles aus dem Gewinn der Betriebe.

LUIS CORVALÁN: Alles, was Sie da nannten, sind unbestritten grundlegende Menschenrechte, wie sie in der UNO-Menschenrechtsdeklaration gefordert werden.

MARGOT HONECKER: Gerade heute, wo hinter dem Nebelschleier einer heuchlerischen Menschenrechtspropaganda elementare Menschenrechte mißachtet werden, darf man wohl guten Gewissens diese Wahrheiten nennen.

LUIS CORVALÁN: In der bürgerlichen Propaganda werden die Begriffe Freiheit und Demokratie geradezu schändlich mißbraucht.

MARGOT HONECKER: Es ist meine persönliche Überzeugung, daß das, was heute als Menschenrechte, Freiheit und Demokratie suggeriert wird, von der geschichtlichen Wahrheit ablenken soll, daß es Freiheit und Demokratie ohne den Sozialismus nie gab und ohne ihn auch nicht geben wird. Es wäre töricht, gewisse Errungenschaften der bürgerlichen Demokratie zu ignorieren – sie wurden schließlich nicht selten von bürgerlichen Revolutionen und durch den Kampf der Arbeiterklasse erreicht –, aber gerade heute, da diese Errungenschaften der bürgerlichen Demokratie in Gefahr sind, muß man sich für deren Erhaltung einsetzen, die bürgerliche Demokratie für die Erweiterung demokratischer Rechte im Interesse des Volkes ausnutzen. Heute wird viel über »Defizite« der sozialistischen Demokratie geredet. Vor allem, um den Sozialismus zu diskreditieren.

Daß es Mängel in unserer Demokratieentwicklung gab, ist nicht zu leugnen. Niemand kann jedoch abstreiten, daß es ein breitgefächertes System demokratischer Institutionen gab, Volksvertretungen auf allen Ebenen, Kontrollausschüsse, Wohnungskommissionen, gewählte Hausgemeinschaftsvertretungen, die sich um die Belange der Mieter kümmerten, gewählte Elternvertretungen an Schulen und Kindergärten, kontinuierliche Einwohnerversammlungen in Stadt und Land, um nur einiges zu nennen.

Vor allem aber hatten wir die Demokratie in den Betrieben. Das Mitspracherecht in den Fragen der Produktion, bei der Arbeitsorganisation und der Gestaltung der Arbeits- und Lebensbedingungen im Betrieb war garantiert und wurde wahrgenommen. Es funktionierte nicht alles reibungslos. Ein entscheidender Mangel war, daß Entscheidungen, die getroffen werden mußten, oft nicht oder zumindest nicht ausreichend genug diskutiert wurden, Vorschläge nicht ernst genommen und demzufolge auch nicht realisiert wurden. Je schwieriger die Probleme waren, desto häufiger wurden Entscheidungen »von oben« getroffen. Viele Bürger der DDR, die jetzt ihre Erfahrungen mit der vielgerühmten Demokratie der alten

BRD machen, müssen nun feststellen, daß sie in entscheidenden Fragen gar nichts zu sagen haben, daß man zwar auf die Regierung schimpfen darf, sich aber dadurch nicht das geringste ändert.
Ein Freund schrieb mir von einem Wissenschaftler aus den alten Bundesländern, der eine Zeitlang daran arbeitete, die Geschichte der DDR »aufzuarbeiten«. Das tun bekanntlich viele, die nie in der DDR gelebt hatten. Der aber sei ziemlich aufrichtig, er erzählte ihm: »Ich hatte mich mit Fragen der Gewerkschaft befaßt. Wir hatten da die üblichen Formulierungen, wie ›Staatsgewerkschaft‹ und so weiter. Eines Tages fiel mir ein Brigadetagebuch in die Hände, und beim Lesen begann ich zu begreifen, welche Rolle der Brigadier in der DDR-Hierarchie gespielt hatte. Die Brigaden ließen sich von niemandem vorschreiben, wen sie zum Brigadier wählten, und kein Meister, Abteilungsleiter oder Werkleiter konnte es sich leisten, die Meinung der Brigadiers zu ignorieren. Das hat mir sehr zu denken gegeben.«
Das Recht auf Arbeit und das Recht auf Bildung für alle sind nun abhanden gekommen. Da kommt man nicht an Marx vorbei. Solange einzelne Gruppen im Besitz der Produktionsmittel sind, sich aneignen, was die Mehrheit an Werten schafft, und die politische Macht in ihren Händen konzentrierten, sind der Demokratie Fesseln angelegt.

LUIS CORVALÁN: In meinen Augen ein gravierendes Thema, zumal darüber bei der Mehrheit der Menschen Unklarheit besteht. Auch darüber werden wir sicher noch reden.

MARGOT HONECKER: Man darf den Begriff Demokratie nicht seines Wesens berauben, aber gerade darauf laufen übrigens die von der mächtigen Medienindustrie geführten Debatten um Demokratie im Sozialismus hinaus. Natürlich muß man analysieren, was der Sozialismus zustandebrachte und nicht geschafft hat, welche Fehler gemacht wurden, schon um die richtigen Schlußfolgerungen für die Zukunft zu ziehen.

Man kann nicht daran vorbei, daß erst mit der Umgestaltung der Produktionsverhältnisse ein Leben ohne Ausbeutung in Frieden und sozialer Sicherheit möglich wird. Die sozialistische DDR, das war Frieden, Antifaschismus und solidarisches Miteinander ihrer Bürger.

LUIS CORVALÁN: Das war zweifellos eine historische Leistung, die sicher im Gedächtnis von Millionen Deutschen bleiben wird.

MARGOT HONECKER: Es ist meine Überzeugung, daß alle Zukunftsmodelle, die die Eigentumsfrage ausklammern, daß ein »dritter Weg«, ein gewissermaßen kosmetisch verschönerter Kapitalismus, die Grundfragen der Menschheit nicht lösen können.

LUIS CORVALÁN: Kommen wir noch einmal darauf zurück, was sich konkret an den Arbeits- und Lebensbedingungen in eurem Land veränderte.

MARGOT HONECKER: Die Arbeits- und Lebensbedingungen konnten natürlich nur schrittweise, abhängig von den Leistungen in der Produktion, der Landwirtschaft, vor allem abhängig von der Entwicklung der Arbeitsproduktivität verbessert werden. Anfang der 70er Jahre wurde das Programm, das als »Einheit von Wirtschafts- und Sozialpolitik« bezeichnet wurde, konsequent fortgesetzt. Man hatte die harten Jahre des Neuaufbaus hinter sich, die Lebensbedingungen hatten sich verändert, zugleich waren die Bedürfnisse der Bürger gewachsen. Die Menschen hatten materiell und geistig höhere Ansprüche und wollten von der Wegetappe zum Sozialismus, die sie hinter sich gebracht hatten, mehr in ihrem persönlichen Leben spüren.

LUIS CORVALÁN: Ich erinnere mich, daß Anfang der 70er Jahre ein sehr umfassendes sozialpolitisches Programm in Angriff genommen wurde. Wie könnte man seinen Inhalt beschreiben?

MARGOT HONECKER: Es ging darum, durch höhere Arbeitsproduktivität die Voraussetzungen für die Realisierung wichtiger sozialpolitischer Ziele zu schaffen. Die Konsumgüterproduktion wurde angehoben. Zwischen 1971 und 1975 wurde für mehr als die Hälfte der Berufstätigen die Löhne erhöht. Familiäre Lebensbedingungen, insbesondere für berufstätige Mütter mit mehreren Kindern, wurden verbessert. Für sie wurde zum Beispiel die wöchentliche Arbeitszeit bei vollem Lohnausgleich verkürzt.

LUIS CORVALÁN: Die Wochenarbeitszeit bei euch ging von der Fünftagewoche aus?

MARGOT HONECKER: Ja. Es gab da noch mehr Maßnahmen, an die man heute durchaus erinnern sollte. Zum Beispiel wurden die Geburtenbeihilfen erhöht.
Jungverheiratete erhielten zinslose Kredite. Allein diese vier Worte charakterisieren einen Tatbestand, der heute schwer vorstellbar wäre.
Oder: Der Mindesturlaub wurde verlängert, und für das Erholungswesen wurden umfangreichere Mittel verwendet.
Weiter zu den Maßnahmen von damals: Arbeitsplätze in Gießereien und im Hüttenwesen wurden umgestaltet, um die Arbeit zu erleichtern. Entsprechend dem Jugendgesetz wurden umfangreiche Mittel für die lernende und studierende Jugend zur Verfügung gestellt. Die gesundheitliche Betreuung wurde durch den Bau von Polikliniken in den Wohngebieten und im betrieblichen Gesundheitswesen verbessert. Daran sollte man durchaus erinnern, zumal mir neulich eine Freundin schrieb, daß sie ihre Krebsvorsorgeuntersuchung aus eigener Tasche bezahlen muß.
Auch der Wiederaufbau historischer Kulturbauten in Berlin, Leipzig und Dresden wurde fortgesetzt.

LUIS CORVALÁN: Wurden all diese Maßnahmen nötig, weil es auf diesen Gebieten Defizite gab?

MARGOT HONECKER: Immer gab es Fortschritte, aber auch Rückstände. Mit all diesen Maßnahmen wurden Vorschläge der Gewerkschaften, der Frauenbewegung und der Jugend verwirklicht. Das kam allen Schichten und der Mehrheit der Familien zugute. Es führte zu einem weiteren Arbeitsaufschwung in der Produktion und zu Initiativen in Wissenschaft und Kultur.

LUIS CORVALÁN: Wenn ich mich recht erinnere, nahm der Wohnungsbau den größten Raum in diesem sozialpolitischen Programm ein.

MARGOT HONECKER: Das Wohnungsbauprogramm erstreckte sich über eineinhalb Jahrzehnte bis zum Jahre 1989. Das Ziel war, daß jeder Familie eine Wohnung geboten wurde, wie sie für ein harmonisches Familienleben vonnöten ist. Nach der Verfassung und dem Familiengesetz galt die Familie als Grundpfeiler der Gesellschaft. Der Staat hatte also die Pflicht, Bedingungen für das Wohl der Familien zu schaffen. Das Wohnungsprogramm trug der Realität Rechnung, daß auf diesem Gebiet Rückstände wettzumachen waren. Die letztlich durch den Krieg verursachte Wohnungsnot war zwar gemindert, aber viele Wünsche hatten noch nicht befriedigt werden können. Die gestiegene Bildung führte auch zu höheren Ansprüchen in der Wohnkultur. Die resultierten auch daraus, daß wir das Erbe der kapitalistischen Wohnverhältnisse – damit meine ich viele Wohnungen ohne die notwendigen sanitären Einrichtungen – zu überwinden hatten. Das Programm war eines der größten Investitionsprogramme des Landes. Von 1971 bis 1988 wurden 2,8 Millionen Wohnungen neu geschaffen oder modernisiert. Für jeden zweiten Bürger verbesserten sich die Wohnbedingungen. Dabei wurde das längst in aller Welt praktizierte Verfahren der industriellen Bauteile-Vorfertigung angewandt. Die heute so gescholtenen Plattenbauten waren damals ein großer Fortschritt. Nicht immer war die Architektur schon gelungen, auch die Architekten mußten Erfahrungen sammeln. Und es ist nicht zu leugnen, daß durch dieses Programm die Restaurierung der oft jahrhundertealten Innenstädte in den Hintergrund geriet. Es ist keine Schande zu gestehen, daß der DDR die Kraft für beides fehlte.

LUIS CORVALÁN: Wie wurde denn dieses Wohnungsprogramm finanziert?

MARGOT HONECKER: Von 1971 bis 1988 wurden 10 Prozent des Nationaleinkommens für den Wohnungsbau verwendet. Er wurde also einschließlich der dazugehörigen sozialen und kulturellen Einrichtungen – Schulen, Kindergärten, Ambulatorien, Kaufhallen, Gaststätten – überwiegend staatlich finanziert. Für den Rest sorgten die Wohnungsbaugenossenschaften, die meist von den Betrieben finanziert wurden.

LUIS CORVALÁN: Und die Mieten?

MARGOT HONECKER: Die Mieten blieben niedrig und stabil, sie betrugen nicht mehr als zwei bis acht Prozent des Familieneinkommens. Vorrang bei der Vergabe der Wohnungen hatten kinderreiche Familien. Und auch das sollte man nicht unterschlagen: Im Zivilgesetzbuch waren Rechte und Schutz der Mieter festgeschrieben. Niemand konnte auf die Straße gesetzt werden, und kein Vermieter konnte seine Mieter terrorisieren.

LUIS CORVALÁN: Dieses aufwendige Programm war sicher nur mit großen Anstrengungen zu verwirklichen, denn die DDR gehörte ja nicht gerade zu den reichsten Ländern.

MARGOT HONECKER: Das stimmt. Es forderte steigende volkswirtschaftliche Leistungen, die nur durch Intensivierung

der Produktion und das wiederum nur durch den Einsatz modernerer Technik erreicht werden konnte. Diese moderne Technik aber war für die DDR oft unerreichbar, weil man sie willkürlich auf Embargolisten gesetzt hatte, die den Verkauf an die DDR unmöglich machte. Man mußte kostspielige Umwege über andere Länder in Kauf nehmen, um an Maschinen und Geräte zu gelangen, ohne die die Produktion nicht zu steigern war.
Ja, es wurde zunehmend schwieriger, die nötigen Mittel für dieses soziale Programm aufzubringen. Anfang der 80er Jahre begann man darüber nachzudenken, ob dieser Kurs fortgesetzt werden könnte. Die Entscheidung fiel angesichts der Situation sehr schwer.

LUIS CORVALÁN: Wurde er fortgesetzt?

MARGOT HONECKER: Es ist kein Geheimnis, daß darüber Meinungsverschiedenheiten bestanden. Es gab die Erfahrung, daß die Bürger bereit waren, die Probleme mit mehr Engagement in Angriff zu nehmen, wenn ihre Leistungen auch dementsprechend vergolten wurden und sie sich materielle Wünsche erfüllen konnten. Andererseits war erforderlich, mehr in die produzierenden Bereiche zu investieren. Die Arbeitsproduktivität reichte nicht aus, Engpässe in der Rohstoffbelieferung und Zulieferung von Halbfabrikaten führten zu Störungen im Arbeitsprozeß. Es ergab sich also die Frage, wie höheres Wachstum der Produktion zu sichern war, wie die Intensivierung der Produktion beschleunigt werden konnte, ohne die wesentlichen sozialen Leistungen zu reduzieren. Es war wie ein Teufelskreis, aus dem wir nicht herausfanden. Aber dazu werden sich Wirtschaftsfachleute sachkundiger äußern können.
Klar war, daß sich Abstriche an den sozialpolitischen Leistungen bis in jede Familie auswirken würde. Und diese Überlegung warf Fragen nach der politische Stabilität der DDR auf, denn soziale Unzufriedenheit war nicht selten der Auslö-

ser für Instabilität bei uns und in den befreundeten Nachbarstaaten gewesen. Mehr als jedes andere sozialistische Land mußten wir das bedenken, denn schließlich hatten wir die trügerisch glitzernde Konsumgesellschaft direkt vor unserer Haustür. Die überladenen Schaufenster und die strahlende Werbung im Fernsehen verfehlten ihre Wirkung nicht. Daß irgendwo im Hintergrund der bunten Bilder auch Obdachlose und Arbeitslose waren, blieb für viele nur schwer erkennbar.

LUIS CORVALÁN: Aber die sozialen Leistungen, von denen die Rede war, übten auch ihre Wirkung in Richtung Westen aus?

MARGOT HONECKER: Ja. Sie waren – es ist sicher nicht übertrieben zu sagen – zum Beispiel zu einer Trumpfkarte geworden, die die Gewerkschaften im Westen oft genug ausspielten, wenn ihnen am Verhandlungstisch die Unternehmer gegenübersaßen, gerade in jenen Jahren, in denen sich der Kampf um soziale Rechte dort verschärfte. Auch das wollte bedacht sein. Auf der anderen Seite wuchs in der DDR das, was man als »Konsumdenken« bezeichnet. Seit dem Ende der DDR sind in Deutschland Hunderte Bücher erschienen, in denen die Fehler der DDR aufgelistet wurden. Mancher hat sich zu Wort gemeldet, der vorgibt, damals schon den richtigen Weg gewußt zu haben. Vielleicht bin ich aber nicht die einzige, die bis heute nicht weiß, was der richtige Weg gewesen wäre. Daß man nach neuen Wegen suchen mußte und daß man wohl schon früher damit hätte beginnen sollen, steht auch für mich außer Frage. Bekanntlich sollten die verschiedenen Vorschläge 1990 auf einem vorgezogenen Parteitag behandelt werden. Dazu kam es nicht mehr.
Welche Entscheidungen auf diesem Parteitag hätten getroffen werden können, ist heutzutage höchstens Gegenstand von Spekulationen.

LUIS CORVALÁN: Sie haben über Familienpolitik in der DDR gesprochen. Vielleicht noch ein spezielles Wort zur Rolle der Frau in der DDR?

MARGOT HONECKER: Ich werde mit den Formalien beginnen: Das Familienrecht schrieb die Gleichberechtigung von Frauen und Männern vor. Schon mit der Verfassung von 1949 verloren alle Gesetze und Verfügungen, die dieser Gleichberechtigung entgegenstanden, ihre Gültigkeit. Das von der Volkskammer beschlossene Familiengesetzbuch ging von diesen Prinzipien aus. Zum Beispiel: Mann und Frau waren im ehelichen Vermögensrecht gleichgestellt, verfügten über die gleiche Rechtsstellung zum gemeinschaftlichen Eigentum, und zwar unabhängig vom jeweiligen Einkommen. Beide Ehepartner waren ihren minderjährigen und den wirtschaftlich noch nicht selbständigen Kindern gegenüber unterhaltspflichtig. Beide waren verpflichtet, ihren Anteil bei der Erziehung und Pflege der Kinder zu leisten. Zu den materiellen Aufwendungen für Kinder und ihre Betreuung trug der Staat entscheidend bei. Die Betreuung der Kinder in Krippen, Kindergärten und Schulhorten lag in den Händen gut ausgebildeter Fachkräfte. Wenn ich jetzt ständig erfahre, daß die Leistungen der Kitas reduziert werden, sollte man sich doch schon mal daran erinnern: Die Kinder wurden in diesen Einrichtungen verpflegt. Dafür zahlten die Eltern eine im Vergleich zu heute beispiellos niedrige Summe. Die Betreuung war ansonsten kostenlos.

LUIS CORVALÁN: Und wie war der Anteil der Frauen an den gesellschaftlichen Aktivitäten?

MARGOT HONECKER: Recht intensiv. In diesem Parlament gab es eine Fraktion des Frauenbundes. Frauen saßen in den anderen Fraktionen, waren Mitglieder der Ausschüsse der Volkskammer. Oder: In allen Gewerkschaftsleitungen der Betriebe fungierten Frauenkommissionen, die von den Frauen gewählt wurden. Die schalteten sich ein, wenn es um die fachliche Aus- und Weiterbildung ging oder um die Interessen der Mütter mit Kindern. Die Betriebe wiederum waren verpflichtet, die Frauen in ihrer beruflichen Bildung zu fördern. Ich fand neulich eine Statistik, die besagt, daß Ende 1984 80 Prozent der berufstätigen Frauen über eine berufliche Qualifikation verfügten. 57 Prozent hatten den Abschluß als Facharbeiter, und 21 Prozent konnten eine Hoch- und Fachschulqualifikation vorweisen. Noch ein Vergleich: 1950 war knapp die Hälfte der Frauen berufstätig gewesen, 1989 waren es 95 Prozent.

LUIS CORVALÁN: Kamen die Frauen mit den täglichen Aufgaben zurecht? Hier in Chile spielt die Frau weiter die traditionelle Rolle. Und wenn sie arbeitet, zahlt man ihr für die gleiche Arbeit weniger als den Männern.

MARGOT HONECKER: Das Recht auf gleichen Lohn für gleiche Arbeit war durch die Verfassung gesichert. Vor 1946 erhielten die Frauen in Deutschland in der Regel bis zu 40 Prozent niedrigere Löhne und Gehälter als die Männer …

LUIS CORVALÁN: … Da ja die Frauen die Kinder gebären und sie gerade während der Schwangerschaft Hilfe brauchen, will ich auch die Frage stellen, wie das in der DDR geregelt war?

MARGOT HONECKER: Der Schwangerschaftsurlaub betrug 26 Wochen. In dieser Zeit erhielten die berufstätigen Mütter von der Sozialversicherung den Nettodurchschnittsverdienst gezahlt. Danach konnte sich die Mutter bis zum Ende des ersten Lebensjahres des Kindes von der Arbeit freistellen lassen. Von 1976 an erhielten Mütter nach der Geburt des zweiten Kindes eine Unterstützung in Höhe von 60 Prozent ihres Nettodurchschnittverdienstes. Von Beginn der Schwangerschaft bis zum Ende des Freistellungsanspruchs durfte der Frau nicht gekündigt werden. Der Betrieb war verpflichtet, die Frauen nach Ablauf dieser Frist wieder einzustellen. Wenn ich heute erwähne, daß die Schwangerschaftsbetreuung kostenlos war, ebenso auch alle ärztlich verordneten Medikamente, so deshalb, weil diese DDR-Selbstverständlichkeit längst nicht mehr gilt.

LUIS CORVALÁN: Noch einmal zu den Regelungen in der DDR. Was taten Frauen, die die Mutterschaft hinauszögern wollten? Wollte man in der DDR Kinder haben?

MARGOT HONECKER: Es würde vielleicht nicht sehr philanthropisch klingen, wenn ich auf diese Frage mit Zahlen antworten würde. Ich behaupte: Die Frauen wollten Kinder, das waren Wunschkinder. Die Frauen und Männer konnten selbst über den Zeitpunkt der von ihnen gewünschten Geburten entscheiden. Der Paragraph 218 des Bürgerlichen Gesetzbuches, der eine Schwangerschaftsunterbrechung unter Strafe stellte, war 1972 in der DDR aufgehoben worden.

LUIS CORVALÁN: Wurden danach weniger Kinder geboren?

MARGOT HONECKER: Nein, die Geburten stiegen sogar. Die illegale Abtreibung gehörte endgültig der Vergangenheit an. Eine Unterbrechung der Schwangerschaft war nur auf eigenen Wunsch innerhalb 12 Wochen nach Beginn der Schwangerschaft möglich und wurde nur in stationären Einrichtungen vorgenommen. Die Kosten wurden von der Sozialversicherung getragen. Es wurde damals ein Netz von Schwangerschaftsberatungsstellen für medizinische, rechtliche und soziale Beratung der Frauen eingerichtet. Und wer die Geburt noch hinauszögern wollte, konnte die hormonale Kontrazeption als Schwangerschaftsverhütung verwenden. Diese Präparate mußten vom Arzt verordnet werden.

LUIS CORVALÁN: Gab es in der DDR auch eine Sexualerziehung?

MARGOT HONECKER: Ja. Die begann im Biologieunterricht in der Schule. Das Gesundheitswesen beteiligte sich ebenfalls an der Aufklärung. Es gab Ehe-, Familien- und Sexualberatungsstellen, die von Fachärzten geleitet wurden und in denen auch Psychologen und Juristen freiwillig und unentgeltlich tätig waren.

LUIS CORVALÁN: Wie stand es um die Ehescheidungen?

MARGOT HONECKER: Die stiegen. Nach den Statistiken wurden zum Beispiel 1989 rund 140000 Ehen geschlossen und pro Kalenderjahr etwa 50000 Ehen geschieden. Woran das lag? Viele Ehen wurden sehr jung geschlossen. Die zunehmenden Möglichkeiten der Weiterbildung der Frauen und ihre ökonomische Unabhängigkeit führten zu wachsendem Selbstbewußtsein. Die Folge waren höhere Ansprüche an die Partnerbeziehungen. Es gab weder materielle noch juristische Gründe, eine Ehe, die ihren Sinn verloren hatte, für Mann oder Frau oder Kinder aufrechtzuerhalten. Natürlich kann man kein Ideal in einer gescheiterten Ehe sehen. Aber es gab keine Diskriminierung geschiedener oder alleinstehender Mütter. Die Gesellschaft akzeptierte sie.

LUIS CORVALÁN: Das alles waren sicher Umwälzungen im Denken sowohl für Männer wie für Frauen?

MARGOT HONECKER: Ja. Viele seit Generationen überlieferte Voreingenommenheiten und auch Bequemlichkeiten mußten über Bord geworfen werden. Und nicht alle waren begeistert davon. Vor allem: Trotz aller Vergünstigungen war es für die Frauen nicht leicht, Beruf und Familie »unter einen Hut« zu bringen. Der Arbeitstag war alles in allem sehr lang. Deshalb entschieden sich viele Frauen für eine Arbeitszeitverkürzung. 1988 lag diese Zahl bei 27 Prozent. Wie Sie selber wissen, ließ unsere Infrastruktur oft noch zu wünschen übrig. Die Dienstleistungen waren trotz vieler Bemühungen längst nicht auf dem Niveau, das den Frauen die Hausarbeit entscheidend erleichterte. Auch wenn die Männer im Haushalt halfen, blieb noch vieles auf den Schultern der Frauen. Sie plagten sich mit den Versorgungslücken im Handel. Um das einzukaufen, was man brauchte und wünschte, mußte man oft lange herumlaufen. Das löste Ärger aus und kostete Zeit. In dieser Hinsicht hat die Gegenwart sicher Besseres zu bieten.

LUIS CORVALÁN: Aber das Leben der Frauen erfuhr einen großen Umschwung. Die hohe Zahl der Arbeitslosen im Osten trifft vor allem die Frauen.

MARGOT HONECKER: Ja, und dieses Problem hat sicher viele Seiten, meist nur Kehrseiten. Frauen, die ein ökonomisch unabhängiges Leben gewöhnt waren und im Beruf auch ihre Selbstbestätigung gefunden hatten, sehen sich heute damit konfrontiert, daß man sie wieder zur »Nur-Hausfrau« degradiert. Hinzu kommt, daß dort, wo die Männer arbeitslos sind, viele neue familiäre Probleme die Frauen belasten. Auch wenn sicher nicht alle Frauen im Osten dies subjektiv als Verlust der Gleichberechtigung empfinden, objektiv bleibt es ein Schritt zurück in ein schon überwundenes Zeitalter.
Da wir vorher über die Rolle der Mütter in der DDR sprachen, auch dazu noch ein Wort. Der fatale Rückgang der Geburten auf dem Gebiet der DDR ist nicht gerade ein Beleg dafür, daß die Familien jetzt in purem Glück leben. Daß man jetzt Schulen schließt, weil die Zahl der Schüler erschreckend zurückgeht, würde ich schon alarmierend nennen. Und wenn ich mich an den Satz Bertolt Brechts in seinen »Flüchtlingsgesprächen« erinnere: »Das Kind ist das Teuerste, was die Nation hat«, dann würde ich schlußfolgern, die Nation scheint ärmer geworden zu sein.

IV. Über die Volksbildung

LUIS CORVALÁN: Sie waren Minister für Volksbildung in der DDR. Ich kann mir vorstellen, daß ihr da mit vielen Problemen konfrontiert gewesen seid, als es nach Kriegsende galt, die junge Generation in unserem Sinne zu erziehen. Könnten Sie damit beginnen von den Schritten zu sprechen, die da gegangen worden sind?

MARGOT HONECKER: Wir nannten das die Demokratisierung der Schule und begannen damit, als das Territorium der DDR noch sowjetische Besatzungszone war. 1946 wurden die ersten Gesetze erlassen. Wir standen vor der Notwendigkeit, das gesamte Bildungs- und Erziehungswesen von seinem faschistischen und reaktionären Inhalt zu befreien. Im Potsdamer Abkommen wurde von den drei führenden Mächten der Anti-Hitler-Koalition 1945 für das künftige Deutschland festgelegt, die Voraussetzungen zu schaffen, »damit Deutschland niemals mehr seine Nachbarn oder die Erhaltung des Friedens in der ganzen Welt bedrohen kann«. Die darauf basierende antifaschistische demokratische Schulreform gehörte zu den großen Umgestaltungsprozessen, die nur im Osten realisiert wurden.

LUIS CORVALÁN: Was habt ihr getan, um mit der antihumanistischen Erziehung, die während der Hitlerherrschaft praktiziert wurde, Schluß zu machen?

MARGOT HONECKER: Eine neue Schule setzte auch voraus, das uralte Bildungsunrecht besonders an den Kindern der Arbeiter und Bauern zu beseitigen. Alle Kinder sollten von nun an die gleichen Bildungschancen haben. Vor allem aber galt es, eine neue Lehrerschaft heranzubilden, die sich zum Humanismus und zur Demokratie bekannte. Eine einheitliche wissenschaftliche Bildung, eine Erziehung, die eng mit dem Leben verbunden ist, allen Kindern zu garantieren, das waren

Ideen großer deutscher Pädagogen, die wir realisieren wollten. Die Älteren in der DDR erinnern sich noch heute der »Neulehrer« von damals. Bekannte Wissenschaftler und Literaten hatten als Neulehrer begonnen.

LUIS CORVALÁN: Aber das brauchte sicher seine Zeit.

MARGOT HONECKER: Diese Schulrefom war Teil des allgemeinen Wandels in der Gesellschaft. Die Veränderungen wirkten ihrerseits positiv auf die neue gesellschaftliche Entwicklung. Wenn ich heute zurückblicke, würde ich resümieren, daß die 40jährige Schulentwicklung ein Prozeß des ständigen Suchens nach den besten Wegen war, der das Ziel verfolgte, Inhalt und Methoden der Bildung zu vervollkommnen. Es entstand ein Schulsystem weltlichen Charakters, das zunächst eine 8jährige Pflichtschule zur Grundlage hatte. Später besuchten alle Kinder eine 10jährige allgemeinbildende Schule. Das Recht auf eine wissenschaftliche Bildung für alle war eine der unbestreitbaren Realitäten in der DDR.

LUIS CORVALÁN: Und die vorschulische Erziehung?

MARGOT HONECKER: Im Alter von 3 bis 6 Jahren konnten die Kinder, deren Eltern es wünschten, kostenlos einen Kindergarten besuchen. Bis 1989 besuchten 95 Prozent der Kinder dieser Altersgruppe eine Vorschule. Sie wurden dort von gut ausgebildeten Kindergärtnerinnen betreut und in einem weiten Sinn auf die Schule vorbereitet. Die Kinder wurden beim Spiel durch vielfältige Tätigkeiten allmählich und in allgemeiner Form an das Lernen herangeführt. Die Vorschulerziehung sollte die körperlichen und geistigen Fähigkeiten, die Phantasie und ästhetische Sensitivität der Kinder fördern. Das alles vollzog sich im Zusammenwirken mit den Eltern. An allen Einrichtungen waren gewählte Elternvertretungen tätig, deren Wahlen mindestens alle zwei Jahre stattfanden.

LUIS CORVALÁN: Ich weiß, daß ihr der Berufsausbildung große Aufmerksamkeit geschenkt habt.

MARGOT HONECKER: Ja. Der allgemeinbildenden polytechnischen Oberschule folgten ein breitgefächertes System der Berufsausbildung oder verschiedene Wege der Vorbereitung auf das Studium an Hochschulen und Universitäten.
Die polytechnische Ausbildung in der zehnklassigen Schule, ein anspruchsvoller naturwissenschaftlicher Unterricht, die Vermittlung einer technischen Grundlagenausbildung, die mit produktiver Arbeit der Schüler verbunden war – ein Weg, der auch international stark beachtet wurde –, bot Voraussetzungen für eine Berufsausbildung, die der Entwicklung der modernen Industrie Rechnung trug.
Die Mehrheit der Schüler absolvierte eine zwei- oder auch dreijährige Berufsausbildung, in deren Verlauf sie in Berufsschulen, die von Betrieben oder von den Kommunen unterhalten wurden, einen Facharbeiterberuf erlernten. Ihnen standen danach verschiedene Wege zum Besuch von Fach- und Hochschulen offen. Alle Ausbildung war kostenlos.
Für einen Chilenen ist es sicher interessant zu erfahren, daß es selbst im kapitalistischen Deutschland vor 1945 trotz einer 8jährigen Schulpflicht auf dem Lande noch bis 1945 einklassige Schulen gab, in denen die Kinder vom ersten bis achten Schuljahr in einem Schulraum von einem Lehrer unterrichtet wurden. Da war man bis zur Mitte des Jahrhunderts dem von den Großgrundbesitzern formulierten Wort gefolgt: »Es genügt ein Ochse vor dem Pflug und einer hinter ihm.«

LUIS CORVALÁN: Und sicher hatte der Krieg auch seine Spuren in den Schulen hinterlassen ...

MARGOT HONECKER: Wir erbten in jeder Hinsicht chaotische Zustände. Im Frühjahr 1945 waren kaum noch Schulen intakt. Es gab weder Hefte noch Schulbücher, an Utensilien wie Schreibmaterial war nicht zu denken. Kurzum, es fehlte an allem.

1959 konnte nach einer öffentlichen Debatte ein »Gesetz über die sozialistische Entwicklung der Schule« verabschiedet werden. Es orientierte auf eine höhere Qualität der schulischen Ausbildung. Damals wurde die 10jährige Schule zur Pflicht erklärt. Nicht alle waren von der Notwendigkeit der Verlängerung der Schulzeit überzeugt. Es gab Theorien von einem sogenannten Bildungsüberschuß. Auch ein Teil der Eltern, die selbst mit geringerer Bildung hatten aufwachsen müssen, bezweifelte zunächst, ob die Kinder wirklich so viel und so lange lernen sollten. Doch die Ansprüche an die Qualität der Tätigkeit am Arbeitsplatz wuchsen unterschiedlich, aber ständig. Und letztlich verlangte ja die demokratische Mitwirkung der Bürger, die im Sozialismus gefordert wird, mehr Wissen. Jeder versteht, daß eine 10jährige Ausbildung nicht zu realisieren war, ohne neue Schulen zu bauen. Eine große Zahl von Fachlehrern mußte auf höherem wissenschaftlichen Niveau ausgebildet werden. Dabei standen wir immer vor der Wahl: Ein anderes wichtiges Objekt oder eine Schule zu errichten? Und nicht alle akzeptierten immer die Notwendigkeit, dem Bildungswesen den Vorrang zu geben.

LUIS CORVALÁN: Und in welchem Zeitraum habt ihr das realisiert?

MARGOT HONECKER: Es dauerte 15 Jahre, die 10jährige Schulbildung überall zu verwirklichen. Es dauerte seine Zeit, bis Bildung in der Gesellschaft den ihr zukommenden hohen Stellenwert erlangte, bis sie zum echten Lebensbedürfnis wurde. 1965 wurde von der Volkskammer das »Gesetz über das einheitliche sozialistische Bildungssystem« beschlossen, das die nächste Etappe im Bildungswesen einleitete. Es gab in den Städten und größeren Dörfern zehnklassige Schulen mit kurzen Schulwegen und ein dichtes Netz von Kinderkrippen und Kindergärten. Für Kinder aus kleinen Dörfern waren Zen-

tralschulen eingerichtet worden, die die gleiche Ausbildung wie in der Stadt garantierten. Die Beförderung dorthin mit Schulbussen war auch kostenlos. Neulich schickte mir jemand aus Mecklenburg eine Zeitungsseite, auf der die erste ländliche Zentralschule abgebildet war. Sie wird jetzt geschlossen, weil es nicht mehr genügend Schüler dort gibt, um sie weiter zu unterhalten.
Ein anderer Aspekt: Wo neue Wohnungen errichtet wurden, mußten als erstes Schulen und Kindergärten gebaut werden, damit die Kinder zur Schule gehen konnten, wenn die Eltern in die neue Wohnung zogen. Das funktionierte keineswegs immer, wurde aber langsam dann doch zur Selbstverständlichkeit. Die Schulen pflegten im Lauf der Jahre Kontakte zu Betrieben oder Genossenschaften in der Umgebung. Das half, die Jugendlichen mit dem Ernst des Lebens vertraut zu machen. Diese Kontakte gingen hin bis zu gemeinsamen Feiern von Brigaden und ihren Patenklassen.

LUIS CORVALÁN: Wir sprachen schon darüber, daß allen Jugendlichen die Berufsausbildung garantiert wurde. Bekamen auch alle nach der Ausbildung einen Arbeitsplatz?

MARGOT HONECKER: Ja. Die Betriebe waren volkseigen und verpflichtet, die erforderlichen Arbeitsplätze bereitzustellen. Schon im letzten Ausbildungsjahr wurden die Arbeitsverträge abgeschlossen. Das ist heute, in dem größeren und reicheren Deutschland, für viele nurmehr ein Traum. Die erste Ausbildung für das Berufsleben ist das Training im Schreiben von Bewerbungen. Oder, wenn die erfolglos bleiben, der Gang zum Arbeitsamt.

LUIS CORVALÁN: Wie waren die Möglichkeiten für die Aus- und Weiterbildung von Erwachsenen, die im Beruf standen?

MARGOT HONECKER: Es gab viele Möglichkeiten für die Weiterbildung. Überall existierten Betriebsakademien und

Volkshochschulen. Für Frauen gab es Kurse mit erleichterten Studienbedingungen.

LUIS CORVALÁN: Ich habe immer noch Fragen: Welche Möglichkeiten gab es für behinderte Kinder?

MARGOT HONECKER: Die Sorge für physisch und psychisch behinderte Kinder war nicht karitativen Organisationen überlassen – ich will nicht versäumen, deren Bemühungen zu würdigen –, aber generell nahm sich der Staat in die Pflicht. Es gab für behinderte Kinder ein Netz von Sonderschulen, dazu gehörten Gehörlosen-, Blinden- und Hilfsschulen. Allein von 1979 bis 1989 wurden zwölf Körperbehindertenschulen mit medizinischer und pädagogischer Ausstattung errichtet. Erwähnen will ich auch noch, daß es Heime für elternlose Kinder gab.

LUIS CORVALÁN: Von Chilenen, die in der DDR im Exil lebten, weiß ich, daß es dort gute und billige Schulbücher gab.

MARGOT HONECKER: Die Produktion der Bücher wurde vom Staat subventioniert. Kinderbibliotheken ermöglichten interessierten Kindern den Zugang zu guter Literatur. Die Kinderschriftsteller in der DDR genossen einen sehr guten Ruf.

LUIS CORVALÁN: Die sinnvolle Freizeit der Kinder war eines eurer großen Anliegen.

MARGOT HONECKER: Auch das läßt sich mit gutem Gewissen bestätigen. In Interessengemeinschaften, Schulklubs, Sportgemeinschaften, wissenschaftlichen Einrichtungen, Schülerakademien an den Universitäten, in Museen, Theatern, Musikzirkeln konnten die Kinder ihren Interessen nachgehen. Viel wurde auch unternommen, daß die Kinder schöne Ferientage erleben konnten. Auch diese Reisen hingen nicht vom

Geldbeutel der Eltern ab. Die Gewerkschaften sorgten dafür, daß sich jährlich in den gemeinsam mit Betrieben eingerichteten rund 3000 Ferienlagern über eine Million Kinder erholen konnten. In betriebseigenen Urlaubsheimen konnten die Kinder gemeinsam mit ihren Eltern einen Teil ihrer Ferien verleben. Das alles heißt nicht, daß man in der DDR damit etwa zufrieden war. Zu den Mängeln: Die Bedürfnisse der 14- bis 16jährigen waren gewachsen, hatten sich auch verändert. Zum Beispiel war das Interesse an religionsgeschichtlichen, ökologischen, ethischen Problemen gewachsen. Aber es ist sicher in Chile unvorstellbar: Drogen waren in der DDR weder ein Bedürfnis noch ein Problem ...

LUIS CORVALÁN: ... Es ist die Gruppe derjenigen, die erwachsen werden und bei denen das Interesse wächst, zu wissen, woher wir kommen und wohin wir gehen ...

MARGOT HONECKER: Es gab viele Überlegungen und Pläne. Das System fakultativer Kurse für die mittleren und vor allem für die oberen Altersgruppen der Schüler war noch unzureichend. Wie Sie schon sagten, bewegen junge Leute in diesem Alter auch philosophische Fragen. Es gab philosophische Kurse, aber die waren zu trocken, boten zu wenig Raum für Diskussionen.

LUIS CORVALÁN: Fragen der Erziehung und Bildung konfrontieren uns immer wieder auf neue Weise mit der Entwicklung. Das ist wohl international so.

MARGOT HONECKER: Die wissenschaftliche und technische Entwicklung, die Prozesse der geistig-kulturellen Entwicklung, die sich in der Welt vollzogen, zwangen Ende der 70er Jahre, die pädagogische Praxis zu analysieren, Positives und Negatives festzustellen und gegebenenfalls neue konzeptionelle Überlegungen anzustellen. In einer Gemeinschaftsarbeit der Wissenschaftlern verschiedener Disziplinen

und in der Praxis tätiger Pädagogen wurde ein neues Konzept der Allgemeinbildung diskutiert und erarbeitet. 1981 wurde mit ersten Veränderungen in der pädagogischen Praxis begonnen. Dabei waren theoretische Probleme zu klären, die weltweit diskutiert wurden und – so scheint mir – heute noch erörtert werden.
Da war zum Beispiel die Frage, wie allgemeinbildende Schule auf die wissenschaftlich-technischen Entwicklungen reagieren sollten, wie sie den Trends Rechnung tragen. Das Verhältnis zwischen Allgemein- und Spezialbildung, zwischen obligatorischem und fakultativem Unterricht wurde damals sehr kontrovers diskutiert. Die Mehrheit der Wissenschaftler und Praktiker plädierte für eine umfassende solide Allgemeinbildung. Ausgiebig diskutiert wurde die Notwendigkeit, mehr für die Entwicklung von Talenten und Begabungen zu leisten. Pädagogen und Psychologen, Schul-Theoretiker und Schul-Praktiker erörterten die Frage, wie die unterschiedliche kindliche Persönlichkeit besser im Erziehungsprozeß entwickelt und gefördert werden kann. Dabei gingen wir selbstverständlich von der marxistischen Position aus, daß man im Lernenden nicht das Objekt, sondern das Subjekt der Erziehung zu sehen hat.
Diese Erkenntnisse in die pädagogische Praxis umzusetzen ist eine anspruchsvolle Aufgabe. Tausende Lehrer in der DDR, die sich ihrer Aufgabe mit Können und Liebe verschrieben, hatten dabei viel erreicht.
Dabei fehlte es noch an wissenschaftlichen Hilfen für die Lehrer und an Bedingungen, die den Lehrern mehr Zeit und Raum für ihre anspruchsvolle Arbeit geboten hätten.

LUIS CORVALÁN: Solche Probleme können nicht in wenigen Jahren gelöst werden.

MARGOT HONECKER: In den 40 Jahren DDR blieb manches Problem ungelöst. Sie hätten wohl auch nur in einem längeren gesellschaftlichen Reifeprozeß geklärt werden kön-

nen. Manches theoretische Postulat muß einen langen Weg bis in die Praxis zurücklegen.
Ein damals ebenfalls ausgiebig diskutiertes Thema war, wie weltanschauliche Bildung zu vermitteln ist, wie moralische Eigenschaften geformt werden können, wie Charakter und Gefühl, ausgehend von den positiven Anlagen, die in jedem Kind stecken, zu entwickeln sind. Ob unser Konzept hier ausreichte, kann man in Frage stellen. Unser gesellschaftswissenschaftlicher Unterricht ließ zu wünschen übrig. Er vermittelte Wissen über die Gesellschaft, über ihre Entwicklung. Den Konzeptionen und auch den Schulbüchern mangelte es an der Vermittlung des Erkennens von Zusammenhängen und des Wissens darum, daß sich die Entwicklung in Widersprüchen vollzieht. Das erschwerte den Lehrern, ständig wechselndes historisches Geschehen verständlich zu machen. Die Lehrer wurden schließlich täglich mit den Fragen einer politisch interessierten Jugend konfrontiert.

LUIS CORVALÁN: Die Erziehung in der DDR war eindeutig sozialistisch geprägt, die Schule vermittelte also weltanschauliche Bildung?

MARGOT HONECKER: Ja. Wir haben nie ein Geheimnis daraus gemacht, daß die Schule in der DDR sozialistisch erzog, daß wir bemüht waren, die Jugend dafür zu gewinnen, daß sie mit darüber nachdachte, wie unsere Gesellschaft voranzubringen war. Man hat auch nie geleugnet, daß wir die Jugend zur Solidarität mit den Unterdrückten in der Welt erzogen haben und sie aufforderten, für den Fortschritt Partei zu ergreifen. Wir orientierten sie an der Achtung vor den Menschen, an Gerechtigkeit und jenen sittlichen Werten, die unseren Moralbegriffen entsprachen. Ziel und Inhalt der Schule wird immer von den Interessen der Gesellschaft geprägt sein, in der sie wirkt. Es ist absurd zu behaupten, daß es unpolitische oder wertefreie Erziehung gäbe.

LUIS CORVALÁN: Erlauben Sie mir, etwas ganz Persönliches zu sagen. Ich habe erlebt, wie die neue Generation und das ganze Volk in solidarischem Geist erzogen wurde. In den Jahren, in denen ich im Gefängnis war, haben mir Tausende Kinder aus der DDR geschrieben, um mir ihre Solidarität zu bekunden. Nachdem ich 1977, einen Monat nach meiner Befreiung, in Berlin ankam, habe ich viele solche Augenblicke erlebt. An einen erinnere ich mich, als wäre es gestern gewesen. Ein ehemaliger Häftling des Konzentrationslagers Buchenwald hatte dort heimlich eine Holzfigur geschnitzt, und die schenkte er mir und sagte: »Das ist meine wertvollste und liebste Sache.« Er gab mir einen ergreifenden Brief dazu. Aber fahren wir fort in unserem Gespräch: Bei der sittlich moralischen Erziehung spielt die Familie eine große Rolle.

MARGOT HONECKER: Die Familie ist durch nichts zu ersetzen. Erziehung ist eine Angelegenheit der gesamten Gesellschaft. In jeder Gesellschaft verlaufen widerspruchsvolle Prozesse, die sich so oder so, positiv oder negativ auf die Jugend wirken. Die sozialistische Gesellschaft, das haben wir nie bestritten, war keineswegs vollkommen, zumal in den sozialen Beziehungen und Lebensgewohnheiten ständig Neues heranwächst. Ja, manches war kritikwürdig in unserer ideologischen Arbeit, und das gilt nicht nur für die Schule. Es gab viel Formales, es wurde oft über die Köpfe hinweggeredet, eigenes Denken wurde nicht genügend herausgefordert oder die Fragen, die viele bewegten, wurden nicht aufgegriffen und zu oft nicht offen diskutiert. Vieles war erkannt und offen als Mangel benannt worden, aber nicht verändert.

LUIS CORVALÁN: Heißt das, daß es bei der Jugend 1989 einen Nährboden für Antisozialismus gab?

MARGOT HONECKER: Wie sollte sich die Jugend 1989 verhalten? Die mittlere und jüngere Generation wußte nur aus Büchern, was Kapitalismus war, und es waren Hoffnungen geweckt worden, den Sozialismus zu »reformieren« und damit besser zu machen. Und hatten wir nicht aus tiefster Überzeugung immer wieder erklärt, daß der Sozialismus unumkehrbar sei? Und da sollte man der Jugend nicht Verwirrung, Resignation und Enttäuschung zugestehen? Wie sollte sie sich verhalten, als sich die sozialistische Gesellschaft auflöste, überrollt und schließlich in den Kapitalismus zurückkatapultiert wurde?

LUIS CORVALÁN: Als die ersten Äußerungen von Fremdenhaß aus dem Osten Deutschlands bekannt wurden, überschlugen sich die Medien.

MARGOT HONECKER: Fremdenhaß wurde und wird genährt durch die große Politik. Ich denke da an die Gesetze, die sich gegen das Asyl richteten, die Asyl-Rechte einschränken, bis hin zu der Praxis »unerwünschte« Ausländer abzuschieben.
So gab mancher, der selbst keinen Arbeitsplatz bekam, den Ausländern die Schuld. Nicht offiziell von den Regierungskanzeln, aber solche Losungen wurden schließlich unter Polizeischutz durchs Land getragen, auch durch den Osten, wo sehr viele bekanntlich ihre Arbeit verloren haben.
Und um für die nötige Stimmung zu sorgen, setzte man den Medienfeldzug gegen die DDR fort, die ohnehin an allem schuld sein soll. Wenn ich nur an die absurde Behauptung denke, Antifaschismus war in der DDR »staatlich verordnet«. Zunächst: Einem Land, das Antifaschismus verordnet, kann man das kaum vorwerfen. In der alten BRD war er jedenfalls nicht verordnet, was man daran erkennt, daß der Faschismus nie ausgerottet worden war. Ja, Antifaschismus war in der DDR Staatspolitik. Das Klima in der DDR war geprägt von der Ablehnung des Faschismus in jeder Form. Wer zum Beispiel heute behaupten wollte, daß die in Potsdam verkündeten Beschlüsse der Alliierten in der DDR nicht mit aller Konsequenz verwirklicht wurden, müßte dafür schon Beweise erbringen. Die Fakten sind eindeutig: Kriegsverbrecher wurden

enteignet, Junkerland den Bauern übergeben, faschistische Propaganda bei harter Strafe untersagt.
Viele der heute in der BRD tätigen Juristen wurden von Juristen ausgebildet, die einst Antifaschisten verurteilt hatten. Und diese Juristen fällen heute Urteile gegen Antifaschisten. Juristen der DDR werden heute verurteilt, weil sie Kriegsverbrecher verurteilt hatten. Oder: Bundeswehrkasernen trugen und tragen die Namen faschistischer Generale, die von Kriegsverbrechertribunalen für schuldig befunden wurden. Und: Tausende Kommunisten – viele von ihnen waren schon in der Nazizeit verfolgt worden – wurden in der BRD während des Kalten Krieges mit Berufsverboten belegt oder zu Haftstrafen verurteilt. Fünf Jahre Zuchthaus lautete das Urteil gegen Josef Angenfort im Jahre 1953. Er war Abgeordneter, genoß Immunität, trotzdem wurde er ins Zuchthaus gesperrt, und das, weil er die Freie Deutsche Jugend in Westdeutschland leitete. Eine Frau, die mehrfach BRD-Kinder in Ferienlager der DDR begleitet hatte, wurde ein Jahr ins Gefängnis gesperrt. Das sind Tatsachen, die niemand leugnen kann.

LUIS CORVALÁN: Wir werden auf die politische Verfolgung noch zurückkommen. Das Schändlichste ist wohl der Versuch, Faschismus und Sozialismus gleichzusetzen, was seit der »Wende« von Politikern und den Medien mit großem Eifer betrieben wurde.

MARGOT HONECKER: Die Kampagne, die DDR als »Unrechtsstaat« und »totale Diktatur« zu diskriminieren, um sie mit der faschistischen Diktatur gleichzusetzen, ist tatsächlich widerwärtig. Hitlerdeutschland, das die Welt mit Krieg überzog, das Millionen Menschen in Zuchthäusern und KZ-Lagern umbrachte, in einem Atemzug mit der DDR zu nennen, ist ein abscheulicher Versuch, die Geschichte umzulügen und diskriminiert hemmungslos die Menschen, die in der DDR lebten und arbeiteten, die sich mit ihrer Lebensleistung für diese humane Gesellschaft eingesetzt hatten. Man will damit auch vergessen machen, wer die größten Opfer im Kampf gegen den Faschismus brachte.

Besonders deutlich wurde diese fatale Absicht, als man dafür plädierte, den fünfzigsten Jahrestag des Sieges der Alliierten über den Faschismus nicht mehr als Tag der Befreiung zu bezeichnen. Da sollte allen klar geworden sein, welches Ziel die Politik verfolgt, die Faschismus und Sozialismus in einem Atemzug nennt. Damals forderten rechte Politiker den Tag als »Tag des Beginns von Vertreibungsterror und neuer Unterdrückung im Osten« zu begehen. Straßen und Plätze, die an Antifaschisten oder russiche Kommunisten erinnerten, wurden umbenannt.

Der Versuch, Faschismus und DDR gleichzusetzen, ist in meinen Augen Teil jener antikommunistischen Politik, die bei den Rechten Hoffnungen aufkommen läßt. Die Losung von der »größer gewordenen Verantwortung Deutschlands« flankiert die Verbreitung nationalistischen Gedankenguts. »Großdeutsche« Politik ist der Nährboden, auf dem faschistisches Gedankengut gedeiht. Nicht die Jugend ist schuld, sondern die Politik. Auch Jugendliche, die aus einer guten »Kinderstube« kommen, können für solche Parolen anfällig werden. Zumal eben die Jugend im Osten in eine Krise geriet, als ihre gesellschaftliche Umwelt durch die Okkupation der DDR über Nacht auf den Kopf gestellt wurde. Plötzlich galten nur noch die Gesetze der kapitalistischen Gesellschaft, in der sich jeder selbst der Nächste ist, in der sich alles in Ware verwandelt, in der das Maß aller Dinge das Geld ist. Die Folge war bei vielen Existenzangst und Sorge um die Zukunft. In solchem Klima blüht Demagogie, und es wächst die Anfälligkeit für Rechtsradikalismus, zumal sich die faschistischen Gruppierungen gern als Interessenvertreter der gebeutelten ostdeutschen Bevölkerung aufspielen.

Das hatten wir bekanntlich schon einmal in Deutschland. Zu Beginn der dreißiger Jahre hatten die Nationalsozialisten, Not und Arbeitslosigkeit Hunderttausender nutzend, mit ihrer nationalen und sozialen Demagogie Anklang gefunden. Nach offiziellen Verlautbarungen fanden von 1992 bis 1994 mehr als 20 00 nazistische Straftaten statt. Fast 80 Prozent der fremdenfeindlichen Brandanschläge waren 1993/94 noch nicht aufgeklärt. Emil Carlebach, ein auch international bekannter deutscher Antifaschist, ehemaliger Häftling im KZ Buchenwald, schrieb ein Buch mit dem Titel »Hitler war kein Betriebsunfall«. Sein Fazit: »Deutschland braucht nicht nur demokratische Aufklärung und Erziehung, sondern gleichzeitig einen ›verordneten‹ Antifaschismus, wenn nicht ein zweites 1933 über uns kommen soll.«

Und noch eine Bemerkung eher am Rande. Als wir beide die spanische Fassung dieses Buches vorstellten, stürzten sich bundesdeutsche Medien auf einige Zitate und verkündeten in Schlagzeilen: »Margot Honecker ist unbelehrbar.« Also haben wir Wahrheiten zu Papier gebracht. Ich bin tatsächlich nicht zu belehren, wenn man mir beibringen will, daß es keine Gefahr von Rechts gibt, und auch nicht, wenn ich akzeptieren soll, daß eine Gesellschaft mit Arbeitslosen, Obdachlosen, Hoffnungslosen zu preisen und der Sozialismus zu verdammen sein soll.

Aber nun noch ein paar Worte zum DDR-Bildungswesen. Manches sieht man mit größerem zeitlichen Abstand schärfer. Wie schon gesagt: Wir waren uns mancher Mängel bewußt. Wir zitierten oft Lenins Feststellung, daß jede Generation auf anderen Wegen zum Sozialismus kommt. Wir setzten allerdings oft Wissen und Erfahrungen voraus, die die in den Sozialismus Hineingeborenen gar nicht haben konnten, und oft gingen wir nicht auf die Erfahrungen ein, die die Jugend in der Wirklichkeit des Lebens machte. Solche Mängel und Fehler aber annullieren nicht die Tatsache, daß wenn von Menschenrechten die Rede ist, Bildung zu einem der grundlegenden Menschenrechte gehört. Und Bildungsmöglichkeiten waren in der sozialistischen DDR nicht nur auf dem Papier garantiert. An dieser Feststellung mache ich heute erst recht keine Abstriche. Es stimmt mich traurig, erfahren zu müssen, wie mit der Okkupation der DDR ihrer Schule viele Elemente des konservativen Schulsystems der BRD übergestülpt wurden. Und es empörte mich, daß Tausende erfahrener Lehrer aus dem Schuldienst gejagt und Wissenschaftler durch aus der BRD entsandte Leute ersetzt wurden. Renommierte Akademien wurden beseitigt und Universitäten »besetzt«. Das haben hier in Chile nur wenige erfahren, in meiner Heimat gerät diese »feindliche Übernahme« mit der Zeit in den Hintergrund. Vergessen werden darf sie nicht.

LUIS CORVALÁN: Macht Sie das pessimistisch im Hinblick auf die Zukunft?

MARGOT HONECKER: Unsere in den 80er Jahren eingeleitete Schulreform wurde durch die Ereignisse abrupt beendet. Aber ich bin ziemlich sicher, daß eine wirklich moderne Schule die Erfahrungen der DDR-Schule nicht ignorieren kann. In der Geschichte des deutschen Schulwesens haben fortschrittliche Pädagogen immer für die humanistische Bildung kämpfen müssen, haben sich für demokratische Reformen eingesetzt und sie auch gegen Widerstand durchgefochten.

V. Über die Kultur

LUIS CORVALÁN: In der DDR gab es ein reges kulturelles Leben. Was würden Sie einem interessierten Chilenen dazu sagen wollen?

MARGOT HONECKER: Kunst und Kultur sind in einer sich entwickelnden sozialistischen Gesellschaft ein sehr umfassendes Thema, um es mit Fontane zu sagen, ein »weites Feld«. Wir haben uns ja auch nicht das Ziel gesteckt, eine komplette Geschichte aller Gebiete der DDR zu Papier zu bringen. Deshalb nur einige Gedanken dazu. Der wohl wichtigste: Kunst und Kultur waren in der DDR nicht mehr Sache einer Elite. Sozialismus will Arbeit, Brot und Kultur für alle. Die sozialistische Gesellschaft ist eine unerläßliche Voraussetzung für die Entwicklung der menschlichen Fähigkeiten. In der Kulturpolitik ging man davon aus, daß Kunst und Kultur ein unentbehrlicher Faktor des menschlichen Lebens sind. Heute sind Kunst und Kultur Elemente der Marktwirtschaft geworden, und ihre Entwicklung hängt davon ab, welcher Gewinn damit zu erzielen ist. Wir werden sicher noch darauf zu sprechen kommen, was sich da alles radikal verändert hat. Ich will nur ein einziges Beispiel erwähnen: In Frankfurt/Oder existierte seit ewigen Zeiten ein Kleist-Theater. Man ließ dort zwar ein attraktives neues Theatergebäude bauen, entließ aber die Schauspieler und schloß die Kleist-Bühne. Nun engagiert man gastierende Ensemble. Einziger Grund: Das rechnet sich besser.

LUIS CORVALÁN: Wie hat man in der DDR Kultur im täglichen Leben verwirklicht?

MARGOT HONECKER: Unsere Auffassung von Kultur umfaßt alles, was die Entwicklung eines kulturvollen Lebens der Menschen ausmacht. Das gilt für die Kultur der menschlichen Beziehungen ebenso wie für die Pflege des Erbes und der

Literatur und die Voraussetzungen für kulturelle Betätigung und die Förderung von Talenten.

LUIS CORVALÁN: Das forderte sicher nicht nur ein ständiges Engagement des Staates, sondern auch vieler gesellschaftlicher Kräfte?

MARGOT HONECKER: Ja. Zum Beispiel legten die Gewerkschaften großen Wert auf die Entwicklung von Kultur am Arbeitsplatz. Die Betriebe bezahlten das. Gemeinsam kümmerten sich Staat und Verbände, der Kulturbund, die Jugendorganisation um möglichst günstige Bedingungen für die Gestaltung der Freizeit. Dabei ging es nicht nur um die finanziellen Voraussetzungen, sondern vor allem um die Entstehung eines Klimas, das Bedürfnisse nach niveauvoller Freizeit weckte. Es ist auch normal, daß man nach Schichtschluß ein Bier trinken ging. Aber einmal im Monat gemeinsam mit der Brigade ins Theater zu fahren, das gehörte genauso zur Normalität.

LUIS CORVALÁN: Kulturelles Interesse wird schon in der Kindheit geweckt.

MARGOT HONECKER: Kulturelle Bildung war ständiges Anliegen der Kultur und Bildungspolitik in der DDR. Literatur, Musik, Kunsterziehung wurden während der gesamten Schulzeit von engagierten Fachlehrern unterrichtet. Über die Art und Weise, wie Literatur und Kunst Kindern zu vermitteln ist, gab es manchen Streit. Fakt ist, alle Kinder hatten Zugang zur Weltliteratur, zur Gegenwartsliteratur, zu bildender Kunst und zur Musik.

LUIS CORVALÁN: Heißt das, daß Bürger der DDR von Kindheit an vertraut waren mit den Werken der großen Denker, Schriftsteller und Künstler, wie Goethe, Schiller, Beethoven, Heinrich und Thomas Mann, Anna Seghers und Brecht? Und welche eher allgemeinen Aktivitäten gab es auf kulturellem Gebiet?

MARGOT HONECKER: Es wäre übertrieben, wollte man behaupten, jeder DDR-Bürger habe Thomas Mann gelesen. Aber er hatte die Gelegenheit dazu. Große Bibliotheken wurden finanziert, warben Leser durch Veranstaltungen. Im Alltag wurde großer Wert auf die kulturelle Betätigung gelegt. Chöre und Singegruppen formierten sich überall. In der DDR wurden republikweit Solistenwettbewerbe veranstaltet, Schülergalerien organisiert, in denen Kinder ihre Zeichnungen und Plastiken ausstellen konnten. Die Künstlerverbände und ihre Mitglieder unterstützten diese Aktivitäten. Es gab ein Netz von Musikschulen. Viele haben die Rückwende überlebt, aber nur weil sich die Eltern – wenn sie imstande waren – an den entstehenden Kosten beteiligten. Betriebe und Kommunen finanzierten Kultur- und Clubhäuser.

LUIS CORVALÁN: Sie erwähnten den Kulturbund, wie könnte man einem Chilenen erklären, was das für eine Organisation war?

MARGOT HONECKER: Der Kulturbund – sein offizieller Name lautete »Kulturbund zur demokratischen Erneuerung Deutschlands« – war bereits im Juni 1945 gegründet worden und zwar, das nur am Rande, in einer Wohnung des amerikanischen Sektors von Berlin. Dort trafen sich Schriftsteller wie Friedrich Wolf, Schauspieler wie Ernst Legal und Paul Wegener, Wissenschaftler wie Prof. Spranger, und gründeten den Kulturbund. Man wollte auch mit Hilfe der Kultur eine demokratische Erneuerung in Deutschland anstreben. Später wurde das eine sehr große Organisation, in der die Bürger ihre kulturellen Interessen pflegen konnten. So existierte dort auch eine Sektion der Briefmarkensammler und andere, in denen man sich mit Heimatgeschichte oder Naturschutz befaßte. Der Kulturbund war auch in der Volkskammer mit einer Fraktion vertreten, der namhafte Schriftsteller, Maler, Vertreter des Musiklebens angehörten.

LUIS CORVALÁN: Kultur konnte sich, wie ich selbst weiß, jeder leisten.

MARGOT HONECKER: In der kleinen DDR existierten rund 60 Theater, 100 Orchester. Den Besuch einer Ballettaufführung, einen regelmäßigen Theater- oder Konzertbesuch konnte sich jeder leisten. Auch der Besuch der unter großem Aufwand wiederaufgebauten Kulturstätten wie des Leipziger Gewandhauses, des Berliner Schauspielhauses, der Semperoper in Dresden und des Palastes der Republik, dessen Abriß seit 1989 diskutiert wird, war für jeden erschwinglich. Einmal natürlich, weil jeder Arbeit hatte, und zum anderen weil die Eintrittspreise staatlich gestützt wurden. Als eines der traditionsreichsten Berliner Bühnenhäuser, der sogenannte Friedrichstadtpalast, nicht mehr benutzt werden konnte, weil die Pfähle, auf denen er wegen des Baugrunds direkt am Ufer der Spree stand, im Laufe der Jahrzehnte verrottet waren, wurde einen Steinwurf entfernt das damals modernste Varieté der Welt als neuer Friedrichstadtpalast errichtet. Daß es heute noch existiert, hat er vor allem seiner Popularität zu verdanken. Zu DDR-Zeiten war das Haus fast jeden Abend ausverkauft, und der Gewohnheit eines Besuchs im Friedrichstadtpalast sind viele Berliner treu geblieben. Das wird vielleicht einen Chilenen nicht so sehr interessieren, freut mich aber persönlich sehr.

LUIS CORVALÁN: Bücher wurden in der DDR gekauft wie das liebe Brot.

MARGOT HONECKER: Ich sagte schon, daß jeder zu den Bibliotheken Zugang hatte. Die DDR war ein Leseland. Obwohl die Buchproduktion ständig wuchs, konnten längst nicht alle Bedürfnisse befriedigt werden. Unzureichende Druck-

und Papierkapazitäten setzten den Auflagen Grenzen. Ich kann und will nicht darauf verzichten, zu sagen, daß die meisten Bibliotheken 1989 und 1990 »entsorgt« wurden. Man schaffte die Bücher lastwagenweise auf Müllkippen. Ein guter Freund hat mir einige Verse geschickt, die der frühere Präsident des PEN-Zentrums der DDR und enge Freund des Schriftstellers Arnold Zweig, Heinz Kamnitzer, geschrieben hat und das diese Geschehnisse in bewegender Weise schildert:

Ich bin vor Ort
Und berichte
Eine wahre Geschichte
Da werden
Im ganzen Land
Bücher aus den Regalen
Gerissen
Auf die Straße
Geschmissen
Durch den Reißwolf
Gejagt
Und auf Müllhalden
Gekippt
Ohne daß die Stadt
Und der Staat
Ein Sterbenswörtchen
Sagt

Da wird entsorgt
Und alles abgetrieben
Was in der Republik
Die sanft entschieden
Von uns
Gedacht gefühlt ersehnt
Und aufgeschrieben
Tag und Nacht
Mit Herzblut

Zu Papier
Gebracht
Wir
Wurden ausgemistet
Total
Der Kehraus
Auch ansonsten
Radikal
Wo man
Was wir uns
Abgerungen
Dem Drucker
In die Fäuste gab
Da ist der Laden
Dicht gemacht
...
Die Geschichte
Kennt kein Ende
Immer wieder kommt
Die Wende
Meistens grausam
Selten heiter
Geht die Zeit
Im Tempo
Weiter
Wie Planeten
Ziehen Menschen
Ihre Runden
Immer werden sie
Gewogen
Und zuletzt
Zu leicht
Befunden

Zu sagen wäre noch, daß ein rühriger Pfarrer aus der Alt-BRD diesen Stil im Umgang mit Büchern nicht akzeptieren wollte und sich auf den Weg in den Osten machte, die Bücher von den Müllkippen holte und in die Scheunen neben seiner Kirche stapelte. Heute kann man dort Bücher finden, die man sonst nirgendwo mehr bekommt. Die Spenden, die er einnimmt, denn er handelt natürlich nicht mit den Büchern, gehen zur Welthungerhilfe.

LUIS CORVALÁN: Es ist bekannt, daß viele Schriftsteller, die während des Faschismus in die Emigration getrieben werden, nach 1945 ihre Heimat in der DDR suchten und fanden.

MARGOT HONECKER: Ja, sie trugen mit ihren Werken, die während des Faschismus den meisten Deutschen nicht zugänglich waren, und mit ihrer engagierten Haltung wesentlich dazu bei, Antifaschismus, antiimperialistische Solidarität und humanistisches Denken zu verbreiten. Aber auch die nachfolgende Schriftstellergenerationen folgte deren Spuren mit ihren Werken, die oft Widersprüche und Konflikte, die in der Entwicklung auftraten, als Thema wählten und Partei ergriffen gegen Überlebtes und Überholtes.

LUIS CORVALÁN: Welche Stellung nahmt ihr gegenüber dem sozialistischen Realismus ein?

MARGOT HONECKER: Man wirft uns vor, den sozialistischen Realismus als Dogma praktiziert zu haben. Ja, es gab eine Periode, die man als dogmatisch bezeichnen kann. Es dominierte eine sehr enge Auffassung vom sozialistischen Realismus, und das führte zu Bevormundung und Gängelei. Diese Enge in der Kulturpolitik, die Schaffensfragen und Gestaltungsprobleme betraf, wurde überwunden. Mangel an Toleranz, Unverständnis, vor allem selbstherrliche Beurteilungen dieses oder jenes Werkes waren damit allerdings nicht überwunden. Daß es in der DDR vielfältiges künstlerisches Schaffen gab, dafür ist das künstlerische Erbe der DDR der beste Beweis.

LUIS CORVALÁN: Dennoch hattet ihr Schwierigkeiten mit einigen Intellektuellen?

MARGOT HONECKER: Es gab Meinungsverschiedenheiten. Aus meiner Sicht ging es dabei weniger um Kunst als um divergierende Standpunkte zu gesellschaftlichen Fragen. Die DDR lebte in der Mitte zwischen zwei sich unversöhnlich gegenüberstehenden Blöcken. Tendenzen, Ansichten und Standpunkte beider Blöcke prallten bei uns ständig aufeinander. Das spiegelte sich so oder so auch im Denken der Intellektuellen wieder. Mancher von ihnen geriet hier zwischen die Fronten, einige wechselten die Seiten, übernahmen Wertvorstellungen der westlichen Welt, und einige wollten den schweren Weg, wie er nie zuvor in Deutschland beschritten worden war, nicht mit uns gehen. Manches politisch an sich klare Wort wurde nicht angenommen, Kritik, die nicht selten der Dimension der ideologischen Auseinandersetzung – ich wiederhole: in der Mitte zwischen zwei unnachgiebig ihre Politik verfechtenden Blöcken – geschuldet war, wurde als zu hart empfunden, und nicht immer waren die Wortführer in der Diskussion geduldig und einfühlsam genug. Die Folge waren überempfindliche Reaktionen.

LUIS CORVALÁN: Das deucht mir normal und begreiflich.

MARGOT HONECKER: Künstler reagieren sensibel auf Konflikte, auf Probleme in der Gesellschaft, und sie artikulieren dies oft spontan, gefühlsmäßig, das ist wohl eine notwendige Eigenschaft, eine Voraussetzung für den schöpferisch tätigen Menschen. Dafür hinreichend aufgeschlossen zu sein, auf signalisierte Probleme verständnisvoll zu reagieren, ist der Politik im Umgang mit den Künstlern nicht immer gelungen. Das ist aber wohl nur ein Aspekt. Die Meinungsverschiedenheiten ergaben sich nicht nur aus der Art und Weise des Umgangs miteinander, sie lagen tiefer, wie gesagt, nicht nur in unterschiedlichen Auffassungen über die Kunst.

LUIS CORVALÁN: In der gesellschaftlichen Entwicklung gibt es immer Zäsuren, die sich in bestimmter Weise im Ideologischen widerspiegeln.

MARGOT HONECKER: Das war besonders nach dem XX. Parteitag der KPdSU deutlich. Da begann zum Beispiel eine Periode, die bekanntlich mit dem Romantitel »Tauwetter« charakterisiert wurde und die auch in dem Ruf nach »Realismus ohne Ufer« Ausdruck fand.
Nach diesem Parteitag wuchs eine Tendenz im Denken mancher Intellektueller, die von Pessimismus und Skeptizismus getragen war. Es verbreitete sich Ignoranz, die in direkten Angriffen gegen die Politik der Partei mündete.

LUIS CORVALÁN: Darauf mußte die Partei reagieren.

MARGOT HONECKER: Mit der Entspannungspolitik, mit Helsinki und der folgenden Menschenrechtskampagne des Westens, einer Kampagne, deren Auslösern es kaum so sehr um die Menschenrechte gegangen sein kann, denn in ihren eigenen Ländern lagen und liegen viele Menschenrechte schon lange sehr im argen, kamen bei manchen Illusionen auf. Ein gewisses Konvergenzdenken kam in Mode. Manche glaubten allen Ernstes, daß die beiden Blöcke sich harmonisch miteinander vermischen könnten. Freiheit und Demokratie wurden im Denken mancher abstrakte und von den gesellschaftlichen Realitäten losgelöste Begriffe.

LUIS CORVALÁN: Wenn man an die 80er Jahre denkt, wenn man von Auswirkungen des »Gorbatschowismus« spricht, so ist unbestreitbar, daß diese Zeit auch im Denken vieler Intellektueller eine negative Rolle spielte.

MARGOT HONECKER: Das galt auch für die DDR. Die ständigen Enthüllungen über angebliche Verbrechen des Sozialismus, die Verunglimpfung der Geschichte der Revolution, die Propagierung eines pluralistischen sogenannten humanen Sozialismus, der auf einem »dritten Weg« in den »demokratischen Sozialismus« führen würde, und die Thesen vom »Allgemein-Menschlichen«, das über und unabhängig von den gesellschaftlichen Verhältnissen existieren sollte, sorgten für Verwirrung und Verunsicherung. Hinter diesem demagogischen Geschwätz entdeckten viele nicht die eigentliche Gefahr, daß auf diese Weise einer Rückkehr zur bürgerlichen Gesellschaft der Weg gebahnt werden sollte. Hinzu kam, daß hier und da kleinbürgerliches Denken die Illusion nährte, wir hätten in 40 Jahren unsere Ideale schon realisiert und hätten gewissermaßen schon einen »Reinen Sozialismus« haben müssen, woran unsere Sozialismuspropaganda ohne Frage nicht schuldlos war. In einer Zeit sich verschärfender Probleme in der DDR, deren Zusammenhänge oft nur schwer durchschaubar waren, kulminierte solches Denken in verhängnisvoller Weise. Der Ernst der Lage machte viele besorgt, und der Wunsch, aus der Krise herauszukommen, war auch bei vielen Kulturschaffenden von dem ehrlichen Willen bestimmt, die DDR zu bewahren. Hoffnungen aber, daß man die DDR und ihre Errungenschaften erhalten, mit parlamentarischer Demokratie und den sogenannten individuellen Freiheiten mixen und so zu einem »demokratischen Sozialismus« gelangen könnte, waren einfach naiv.

Das waren Illusionen, die sich nicht erfüllen konnten. Und um deutlich zu sein: Es gab ihn doch noch, den Klassengegner, erfahren und routiniert auch durch den 40jährigen Kampf gegen uns. Er hatte diese Situation heraufbeschworen und wußte sie nun zu nutzen. Die andere Seite hatte in ihrer Politik schon lange darauf gesetzt, daß sich Klassen- und Systemgegensätze mehr und mehr verwischen würden. Der Gerechtigkeit halber muß man sagen, daß solche Art Naivität nicht nur Künstlern und Intellektuellen zugeschrieben werden darf. Die gab es auch bei Politikern bis in die Spitzen von Partei und Regierung. Der Gorbatschowismus hatte unübersehbar Einfluß in unserer Partei gewonnen.

LUIS CORVALÁN: Aber vielleicht sind nun viele durch die Erfahrungen mit den Verhältnissen im kapitalistischen Deutschland klüger geworden.

MARGOT HONECKER: Ich sagte schon, daß es eine Schande ist, wie in dem so gepriesenen demokratischen Deutschland heute mit der Kultur umgegangen wird. Die seit 400 Jahren existierende Berliner Staatskapelle hat unlängst ihre Instrumente eingepackt, ist vor das Haus des für die Kulturfinanzen zuständigen Senators marschiert und hat auf dem Hof ein Protestkonzert gegeben. Und nicht vergessen darf man, wieviel hervorragende Künstler, Literaten und Maler der DDR öffentlich verunglimpft wurden.
Auch in dieser Hinsicht gilt: Auf welchem Platz im Leben man sich auch befindet, man muß sich entscheiden, auf welcher Seite man stehen will.

VI. Spaltung und Mauer

LUIS CORVALÁN: Es ist jetzt vielleicht angebracht, daß wir darüber sprechen, wie es überhaupt zur Spaltung Deutschlands kam.

MARGOT HONECKER: Es ist immer wieder notwendig, zu erklären, wie es dazu kam, daß sich zwei deutsche Staaten bildeten, ein kapitalistischer und ein sozialistischer, und warum die Mauer gebaut wurde. Das ist immerhin schon ein paar Jahre her, und wenn man heute deutsche Zeitungen liest, gewinnt man immer öfter den Eindruck, daß die Journalisten es entweder vergessen haben oder ihnen empfohlen wurde, es zu vergessen.
Die Spaltung Deutschlands, die Spaltung Berlins und der Bau des antifaschistischen Schutzwalls, heute gemeinhin als Mauer deklariert, hat ihre Geschichte. Die würde allerdings mehr als ein Buch füllen. Diese Geschichte begann schon während des II. Weltkriegs, genauer 1944. Zu diesem Zeitpunkt wurden bereits in den USA und in Großbritannien erste Pläne zur Teilung Deutschlands geschmiedet. Die haben auch konkrete Namen, zum Beispiel der Welles-Plan, der eine Dreiteilung Deutschlands vorsah, der Morgenthau-Plan, der einen Nord- und einen Süddeutschen Staat vorsah sowie eine internationale Zone, die das Ruhrgebiet und Teile Nordwestdeutschlands einschließen sollte.
Der Hintergrund ist heute noch viel klarer: Den westlichen Großmächten ging es um die Sicherung ihrer Großmachtinteressen in Europa.

LUIS CORVALÁN: An diesen Plänen war die UdSSR nicht direkt beteiligt, aber sie erhielt Kenntnis davon.

MARGOT HONECKER: Die Sowjetunion lehnte alle Vorschläge, die zur Zerstückelung Deutschlands führten, ab.

LUIS CORVALÁN: Mit diesen Plänen wichen die westlichen Großmächte im Grunde von den Prinzipien der Antihitlerkoalition ab.

MARGOT HONECKER: Zunächst nicht offen, aber schon 1946 wurde erkennbar, daß die Politik der Antihitlerkoalition von den Westmächten durch den Kurs auf Konfrontation verdrängt wurde. 1946 sprach Churchill vom »Eisernen Vorhang«, der Ost und West teile, 1947 verkündete der amerikanische Präsident Truman, »daß man die Welt vom Kommunismus befreien müsse«.

LUIS CORVALÁN: So begann der Kalte Krieg.

MARGOT HONECKER: Er richtete sich eindeutig gegen die UdSSR, die aus dem II. Weltkrieg, in dem sie bekanntlich die größten Opfer gebracht hatte, als eine starke politische Weltmacht hervorgegangen war. Ihre weitere Entwicklung, ihr Einfluß auf eine fortschrittliche, friedliche Entwicklung sollte gebremst werden. Man ging sogar zur militärischen Bedrohung der UdSSR über. Vor diesem Hintergrund spielte sich die Deutschlandpolitik ab.

LUIS CORVALÁN: Mit dem Ausdruck »Eiserner Vorhang«, den Sie erwähnten, versuchten die Kapitalisten, das entstehende sozialistische Lager als einen geschlossenen undurchdringlichen Komplex hinzustellen. Das war nicht einmal völlig falsch, denn die westlichen Großmächte betrieben gegen diese Länder ganz offen eine Politik der Blockade und Isolierung. Der Imperialismus mußte auch vermeiden, daß der Versuch, eine neue Gesellschaft aufzubauen, in der Welt etwa Schule machte. Diese Politik hatte schon nach dem Ende des I. Weltkriegs begonnen. Damals entriß man Rußland das Baltikum, also Lettland, Estland, Litauen und im Süden Bessarabien und schuf so einen Vorhang gegen die UdSSR, den man damals verschämt und harmlos im Vergleich zum »Eisernen Vorhang« »Cordon Sanitaire« nannte und der sich von der Ostsee durch Polen bis zum Schwarzen Meer erstreckte.

MARGOT HONECKER: Und heute ist die ehemalige UdSSR, also Rußland, fast vollständig eingekreist. Mit der Osterweiterung der NATO steht sie an den Grenzen Rußlands. Der Imperialismus versuchte von Anfang an, den Sozialismus zu ersticken. Das war schließlich ein Ziel Hitlerdeutschlands. Aus diesem Grund lehnten die Westmächte bis 1939 das Bündnis ab, das die UdSSR zur Verteidigung gegen den Faschismus vorgeschlagen hatte. Wenn dieses Bündnis später doch zustande kam, so nur, weil die Westmächte vom gleichen Hitlerdeutschland bedroht wurden und sich im Interesse ihrer Selbsterhaltung mit der SU zusammentaten.

LUIS CORVALÁN: Kommen wir auf das Thema der Spaltung Deutschlands zurück.

MARGOT HONECKER: 1945 hatte das Deutsche Reich mit dem Sieg der Alliierten über den Hitlerfaschismus aufgehört zu existieren. 1945 ging die Macht in Deutschland an die vier Besatzungsmächte über. Das von den Siegermächten beschlossene Potsdamer Abkommen legte die Bedingungen für die Schaffung eines entmilitarisierten Deutschlands fest, dessen Umwandlung in ein friedliebendes demokratisches Land durch das Abkommen garantiert werden sollte. In ganz Deutschland engagierten sich starke demokratische Kräfte, die, den Potsdamer Festlegungen folgend, für grundlegende demokratische Veränderungen eintraten. Während im Osten alle Schritte zur Demokratisierung konsequent durchgeführt wurden, blockierten die Westmächte alle Abkommens-Bestimmungen, wie die Enteignung der Nazi- und Kriegsverbrecher, die Zerschlagung der Rüstungsindustrie. Die in Jalta, Teheran und Potsdam gemeinsam getroffenen Vereinbarungen wurden boykottiert. Da man sich – ich erwähnte das schon – im Osten an das Abkommen hielt, waren unterschiedliche Entwicklungen in den beiden Teilen Deutschlands vorprogrammiert.

LUIS CORVALÁN: Wurde nicht in der Ära Adenauer die Losung ausgegeben: »Lieber das halbe Deutschland ganz, als das ganze Deutschland halb«?

MARGOT HONECKER: Ja. Und dafür hatte man triftige Gründe. Da es den westlichen Großmächten nicht gelang, die demokratische Entwicklung im Osten aufzuhalten, wollten sie sie zumindest im Westen aufhalten. Es ging darum, den Westen in ihr gegen die UdSSR gerichtetes System einzugliedern. Die Restauration der alten Machtverhältnisse entsprach den Interessen jener Kräfte in Deutschland, die ihre Niederlage wettmachen wollten. Das deutsche Kapital hatte nicht einmal während des Krieges seine internationalen Bindungen abgebrochen. Die wurden nun wieder wirksam. Die Politiker, die die Interessen des Kapitals vertraten, ignorierten die Beschlüsse von Potsdam.
Nach der Londoner Konferenz westlicher Regierungen 1948 waren die Ministerpräsidenten der westdeutschen Bundesländer mit der Ausarbeitung einer Verfassung beauftragt worden, die faktisch Spaltung bedeutete. Die separate Währungsreform schuf endgültige Tatsachen. Die Westzonen wurden in den Marshallplan eingegliedert.

LUIS CORVALÁN: Und damit wurde faktisch die Restaurierung des westdeutschen Monopolkapitals finanziert.

MARGOT HONECKER: Das kann niemand bestreiten. Im August 1948 wurde die sogenannte Trizone zur Bizone umgewandelt. Zur amerikanischen und englischen Zone kam die französische hinzu, und damit war ein separates Wirtschafts- und Verwaltungsgebiet geschaffen. Mit dem im Mai 1949 beschlossenen Grundgesetz wurde die Spaltung besiegelt, im September 1949 die BRD proklamiert. Die staatliche Spaltung

Deutschlands war vollzogen. Und zwar gegen den Willen vieler Demokraten in Ost und West.

LUIS CORVALÁN: Wie äußerte sich der Widerstand gegen die Spaltung?

MARGOT HONECKER: Eine Volksbewegung für »Einheit und gerechten Frieden« war entstanden. 1949 hatte die Sozialistische Einheitspartei Deutschlands dazu aufgerufen, sich »zur Rettung der Einheit und friedlichen Entwicklung unseres Vaterlandes in der Nationalen Front zusammenzuschließen«. Es fanden drei Kongresse im Osten statt, an denen auch Delegierte aus den Westzonen teilnahmen. Thema waren eine Verfassung für ein demokratisches Deutschland und die Verhinderung der Spaltung des Landes. Aber das gelang nicht. Am 7. Oktober 1949 wurde die DDR gegründet.

LUIS CORVALÁN: Das ist klar, denn nachdem sich die westdeutsche Bundesrepublik konstituiert hatte, blieb keine andere Wahl, als einen anderen Staat zu gründen. Trotzdem kämpftet ihr weiter für die Einheit Deutschlands.

MARGOT HONECKER: Ja. Die Regierung der DDR unternahm viel in dieser Hinsicht.
So gab es 1950 einen Vorschlag der DDR-Regierung, an deren Spitze der frühere Sozialdemokrat Grotewohl stand, eine Beratung beider deutscher Regierungen über einen gesamtdeutschen konstituierenden Rat einzuberufen. 1951 schlug die Volkskammer dem Bundestag eine Beratung von Vertretern aus Ost und West vor, die über die Abhaltung freier gesamtdeutscher Wahlen befinden sollten. Im März 1953 schlug die UdSSR eine Friedenskonferenz aller an einem Friedensvertrag mit Deutschland interessierten Staaten unter Teilnahme beider deutscher Staaten vor. Die Westmächte lehnten ab.

LUIS CORVALÁN: Sie wiesen die Vorschläge zurück, natürlich im Einvernehmen mit den deutschen Politikern, die sie selbst eingesetzt hatten. Zum Beispiel Adenauer.

MARGOT HONECKER: Das Konzept Adenauers gipfelte von Anfang an darin, »die ostdeutschen Brüder und Schwestern zu befreien«.

LUIS CORVALÁN: ... und die Existenz der DDR wurde nicht anerkannt.

MARGOT HONECKER: Die BRD beschränkte sich nicht darauf, die DDR selbst nicht anzuerkennen, sondern drohte auch allen Ländern, die das tun wollten, mit dem Abbruch der diplomatischen Beziehungen. Man formulierte einen »Alleinvertretungsanspruch«, der als »Hallstein-Doktrin« in die Geschichte einging.
Und schon in dem 1949 vom sogenannten parlamentarischen Rat verabschiedeten Grundgesetz der BRD waren territoriale Ansprüche in den deutschen Grenzen von 1937 politisch und staatsrechtlich fixiert. Dieses Gesetz deklarierte die sowjetische Besatzungszone zum Anschlußgebiet für die BRD und die daraus abgeleitete »Obhutsflicht« der BRD für alle Deutschen. Eine Staatsbürgerschaft der DDR wurde nicht anerkannt.
1950 forderte die New Yorker Konferenz der Außenminister der drei Westmächte alle NATO-Staaten auf, keine diplomatischen Beziehungen zur DDR herzustellen. Die »Obhutspflicht« wurde auch zur gezielten Abwerbung von DDR-Bürgern benutzt. 1950 wurde in der BRD das »Bundesgesetz über die Notaufnahme von Deutschen in das Bundesgebiet« erlassen, das ebenso wie später folgende »Flüchtlingsgesetze« der Abwerbung diente.
Mit der Remilitarisierung wurde der Weg der BRD in die NATO vorbereitet und die Kluft zwischen West und Ost weiter vertieft. Die Adenauer-Regierung forcierte die Wiederbe-

waffnung auch – was der Kanzler ganz offen erklärte –, um die »Sowjetzone zurückzuholen«.

LUIS CORVALÁN: Aber dann kam der Tag, an dem die DDR die Fahne der Einheit Deutschlands einholte?

MARGOT HONECKER: Die DDR war lange für die deutsche Wiedervereinigung, als friedliebender demokratischer Staat, versteht sich, eingetreten. Bis 1963 galt die Einheit als das langfristige strategisches Programm. Dann waren historische Entscheidungen gefallen, die kein Wunschdenken mehr zuließen. Es waren zwei deutsche Staaten mit einander ausschließenden Gesellschaftsordnungen entstanden. Sie gehörten gegensätzlichen Bündnissen an. Eine friedliche Wiedervereinigung unter diesen Bedingungen war keine realistische Politik mehr. Das war nicht nur unser Standpunkt, denn weder die eine noch die andere Gesellschaftsordnung stand zur Disposition. Die Politik, die Beziehungen mit der BRD zu normalisieren, war Ausdruck der Anerkennung der Realitäten.

LUIS CORVALÁN: Man erinnert sich, es kam zu vertraglichen Vereinbarungen zwischen den deutschen Staaten. 1972 wurde ein Grundlagenvertrag geschlossen, der die Zusammenarbeit auf verschiedenen Gebieten regelte. 1973 wurde die DDR als Mitglied der UNO aufgenommen.

MARGOT HONECKER: Es kamen dennoch neue Probleme. Zum Beispiel wurden USA-Mittelstreckenraketen in Westdeutschland stationiert. Das hatte nichts mit Entspannung zu tun.

LUIS CORVALÁN: Kommen wir zum Problem Berlin, das aus unserer Sicht zum Kern des Zerwürfnisses zwischen den beiden europäischen Militärblöcken wurde.

MARGOT HONECKER: Auch da muß man die Geschichte bemühen. Berlin war im Mai 1945 befreit worden, 300000 sowjetische und polnische Soldaten fielen in der Schlacht. Im Juni rückten die Truppen der USA, Großbritanniens und Frankreichs in Berlin ein und besetzten ihre drei Sektoren. Die Stadt wurde der Sitz des Alliierten Kontrollrates, der die Realisierung des Potsdamer Abkommens überwachen sollte. Im Mai hatte die sowjetische Besatzungsmacht einen Magistrat für ganz Berlin eingesetzt. Der linderte die größte Not in der Stadt, aber als er begann, Reformen in Angriff zu nehmen, behinderte man ihn. Der Gipfel war 1948 die Einführung der Westwährung für die Sektoren der Westalliierten. Selbst ein politischer Ignorant wird kaum leugnen können, daß eine Stadt mit zwei verschiedenen Währungen eine gespaltene Stadt ist. Die Politiker prägten den Begriff von der »Frontstadt« und verstiegen sich sogar dazu, Westberlin zum »Pfahl im Fleische der DDR« zu deklarieren. Niemand nahm da ein Blatt vor den Mund. Das war Kalter Krieg pur. Heute möchte man daran nicht so gern erinnert werden.

LUIS CORVALÁN: Was viele hier nicht wissen: Ganz Berlin lag auf dem Territorium der DDR. Es lag im Herzen der DDR, mehr als 200 Kilometer von der Grenze der BRD entfernt. Wir werden das in der chilenischen Ausgabe auf einer Karte im Buch zeigen.

MARGOT HONECKER: Ja. Alle Zugangswege nach Berlin führten über das Territorium der DDR. Die Grenze, die faktisch mitten durch die gespaltene Stadt führte, war wie die Grenze zwischen DDR und BRD bis August 1961 offen. Die Spekulationen mit den beiden Währungen führten logischerweise zu Milliardenverlusten der DDR-Wirtschaft. Es wurde von westdeutschen Finanzexperten errechnet, daß der DDR im Rahmen des gegen sie geführten Wirtschaftskrieges allein bis 1961 rund 100 Milliarden Mark verloren gingen.

LUIS CORVALÁN: Wissen Sie, daß der chilenische Politiker der Radikalen Partei, Alberto Baltra – er war Dekan der wirtschaftswissenschaftlichen Fakultät der Universität und Minister –, zwei Monate nach der Errichtung der Mauer in Berlin war und dann das Buch schrieb »Drei sozialistische Länder«.
Darin schrieb er über die Ursachen und die Motive für die Errichtung der Mauer. Seine Argumente waren die gleichen, die Sie mir genannt haben. Vor allem hob er hervor, daß die unterschiedliche Währung nach der Währungsreform ein Schlag gegen die Wirtschaft der DDR war, ebenso wie die Abwerbung qualifizierter Fachkräfte. Das alles, schrieb er, richtete sich gegen den Aufbau einer neuen Gesellschaft. Und er bekannte offen: »Es wäre blind und dumm von der DDR gewesen sich nicht dagegen zu wehren, also stillzuhalten und sich ausbluten zu lassen.«

MARGOT HONECKER: Seit 1950 agierten zahlreiche Diversions- und Geheimdienstzentralen in Westberlin. Bücher sind darüber geschrieben worden, ein in Westberlin erschienenes trug den Titel »Der Krieg im Dunkeln«. Ein gutbezahlter »Forschungsbeirat der BRD für Fragen der Wiedervereinigung« legte einen Plan für den Tag X vor, und der enthielt Weisungen, wie sich die westdeutschen Monopole stufenweise der Volkswirtschaft der DDR wieder bemächtigen könnten. Mir scheint, solche Pläne holte man nach der »Wende« wieder aus der Schublade.

LUIS CORVALÁN: Führte dies alles dazu, daß beschlossen wurde, die Grenze zu schließen?

MARGOT HONECKER: Es war eine bittere, aber logische Folge. Daß dies nicht von der DDR allein beschlossen und verwirklicht wurde, muß man wohl nicht einmal einem Menschen erklären, der Tausende Kilometer von Deutschland entfernt lebt. Der Warschauer Vertrag traf seine Entscheidungen, und die waren in Moskau vorbereitet worden. Das geschah am 13. August 1961.

LUIS CORVALÁN: Nach dem Völkerrecht obliegt die Kontrolle der Grenzen dem Recht jedes souveränen Staates.

MARGOT HONECKER: Die Westmächte mischten sich bekanntlich auch nicht ein, als die Grenze geschlossen wurde. Alle waren der Meinung, daß der Spannungsherd Berlin beseitigt werden müßte, weil er zum Krieg führen könnte. Ich habe neulich gelesen, was der britische Premierminister McMillan am 25. Juni 1961 gesagt hatte: »Möglicherweise treiben wir Berlins wegen in ein Unglück – entweder eine schreckliche diplomatische Niederlage oder in einen Nuklearkrieg.« Niemand wollte den Krieg, und deshalb kann man nicht umhin festzustellen, daß an diesem Tag der Frieden bewahrt wurde.

LUIS CORVALÁN: Aber die, die andere Absichten hatten, haben es der DDR nie verziehen, daß sie diese Pläne vereitelte, wie sich das heute, in den Prozessen gegen Grenzsoldaten, Offiziere und Politiker zeigt.

MARGOT HONECKER: Heute wird die Grenze, die den Frieden sichern half, nur als Mauer gegen diejenigen ausgegeben, die die DDR illegal verlassen wollten. Die historische Wahrheit ihrer Vorgeschichte wird unterschlagen. Leider beteiligen sich daran auch linke Politiker eifrig. Sie lassen allerdings offen, welchen Weg sie in dieser Situation eingeschlagen hätten.

LUIS CORVALÁN: Wie Sie wissen, war ich im Oktober 1989 in Berlin, als der 40. Jahrestag des deutschen sozialistischen Staates gefeiert wurde. Und ich spürte die Straßenproteste, die in jenen Tagen in der DDR stattfanden. Die Möglichkeit, in andere Länder reisen zu können, war eine der Hauptforderung der Demonstranten.

MARGOT HONECKER: Die Demonstrationen, von denen Sie sprechen, waren Ausdruck der Unzufriedenheit mit den unübersehbaren Mängeln der DDR. Der Wunsch, nicht nur in Richtung Osten reisen zu können, war begreiflich und eine Forderung vieler Bürger. Daß sie gerade zu diesem Zeitpunkt so vehement vorgetragen wurde, war in meinen Augen kein Zufall. Die andere Seite wußte, daß sie ein wichtiger Faktor in der psychologischen Kriegführung gegen die DDR war.

LUIS CORVALÁN: Stellen wir fest, daß es Reisebeschränkungen für DDR-Bürger gab. Welche Probleme hatte die DDR mit Reisen ihrer Bürger in die BRD?

MARGOT HONECKER: Reisewünsche, die sich aus familiären Bindungen ergaben, Wünsche vor allem von Jugendlichen, auch den anderen Teil der Welt zu sehen, waren verständlich. Und ihnen war auch in allerdings nur kleinen Schritten Rechnung getragen worden. Das war übrigens auch eine finanzielle Frage, denn wer in die BRD reiste, brauchte nicht nur eine Fahrkarte, sondern auch Mittel, um dort seinen Aufenthalt zu finanzieren. Da die Mark der DDR nicht konvertierbar war – sie war eine Binnenwährung, während die DM konvertierbar war – hätten Devisen für die Reisekosten bereitgestellt werden, und daran hatten wir eher Mangel als Überfluß. Fakt ist: Von 1986 bis 1988 reisten jährlich 6 bis 7 Millionen DDR-Bürger in die BRD. Die Zahl sollte erhöht werden, aber daraus ergaben sich auch völkerrechtliche Überlegungen, da die BRD nach wie vor eine »Obhutspflicht« für alle DDR-Bürger geltend machte. Im Klartext: Man weigerte sich, die Staatsbürgerschaft der DDR anzuerkennen. Das erschwerte alle Verhandlungen.

LUIS CORVALÁN: Unbestreitbar ist aber, daß Träume und Illusionen über das Leben im Westen groß waren. Man kann es auch so formulieren: Das Konsumdenken und die Illusionen über den Westen nahmen zu.

MARGOT HONECKER: Daran änderte auch eine Reise in die BRD nichts. Erst viel später wurde vielen klar, daß da Unterschiede sind zwischen einer Reise dorthin und dem Leben in dieser Gesellschaft. Aber weiter zum Geschehen damals. Die ungarische Regierung hatte bekanntlich nach Verhandlungen mit der BRD-Regierung gegen eine Zahlung von 500 Millionen DM die Grenzen für die ausreisewilligen DDR Bürger geöffnet, die sich in Ungarn befanden. Ähnliches vereinbarte der damalige Außenminister der BRD, Genscher, in Prag, wo sich zahlreiche DDR-Bürger in der BRD-Botschaft aufhielten. Ob man zu diesem Zeitpunkt schon wußte, wie die Mauer zu öffnen war, ist zu bezweifeln, aber daß man sich diesem Ziel näher wähnte, steht wohl fest. Erinnert werden muß auch daran, daß der US-Präsident Reagan bei seinem Auftritt in Westberlin am Brandenburger Tor ausgerufen hatte: »Mister Gorbatschow, reißen Sie die Mauer nieder!« Er wußte wohl sehr genau, wer für die Mauer zuständig war.

LUIS CORVALÁN: Als die Mauer dann gefallen war, konnte man reisen, lebte in »Freiheit«, eine Freiheit, die allerdings auch die Freiheit einschloß, arbeitslos zu sein oder zu werden.

MARGOT HONECKER: Die Mauer fiel jedenfalls, die staatliche Einheit wurde vollzogen.

LUIS CORVALÁN: Ich glaube, daß das Schicksal der DDR schon vorher entschieden war. In seiner Schrift »Über die dramatischen Ereignisse« schrieb Erich Honecker, daß schon 1987 in den sowjetischen Medien die Überwindung der Spaltung als unmittelbare und notwendige Aufgabe für das »Haus Europa« postuliert worden war. Er stellt fest, daß die Voraussetzung dafür die Abschaffung des sozialistischen Systems in der DDR war. Wörtlich formulierte er: »Die Schiene, auf die der Zug DDR gestellt wurde, führte in Richtung zur Liquidierung der DDR und deren Verkauf an die BRD. Dieser Verkauf wurde noch beschleunigt durch den Zusammenbruch des sozialistischen Systems in Ost- und Zentraleuropa. Der Fahrplan war fertig, und der Zug würde dahin fahren, wo ihn die BRD hin haben wollte.«

MARGOT HONECKER: Es ist inzwischen unbestritten, daß sich die Einheit Deutschlands infolge der tiefgreifenden Veränderungen auf dem europäischen Kontinent vollzog.

LUIS CORVALÁN: Und der Schlüssel lag in Moskau. Vielleicht können Sie in diesem Zusammenhang etwas über die sogenannten »Zwei-plus-Vier-Verhandlungen« sagen, die die Vereinigung der beiden deutschen Staaten zum Gegenstand hatten.

MARGOT HONECKER: Zwei-plus-Vier, so bezeichnete man die Beratungen zwischen Vertretern der BRD und der DDR, der UdSSR, der USA, Großbritanniens und Frankreichs. Sie begannen im Mai 1990. Zu diesem Zeitpunkt war noch die Rede von einer Wiedervereinigung auf dem Wege über eine Konföderation. Kwizinskij, ein lange in Deutschland tätiger sowjetischer Diplomat, schrieb in seinen Erinnerungen, daß es in Moskau verschiedene Meinungen gab, daß einige meinten, die Wiedervereinigung wäre von sowjetischer Seite auf dem Wege einer Konföderation und dem Austritt der BRD aus der NATO durchsetzbar. Die Forderung der »Konservativen«, so schrieb er, ging dahin, die DDR als sozialistischen Staat zu erhalten oder zumindest eine Neutralisierung Deutschlands zu erreichen. Die »Demokraten« hätten dafür plädiert, grünes Licht für die Wiedervereinigung zu geben, dabei jedoch einen Weg zu finden, die sozialistischen Errungenschaften der DDR mit den Vorteilen der Marktwirtschaft zu verbinden. Wörtlich schrieb Kwizinskij dann weiter: »Das Schicksal der DDR entschied sich irgendwann im Sommer 1989«, und nimmt dabei Bezug auf den Besuch Gorbatschows in Bonn, der eine Ära neuer Beziehungen zwischen Bonn und Moskau einleitete. Interessant ist auch der Satz: »In Moskau geschahen seltsame Dinge, Prof. Daschitschew forderte immer häufiger, die DDR solle ihre Grenzen öffnen.«

LUIS CORVALÁN: ... Von Daschitschew hieß es, er sei ein Berater Gorbatschows ...

MARGOT HONECKER: ... Kwizinskij führte in seinen Erinnerungen aus: »Alexander Jakolew fragte mich einmal während seines Besuches in der Bundesrepublik auf der Fahrt im Wagen ganz unerwartet und ohne Umschweife, ob die Berliner Mauer überhaupt notwendig sei. Ich erinnere mich, daß ich antwortete, die Mauer sei natürlich eine unangenehme Sache, aber sie zu Fall zu bringen, so sagte ich, bedeutet, die DDR aufzugeben ... auf jeden Fall könne man nicht einfach die Frage in den Raum stellen, ob die Mauer erforderlich sei. Man müsse sich dann schon entscheiden, ob man die DDR weiterhin brauche oder nicht ... Seit dem Ende des Zweiten Weltkrieges seien mit der Existenz der DDR jedoch unsere Lebensinteressen und das gesamte Kräftegleichgewicht in Europa verbunden.«
Kwizinsky ist durch den weiteren geschichtlichen Verlauf bestätigt worden. Das Kräftegleichgewicht ist zerstört.

VII. Danach

LUIS CORVALÁN: Ich denke, ein Thema müssen wir noch behandeln, nämlich die Zeit danach, also nach dem Rücktritt Erichs. Ich habe hier einen Ausschnitt aus der französischen Zeitung »Le Monde« mit seiner Erklärung vor dem Zentralkomitee: »Liebe Genossen, nach reiflicher Überlegung und nach der gestrigen Beratung im Politbüro unter Berücksichtigung meiner Krankheit und der Operationen bin ich zu folgender Entscheidung gekommen, daß mein Gesundheitszustand mir nicht mehr erlaubt, die Kraft und Energie aufzubringen für die Leitung unserer Partei und des Staates, die nötig ist in der Gegenwart und für die Zukunft unseres Volkes.« Im Namen des Politibüros schlug er Egon Krenz vor, ihn in allen Ämtern, die er bis dahin innegehabt hatte, zu ersetzen.

MARGOT HONECKER: Was er sagte, entsprach den Tatsachen. Seit Monaten war er krank, seit der Bukarester Tagung hatte er seine Funktionen nicht mehr voll wahrgenommen. In der ernsten Situation, die sich in der DDR entwickelt hatte, kam sein Rücktritt für die Partei überraschend. Es ist inzwischen kein Geheimnis mehr, daß in der von ihm erwähnten Sitzung das Politbüro beschlossen hatte, Honecker solle zurücktreten, in der Hoffnung, damit einen Ausweg aus der Lage zu finden.

LUIS CORVALÁN: Hatte man vor der Sitzung mit Erich über diesen Vorschlag gesprochen?

MARGOT HONECKER: Nein. Die Lage im Land war, wie gesagt, schwierig, als das Plenum des Zentralkomitees diesem Beschluß zustimmte.

LUIS CORVALÁN: Ich las bei Kwizinskij, der unter Bezugnahme auf den CDU-Parteitag 1989 und die Rede, die Kohl dort hielt, schrieb, daß der davon ausging, die Regierung der BRD habe nunmehr die Möglichkeit gesehen, in Osteuropa tiefgreifende Veränderungen herbeizuführen. Vor allem über der DDR zogen sich dunkle Wolken zusammen. Weiter schrieb Kwizinskij, der zu dieser Zeit die UdSSR in Deutschland vertrat, »die Bewegung des zivilen Ungehorsams in der DDR wuchs und erfaßte immer breitere Kreise. Es wurde klar, daß selbst eine so mitgliederstarke und disziplinierte Partei wie die SED nicht mehr länger in der Lage sein würde, die Dinge unter Kontrolle zu halten. ... Auch in dieser Frage machte man sich in Moskau Illusionen. Man meinte, es genüge, Erich Honecker durch einen Mann der Perestroika – wenn nicht Egon Krenz, dann vielleicht Hans Modrow – zu ersetzen, und alles werde wieder ins Lot kommen.«

MARGOT HONECKER: Der weitere Verlauf der Ereignisse hat gezeigt, daß dies wirklich eine Illusion war, die viele in der DDR mit Moskau teilten. Die Neuwahlen in der Partei nach dem 9. Plenum verliefen angesichts der sich überschlagenden Ereignisse unter der Losung »Erneuerung«. Der ehrliche Wille derer, die die DDR erhalten wollten, konnte aber nichts mehr bewirken.

In seiner Stellungnahme an das ZK am 1. 12. 89, die schon wie die vorangegangene dem Zentralkomitee vorenthalten worden war, schrieb Erich: »Ich bin für die Erneuerung, wie sie im Aktionsprogramm gefordert wird, habe aber zunehmend Zweifel, ob dieser Prozeß in die richtige Richtung läuft. Ich habe den Eindruck, daß Kräfte wirksam werden, die einen regelrechten Vernichtungsfeldzug gegen unsere Partei und unseren souveränen Staat führen.

Es gibt Erscheinungen des rücksichtslosen Vorgehens gegen die Genossen unserer Partei und der Zerschlagung großer Teile des Apparates. Ich hoffe dennoch, daß es gelingen möge, im Verein mit allen gutwilligen Bürgern dieses Landes, das Errungene zu bewahren.«

LUIS CORVALÁN: Inzwischen vollzogen sich unter der Losung »Erneuerung« überall ähnliche Prozesse. Im Namen dieser Erneuerung wurden wesentliche Werte des Sozialismus in Frage gestellt. Nicht nur in der DDR waren Kräfte in Aktion getreten, die unter dieser Losung die Geschichte, angefangen bei der Oktoberrevolution, entstellten, die alle Werte des Sozialismus in Frage stellten. Was Jahre zuvor schon in der UdSSR begonnen hatte im Zeichen von Perestroika, wurde nun unter der Flagge des Kampfes gegen den »Stalinismus« geführt.

MARGOT HONECKER: Politik und Politiker wurden kriminalisiert und die Partei schließlich zerschlagen. Es folgten Ausschlüsse aus der Partei und Verhaftungen. Es begann die Kriminalisierung der ganzen DDR. Die DDR existierte noch, als Hans Modrow, damals Ministerpräsident, vom Treffen mit Gorbatschow im Januar 1990 zurückkehrte und die Losung »Deutschland einig Vaterland« verkündete. Der danach gewählten Regierung de Maizière wurde der Einigungsvertrag von der BRD diktiert.

LUIS CORVALÁN: Sie haben einige Fakten über Ereignisse des Novembers 1990 erzählt, die sich wie ein »Regiebuch« lesen.

MARGOT HONECKER: Das will ich nicht weiter kommentieren. Dem 9. Plenum folgten Hausdurchsuchungen, unsere Immunität als Abgeordnete wurden aufgehoben, es gab Verhandlungen vor einem Untersuchungsausschuß. Nach dem Treffen von Krenz mit Gorbatschow informierte Krenz Erich, daß er seine Rede auf dem am 8. November 89 stattfindenden Plenum des ZK »verschärfen« müsse. Auf dieser 10. Tagung wurde Erich Honecker in Abwesenheit schuldig erklärt für die Krise in Partei und Gesellschaft.
Am 15.11. wurden wir aufgefordert, unsere Mandate als Abgeordnete niederzulegen. Als nächstes leitete der Generalstaatsanwalt ein Ermittlungsverfahren gegen Erich Honecker ein.
Am 30.11. wurde uns die Wohnung gekündigt und am 22. De-

zember mitgeteilt, daß ein kurzfristiger Auszug aus der Wohnung erforderlich sei.
Am 3. Dezember wurde Erich für die Dauer des 11. Plenums unter Hausarrest gestellt und aus der Partei ausgeschlossen.
Am 7.12. wurde ich vor den Ausschuß der Volkskammer zitiert, um »Amtsmißbrauch, Korruption und andere Handlungen« zu untersuchen. Am 7.12. wurde erneut eine Haussuchung durchgeführt ...
Am 8. Dezember begann der Sonderparteitag, auf dem sich die SED/PDS konstituierte. Der damalige Vorsitzende der Partei, Gregor Gysi, verkündete einen dritten Weg »zwischen Stalinismus und Kapitalismus«.
Man wolle, so Gysi, nicht einfach die kapitalistischen Strukturen übernehmen, die westeuropäischen Gesellschaften, insbesondere die BRD, seien »keine rein kapitalistischen Systeme«. Man müsse einen dritten Weg wählen »jenseits vom stalinistischen Sozialismus und der Herrschaft der transnationalen Monopole«.
Anfang Januar 1990 fand auf Anordnung der Staatsanwaltschaft eine ärztliche Untersuchung zur Prüfung der Haftfähigkeit Erich Honeckers statt. Es wurde Krebs an einer Niere festgestellt. Am 10.1. fand die Operation in der Charité statt.
Am 29.1. wurde Erich, nachdem am Abend zuvor Station und Krankenzimmer von Kriminalbeamten besetzt worden waren, im Beisein seiner Familie im Krankenzimmer verhaftet und in die Haftanstalt Rummelsburg transportiert.
Am 30.1. wurde er wieder entlassen, und da wir inzwischen obdachlos waren, konnten wir nur durch Vermittlung kirchlicher Würdenträger bei Pfarrer Uwe Homer in Lobetal unterkommen.
Am 7.2. wurde ich von der Schiedskommission der SED/PDS aufgefordert zu erscheinen. Ich sollte aus der Partei ausgeschlossen werden. Mitglieder des Politibüros und Genossen, die oft 60 Jahre der Partei angehörten, wurden von dieser Kommission ausgeschlossen. Ich erklärte meinen Austritt, da ich das Programm dieser Partei nicht akzeptierte. Ich schrieb

einen Brief und erinnerte daran, daß ich dem Zentralkomitee schon zu Zeiten Wilhelm Piecks, Otto Grotewohls und Walter Ulbrichts angehörte. Das war meine Partei, und nur ihr fühle ich mich verpflichtet.
Am 3.4. wurden wir im Armeehospital der Sowjetarmee in Deutschland aufgenommen. Am 19.4. erlitt ich dort einen leichten Herzinfarkt. Während unseres Aufenthaltes dort wurde Erich in regelmäßigen Abständen von der Staatsanwaltschaft vernommen.
In der Vernehmung am 10.8.90 teilte ein Staatsanwalt ihm mit, daß das Ermittlungsverfahren wegen Hochverrats und Amtsmißbrauchs nun um den »Verdacht des mehrfachen Mordes und Körperverletzung« erweitert worden sei.
Am 4.9.1990 übergaben die Anwälte Friedrich Wolff und Wolfgang Vogel auf Ersuchen Erichs ein Schreiben an den sowjetischen Botschafter in Berlin mit der Bitte um Weiterleitung an die Regierung der UdSSR. Darin hieß es: »Wir bitten, die Regierung der UdSSR von der ernsten Situation zu verständigen, in der sich nicht nur Erich Honecker, sondern viele Offiziere und Soldaten der Grenztruppen befinden, die seinerzeit in voller Übereinstimmung und im Rahmen des Warschauer Paktes gehandelt haben. Wir bitten Sie, der Regierung der UdSSR die Bitte Erich Honeckers zu übermitteln, daß sie im Rahmen der ›Zwei-plus-Vier‹-Gespräche, wie aber auch im Rahmen ihrer sonstigen diplomatischen Beziehungen zur BRD die Vertreter der Bundesrepublik Deutschland darauf hinweist, daß es sich bei den genannten Vorkommnissen um Ereignisse gehandelt hat, die unmittelbar aus den völkerrechtlichen Verpflichtungen der DDR folgten und aus denen daher keine strafrechtliche Verantwortung einzelner Person abgeleitet werden kann.«

LUIS CORVALÁN: Und wie reagierte die sowjetische Seite?

MARGOT HONECKER: Bis auf die freundliche Entgegennahme dieses Schreibens erfuhren wir von keiner Reaktion.

LUIS CORVALÁN: Und in der Zeit, als ihr euch im Armeehospital befandet, wurde ein Haftbefehl gegen Erich erlassen?

MARGOT HONECKER: Am 1.12.1990, also interessanterweise einen Tag vor den Wahlen zum Bundestag, wurde dieser Haftbefehl erlassen. Wir erfuhren dies, wie auch die Anwälte, nur durch die Medien. Damals tobte eine regelrechte Pogromhetze gegen die Führung der Partei und besonders gegen Erich Honecker. Der damals amtierende Generalstaatsanwalt erklärte vor der noch existierenden Volkskammer der DDR »die ehemalige Führung der Partei ist eine Bande von Verbrechern«. Die Medien führten eine hemmungslose Kampagne, bedienten sich auch sogenannter Historiker, die sogar Erichs Vergangenheit als antifaschistischer Widerstandskämpfer in Frage zu stellen versuchten.

LUIS CORVALÁN: Nennen Sie doch bitte ein paar Beispiele …

MARGOT HONECKER: Es wurde verkündet, Erich Honecker hätte ein hohes Schweizer Privatkonto besessen. Diese unsinnige Behauptung war schon 1989 von den untersuchenden Behörden als plumpe Fälschung erkannt worden war. Die Überprüfung durch eine Inspektion der Außenhandelsbank, die auf Ersuchen der Generalstaatsanwaltschaft stattfand, ergab: »In einem Fernschreiben vom 24.10.89 wurde ERICH HONECKER gebeten, den Saldo seines Kontos in Höhe von 367.534.192,12 (in Worten: dreihundertsiebenundsechzigmillionenfünfhundertvierunddreißigtausendhundertzweiundneunzig Franken und 12 Rappen) zu bestätigen. Die im Fernschreiben als Absender ausgewiesene Firma-Bank existiert offensichtlich nicht. Eine solche Bank ist nicht bekannt. Aus der Telex-Nummer des Absenders ist zu entnehmen, daß es sich um einen Telex-Anschluß in der BRD handeln muß. Mit der Telexnummer des Absenders konnte zwar eine Verbindung hergestellt werden, doch gab sich der absendende Part-

ner nicht zu erkennen.« Abschließend hieß es: »Aus alledem muß geschlußfolgert werden, daß es sich hierbei um ein fingiertes Fernschreiben handelte.«
Alle Unterstellungen beruhten auf anonymen Anzeigen.
Um seinen Ruf als Widerstandskämpfer gegen die Faschisten zu demolieren, wurde ihm unterstellt, er habe Verrat an Genossen verübt, was von der Presse genüßlich zu Schlagzeilen stilisiert wurde.
Ein Schreiben von Frau Sarah Fodorova Wiener an »Super« offenbarte die skandalöse Lügenkonstruktion. Sie wandte sich an das Blatt, das die Verratsstory mit angeblichen Aussagen von ihr hatte erhärten wollen (s. im Anhang dieses Buches S. 196).

LUIS CORVALÁN: Die Lügen, die über Erich Honecker in Umlauf gesetzt worden sind, zeugen von unglaublicher Gehässigkeit und Niedertracht. Sie lassen den Verdacht aufkommen, daß man in seiner Person die DDR diskriminieren wollte, vielleicht, weil man sich in den Reaktionen der Bevölkerung auf den Wende-Wandel getäuscht hatte?

MARGOT HONECKER: Davon zeugt auch jene Rede, die der damalige Justizminister Kinkel zur Begrüßung vor dem 15. Deutschen Richtertag am 23. September 1991 in Köln gehalten hatte: »Ich baue auf die deutsche Justiz. Es muß gelingen, das SED-System zu delegitimieren, das bis zum bitteren Ende seine Rechtfertigung aus antifaschistischer Gesinnung, angeblich höheren Werten und behaupteter absoluter Humanität hergeleitet hat, während es unter dem Deckmantel des Marxismus-Leninismus einen Staat aufbaute, der in weiten Bereichen genauso unmenschlich und schrecklich war wie das faschistische Deutschland, das man bekämpfte und – zu Recht – nie mehr wieder entstehen lassen wollte.«
Es gibt ein deutsches Sprichwort: »Je größer die Lüge, um so eher wird sie geglaubt«, und das bewahrheitete sich einmal mehr. Erich Honecker wurde zur Zielscheibe gemacht.

Ich will auch feststellen: Nicht alle ließen sich verwirren. So wurde auf Initiative westdeutscher Kommunisten, vor allem der Genossen Heinz Junge, eines alten Widerstandskämpfers, und Werner Cieslak, eines aktiven Kämpfers für demokratischen Neubeginn nach 1945, das Dortmunder Komitee zur Solidarität mit Erich ins Leben gerufen (s. im Anhang dieses Buches S. 182).

LUIS CORVALÁN: Und noch im Jahre 1991 seid ihr dann nach Moskau gekommen?

MARGOT HONECKER: Am 13.3.91 flogen wir mit einer sowjetischen Maschine in ärztlicher Begleitung nach Moskau. Ein Ärztekonzil im Militärhospital in Beelitz hatte eine Verlegung in ein Krankenhaus für erforderlich gehalten. Auf dem Flugplatz teilten uns die sowjetischen Offiziere, die übrigens sehr besorgt waren über die entstandene politische Lage, mit, daß Bundeskanzler Kohl verständigt worden sei. Der Mitteilung an Kohl sei ein ärztliches Gutachten beigefügt worden. Sie erklärten auch, daß, wenn Erich Honecker um Asyl in der UdSSR nachsuchen würde, ihm dies gewährt werde. Alles werde entsprechend des Völkerrechts geklärt. Wir mußten bis zum Abflug längere Zeit warten, und uns war klar, daß man auf sowjetischer Seite im Kontakt mit Bonn stand.

LUIS CORVALÁN: Es gab da eine Episode, die durch die Presse ging. Kohl hatte in der gerade stattfinden Parlamentssitzung, wahrscheinlich in Gedanken an die neuesten Nachrichten über Honecker, den Fraktionsvorsitzenden der SPD versehentlich mit »Herr Honecker« angesprochen.

MARGOT HONECKER: Als wir in Moskau eingetroffen waren, legte Bonn Protest gegen unsere Ausreise ein.

LUIS CORVALÁN: Wo hieltet ihr euch in der folgenden Zeit auf?

MARGOT HONECKER: Vom Flugplatz fuhren wir direkt ins Moskauer Militärhospital Mandyreke, wo wir uns zwei Monate aufhielten. Die medizinische Behandlung war intensiv, und die Menschen um uns herum waren sehr herzlich, wie vordem schon im Militärhospital Beelitz.

LUIS CORVALÁN: Hattet ihr Kontakte mit Freunden und Genossen?

MARGOT HONECKER: In der ersten Zeit besuchten uns befreundete hochrangige sowjetische Offiziere. Es kam der ehemalige Vorsitzende der Deutschen Kommunistischen Partei, Kurt Bachmann, aus Chile der damalige Vorsitzende der KP Chiles Volodia Teitelboim.
Ende Mai konnten wir das Krankenhaus verlassen und zogen in eine Datsche in der Nähe Moskaus. Dort waren wir isoliert, die Moskauer Freunde kamen nicht mehr. Die Kontakte zu den Anwälten konnten wir erst nach intensiven Bemühungen über die Botschaftsaußenstelle der Sowjetunion in Berlin abwickeln. Nach dem Putsch im August waren wir faktisch von allen Außenverbindungen abgeschlossen.

LUIS CORVALÁN: Sie beziehen sich auf den »Putsch«, den Gennadi Janajew gegen Gorbatschow inszenierte, als der auf der Krim seinen Sommerurlaub verbrachte und Jelzin die Umstände nutzte, um die Macht zu ergreifen.

MARGOT HONECKER: Ja, nach diesem sogenannten Putsch waren wir restlos von der Außenwelt abgeschlossen. Erst nach energischem Drängen suchten uns im September Mitarbeiter des sowjetischen Außenministeriums auf. Aus der Presse hatten wir vom Auftreten russischer Politiker erfahren, die die Auslieferung Honeckers gefordert hatten. Die Vertreter des Außenministeriums informierten uns, daß die deutsche Seite vor dem Besuch des damaligen Außenministers Genscher in Moskau eine Note geschickt hatte, in der sie an ihren Protest nach der Ausreise Honeckers erinnert habe. Der Nachrichtenagentur »TASS« habe das Außenministerium erklärt: »Es wurde über Honecker gesprochen, es gab keine Vereinbarungen, auch nicht die Weiterreise in ein drittes Land betreffend. Die Frage Honecker würde weiter erörtert.«

LUIS CORVALÁN: Da muß man wohl zwischen den Zeilen lesen können …

MARGOT HONECKER: … Genau. Nach dem Besuch des schon erwähnten damaligen Justizministers Kinkel, im September 1991 in Moskau, waren die Zeitungen voll von widersprüchlichen Verlautbarungen. Am 28.8. hatte Erich ein Schreiben an Gorbatschow geschickt, in dem er seinen Standpunkt zu den politischen Vorgängen in Deutschland, zur Kriminalisierung der DDR, zum Problem der Grenze und seine Bitte um Unterstützung für die politisch Verfolgten formuliert hatte (s. im Anhang dieses Buches S. 189). Ministerpräsident Stoph, Verteidigungsminister Keßler, dessen Stellvertreter Fritz Streletz, der Sekretär einer Bezirksleitung, Albrecht, die alle später im Prozeß gegen Honecker mitangeklagt wurden, waren im Mai verhaftet worden. Und schließlich bat Erich um Vermittlung in seiner Angelegenheit.

LUIS CORVALÁN: Und wie reagierte Gorbatschow?

MARGOT HONECKER: Es gab keine Antwort, wie auf andere Briefe auch nicht. Anfang November fand dann ein offizielles Gespräch statt, daß der Stellvertretende Außenminister im Auftrag des damaligen Außenministers führte. Der Inhalt dieses Gesprächs, scheint mir, gab bereits Aufschluß über alles, was sich dann später bis zur Auslieferung vollzog. So wurde von sowjetischer Seite erklärt, die innere Lage der Sowjetunion habe sich seit dem August-Putsch verändert. Der politische und ökonomische Druck der BRD nehme ständig zu. Zu deren Forderungen gehöre auch die Rückführung Erich

Honeckers. Der würde zu einer Belastung der Beziehungen zwischen beiden Regierungen. Man würde einen »Kompromiß« empfehlen. Für die sowjetische Seite wäre die günstigste Variante, wenn er sich entscheiden würde, »freiwillig« zurückzukehren. Man wolle sich dann für eine faire Behandlung einsetzen.

LUIS CORVALÁN: Was sagte Erich dazu?

MARGOT HONECKER: Er sagte, es sei schon klar, daß man die gesamte politische und militärische Führung der DDR anzuklagen beabsichtige, und stellte die Frage, wie die Sowjetunion darauf zu reagieren gedenke. Immerhin sei die frühere militärische Führung der DDR Teil des Oberkommandos des Warschauer Paktes gewesen. Und die sollte vor Gericht gestellt werden? Er erinnerte daran, daß bis zum Austausch der Ratifikationsurkunden zum »Zwei-plus-Vier«-Vertrag für beide deutsche Staaten noch die eingeschränkte Souveränität und damit auch die Verantwortung der Alliierten gelte. Sein Standpunkt, nicht nach Deutschland zurückzukehren, sei darin begründet, daß er nicht bereit sei, sich für weitere Demütigungen der DDR herzugeben. Die würden mit der Absicht verfolgt, das ehemalige Staatsoberhaupt der DDR der BRD zur Verurteilung zu übergeben.

LUIS CORVALÁN: Mich würde noch interessieren, was Sie, die Sie bei den Gesprächen mit den Emissären des Außenministeriums dabei waren, dachten?

MARGOT HONECKER: Es wurde nichts darüber gesagt, welche Bedingungen man konkret aushandeln wollte. Nach den diplomatischen Erklärungen waren meine Bemerkungen wohl nicht sehr »diplomatisch«. Vielleicht sogar schockierend, aber sie resultierten aus meiner ehrlichen Überzeugung. Ich sagte, daß ich die Zustimmung der Sowjetunion »zu einer freiwilligen Rückkehr«, ganz abgesehen vom Gesundheitszustand meines Mannes, als Auslieferung betrachte und so solle dies die Regierung doch bitte auch öffentlich erklären. Und ich fügte hinzu, daß ich es für unmoralisch dem ehemaligen Verbündeten und Freund gegenüber hielt. Danach erklärten die Abgesandten, die von Honecker dargelegten politischen Motive seien klar und deutlich. Es sei nicht Anliegen des Gesprächs gewesen, die Frage der Auslieferung zu erörtern. Da sei man mißverstanden worden, dies stünde weder politisch, noch völkerrechtlich oder moralisch zur Debatte. Der Botschafter der BRD in Moskau wurde umgehend vom Inhalt dieses Gespräches informiert. Dann nahmen die Dinge ihren Lauf.

LUIS CORVALÁN: Das heißt, die Sowjetische Regierung war schon nicht mehr handlungsfähig. Die weitere Entwicklung ist allgemein bekannt, doch wäre es gut, wenn Sie darüber noch einmal im Detail berichten würden.

MARGOT HONECKER: Am 10. Dezember erschienen der damalige russische Justizminister, der Innenminister und der Stellvertretende Außenminister Rußlands mit einem Protokoll, in dem die Ausweisung Erich Honeckers aus Rußland innerhalb von drei Tagen verfügt wurde. Jedoch wurde ein Ausreisevisum – nur mit dem konnte man aus Rußland ausreisen – nicht erteilt.

LUIS CORVALÁN: Sie haben noch das Protokoll?

MARGOT HONECKER: Ja. Es hieß darin, es ginge darum, »den Bürger der BRD Erich Honecker durch die Leistung seiner Unterschrift davon in Kenntnis zu setzen, daß er nicht später als bis zum 13. Dezember 1991 das Territorium der RSFSR verlassen muß. Es wurde ihm erklärt, daß er im Falle der Nichtbefolgung dieser Weisung gewaltsam an die BRD ausgeliefert würde.« Unterschrieben war es von Dunajew, Fjodorow im Beisein des Vertreters des Außenministeriums. Erich protestierte dagegen durch einen Vermerk auf dem Protokoll. Wir forderten einen Rechtsbeistand, da nach internationalem Recht eine rechtliche Anhörung, in solchen Fällen sogar ein rechtliches Verfahren, durchgeführt werden muß. Diese Forderung wurde ignoriert. In penetrant unhöflicher Weise erklärte dieser Justizminister, daß in Rußland nur die Gesetze Rußlands gelten, ihn interessieren die Kompetenzen anderer nicht.

LUIS CORVALÁN: Dieser Ausweisungsakt wurde dann von der russischen Seite vollzogen?

MARGOT HONECKER: Ja. Dabei hatte der russische Präsident Jelzin noch bei seinem Deutschlandaufenthalt erklärt, der Fall Honecker liege in der Kompetenz Gorbatschows.

LUIS CORVALÁN: Das war – behutsam formuliert – schlitzohrig.

MARGOT HONECKER: Es war der Tragikomödie erster Teil: Rußland wies Honecker innerhalb von drei Tagen aus, verweigerte ihm aber die Ausreise.

LUIS CORVALÁN: So kam es zu dem Aufenthalt in der chilenischen Botschaft ...

MARGOT HONECKER: ... Wie das Leben so spielt: Ich kannte die Familie Almeyda, der die DDR Exil gewährt hatte, nur von einigen offiziellen Begegnungen. Ich wußte von der Verbannung Almeydas in ein Lager auf Dowson und dem tapferen Verhalten seiner Frau. Erst 1989 machte ich dann die persönliche Bekanntschaft der Almeydas, die uns in dieser für uns äußerst kritischen Zeit in Moskau Grüße der Solidarität aus Chile übermittelten. In Moskau, wo Clodomiro Almeyda inzwischen als Botschafter Chiles tätig war, hatten sie uns einige Male zum Essen eingeladen. Die Almeydas kannten aus eigenem Erleben das Bedürfnis nach Solidarität. Wir lernten zwei Menschen kennen, denen Aufrichtigkeit, Toleranz, Hilfsbereitschaft, Humanismus nicht nur politisches Credo waren, sondern deren persönliche Lebenshaltung davon bestimmt wurde. Am Tage, als uns die Vertreter der russischen Regierung aufgesucht hatten, waren wir bei den bei Almeydas eingeladen. Der Besuch war schon einige Zeit vorher vereinbart worden. Wir waren schon froh, aus dem Haus gehen zu können, um »frische Luft« zu atmen. Wir kamen in die Residenz des Botschafters und dort – zweifellos ausgelöst durch die Aufregungen – erlitt mein Mann eine Herzattacke. Begleitet von den Sicherheitsbeamten, die in Moskau ständig um uns waren, fuhr ich in unser Quartier, um seine Medikamente zu holen. Als ich zurückkam, hatte sich viel zugetragen: Die chilenische Regierung war über die Situation informiert worden und hatte uns vorläufiges Gastrecht in der Residenz des Botschafters gewährt. Wir nahmen sofort Kontakte zu anderen Botschaften auf, um alle Möglichkeiten zu prüfen, wie die Ausreise aus Rußland in ein drittes Land erwirkt werden könnte. Schon früher hatte Kim Il Sung eine Einladung an Erich geschickt, um ihn in Nordkorea medizinisch behandeln zu lassen. Ich übergab dem koreanischen Botschafter in Moskau einen Brief an seinen Präsidenten mit dem Einverständnis Erichs, sich in Nordkorea in ärztliche Behandlung zu begeben. Korea garantierte umgehend den Flug, aber Rußland erteilte kein Ausreisevisum, und Erich konnte die Botschaft Chiles nicht verlassen, da Rußland ihm keine Immunität außerhalb der Botschaft zu gewähren bereit war.

LUIS CORVALÁN: Das heißt, ihr saht euch gezwungen, in der Botschaft zu bleiben, obwohl ihr Einladungen von anderen Regierungen hattet.

MARGOT HONECKER: Von Anfang an erklärte Honecker, daß sein Aufenthalt in der chilenischen Botschaft nur dadurch zustandegekommen war, daß Rußland ihn aufgefordert hatte, russisches Territorium zu verlassen, ihn aber daran hinderte, in ein Land seiner Wahl zu reisen. Auch von Syrien war eine

Einladung gekommen, die vom inzwischen verstorbenen Führer der Kommunistischen Partei, Bagdahs, geschickt worden war. Auch von Dänemarks Kommunisten gab es von Ingmar Wagner eine Einladung. Alle Versuche des chilenischen und des koreanischen Botschafters, einen Weg zu finden, scheiterten. Den Koreanern erklärte Rußland, es handele sich um ein Problem, das zwischen Chile und Deutschland geklärt werden müsse. Klar war, daß die Ausreise verhindert wurde, da zwischen Rußland und Deutschland die Auslieferung vereinbart worden war.

LUIS CORVALÁN: Das heißt, daß die Auslieferung bereits vereinbart war. In dieser Situation wurde James Holger von chilenischer Seite zum Sonderbotschafter ernannt, um Verhandlungen mit Rußland und Deutschland zu führen.

MARGOT HONECKER: Er übernahm ein schweres Amt. Von Deutschland lag kein juristisches Auslieferungsersuchen vor. Es gab nur die Absprachen auf politischer Ebene zwischen Deutschland und Rußland. Selbst wenn ein solches Ersuchen vorgelegen hätte, hätte dies nach dem Völkerrecht von russischen Gerichten geprüft werden müssen. Aber einen solche Regeln einhaltenden Rechtszustand gab es damals nicht in Rußland. Anfang März 1992 sah sich Chile veranlaßt, die Aufhebung des Gaststatus anzukündigen. Der Sonderbotschafter wurde dennoch beauftragt, auch weiterhin mit Deutschland und Rußland zu verhandeln, mit dem Ziel »eine Lösung im Interesse von Honecker, Chile, Rußland und Deutschland« zu finden. Es war ein faktisch unrealisierbarer Auftrag.

LUIS CORVALÁN: Zu dieser Zeit erklärte Honecker noch einmal, warum er nicht bereit sei, freiwillig nach Deutschland zurückzukehren. Wir werden diese Erklärung, mit der er sich für die DDR, für seine Genossen einsetzte, im Dokumenten-Anhang wiedergeben.

MARGOT HONECKER: Erich nutzte begreiflicherweise alle Möglichkeiten, um in Gesprächen auf die in Deutschland entstandene Situation hinzuweisen. So sagte er in einem der vielen Gespräche in etwa: Ich habe meine Gründe, an der Rechtsstaatlichkeit der BRD zu zweifeln. Die Anklagen gegen meine Genossen und mich sind unzulässig. Der ehemalige Ministerpräsident Stoph ist krank und seit einem Jahr in Haft, den 84jährigen Mielke schleppt man im Rollstuhl in den Gerichtssaal. Wenn die BRD es ernst meint mit der Einhaltung rechtsstaatlicher Regularien in meinem Verfahren – das hatte man der chilenischen Regierung mehrmals zugesichert –, so solle man doch die Inhaftierten freilassen.

LUIS CORVALÁN: Wie stand es inzwischen um die Gesundheit Honeckers? Der Umgang mit seiner Krankheit erschien mir als ein besonders infames Kapitel.

MARGOT HONECKER: Das ist eine lange Geschichte. Anfang August hatte Erich während einer Tagung in Bukarest eine schwere Gallenkolik erlitten, wurde nach Berlin transportiert und bald darauf, am 18.8.89, operiert. Diese Operation verlief nicht ohne Komplikationen. Wegen der Gefahr eines Herzversagens wurde sie abgebrochen und nach Einsatz eines Herzschrittmachers nach zweitägiger Unterbrechung zu Ende geführt. Es hatte sich erwiesen, daß der Eingriff umfangreicher war, als man vorausgesehen hatte. Nach zwölftägigem Aufenthalt auf der Intensivstation wurde der Patient in einen ärztlich verordneten Erholungsaufenthalt entlassen. Im Januar 1990 wurde eine Krebsgeschwulst an der Niere festgestellt, und am 10. September 1990 wurde der Tumor operativ von Professor Althaus, einem hervorragenden Spezialisten, entfernt.

LUIS CORVALÁN: Danach wurde er im Krankenzimmer verhaftet, trotz des Einspruchs der Ärzte, die ihm Haftunfähigkeit attestierten.

MARGOT HONECKER: Bevor die Operation durchgeführt worden war, und noch bevor durch vorangegangene Untersuchungen bestätigt wurde, daß ein Krebsgeschwür an der Niere gefunden worden war, hatten Urologen der Charité bereits den Verdacht geäußert, daß es sich um einen bösartigen Tumor handelte. Der Verdacht wurde weder bestätigt noch entkräftet. Anfang 1992, während seines Aufenthalts in der chilenischen Botschaft, erkrankte Erich an einer Grippe. Botschafter Almeyda veranlaßte, wie er es für seine Pflicht hielt, eine ärztliche Kontrolle. Die Ärzte der Moskauer Botkin-Klinik diagnostizierten den Verdacht eines bösartigen Gebildes im Bereich der Leber. Dieser Befund wurde bekannt. Spekulationen waren die Folge. Nach Verständigung des Botschafters mit seiner Regierung wurde eine Untersuchung in einer Klinik gefordert. Sie fand in der Zeit vom 24. Februar bis 3. März 1992 in der Spezialklinik des Botkin-Krankenhauses statt. Wir wurden informiert, daß eine von diesem Krankenhaus unabhängige Ärztekommission das ärztliche Gutachten abgeben würde. Dem stimmten alle Beteiligten, auch wir, zu, weil man annahm, daß eine objektive Begutachtung des Gesundheitszustandes garantiert sei.

LUIS CORVALÁN: So war es aber nicht.

MARGOT HONECKER: Ich nenne nur die Tatsachen. Während des Aufenthalts in der Klinik suchte uns eine Delegation von Abgeordneten des russischen Parlaments auf. Sie baten mich um Informationen und um die Erlaubnis, am Abschlußkonzil der Ärzte teilnehmen zu können. Die Forderung war durchaus legitim, denn diese Abgeordneten waren ausnahmslos Ärzte, die dem Gesundheitsausschuß angehörten. Wir teilten dem Direktor der Klinik unser Einverständnis mit. Der erklärte uns später, daß der Wunsch der Parlamentarier abgelehnt worden war.
Der Tag, an dem das Konzil stattfand, verlief aus meiner Sicht merkwürdig. Es verging viel Zeit, in der sich die Kommis-

sion vor allem mit den Papieren befaßte. Da ich dabei war, weiß ich, daß sie den Patienten höchstens zehn Minuten sahen. Wir mußten auf das Gutachten warten, bevor wir die Klinik wieder verlassen durften. Es verging ein Tag, bis die Befunde fertig waren. Auch als alle Untersuchungen beendet waren, mußten wir in der Klinik bleiben. Man sagte uns, daß die chilenische Regierung erst über die Resultate der Untersuchung unterrichtet werden müsse.

LUIS CORVALÁN: Das klingt auch für mich mehr als merkwürdig, ich würde sagen: verdächtig.

MARGOT HONECKER: Die Klinik war ständig von Journalisten umlagert. Noch während wir warteten, verbreiteten die Medien eine Erklärung der Klinik, wonach der Gesundheitszustand Honeckers »zufriedenstellend sei«. Wir waren verständlicherweise froh darüber, obwohl ich nicht frei von Zweifeln war, da von einem diffusen Befund der Leber die Rede war. Zu meinem Zweifel trug bei, daß uns die Parlamentarier nach der Rückkehr in die Botschaft aufsuchten, ihr Befremden über ihre Nichtzulassung zum Konzil äußerten und den Verdacht einer politischen Manipulation nicht ausschlossen. Sie schickten ein Schreiben an Jelzin, in dem sie um die Ausreisegenehmigung aus humanitären Gründen baten.

LUIS CORVALÁN: Jelzin brauchte also eine ärztliche Bescheinigung, um die Auslieferung Honeckers an die BRD zu rechtfertigen.

MARGOT HONECKER: Noch Wochen vor der Ausweisung aus der chilenischen Botschaft wurde der Einsatz einer internationalen Ärztekommission erwogen. Sonderbotschafter Holger verhandelte darüber mit Rußland und Deutschland. Der Vorschlag wurde blockiert. Anfang August ergab die Untersuchung, die dann schon im Haftkrankenhaus Moabit stattfand, daß Erich einen Tumor an der Leber hatte. Der Untersuchungsbericht des Haftkrankenhauses besagte, daß es sich um eine relativ große Metastase an der Leber handelte. Dieser Bericht bestätigt faktisch, daß der erste Befund in Moskau zutreffend war, während der zweite, also der vom 3. März, nicht den Tatsachen entsprach. Aus dem Bericht ging hervor, daß schon im März diese Diagnose hätte gestellt werden müssen. Im August 1992 wurde eine Vergrößerung des Tumors im Haftkrankenhaus Berlin Moabit festgestellt. Aber erst am 13. Januar 1993 wurde Erich aus der Haft entlassen. Erst in Chile wurde er dann bis zu seinem Tode ärztlich behandelt.

LUIS CORVALÁN: Das ist eine wirklich makabre Geschichte.

MARGOT HONECKER: Einer seiner Verteidiger, Dr. Friedrich Wolff, gibt in seinem Buch »Verlorene Prozesse« in dem Kapitel über den Honecker-Prozeß ein Schreiben des leitenden Arztes des Moabiter Haftkrankenhauses, Dr. Rex, wieder. Darin heißt es: »Der Unterzeichner hat als verantwortlich behandelnder Arzt die gesundheitliche Entwicklung des Untersuchungsgefangenen vom Augenblick seiner Aufnahme verfolgen können.« Nachdem er den Zustand und die Entwicklung schildert, kommt er zu der Feststellung: »Die vordringliche ärztliche Aufgabe, dem unheilbar Kranken Trost zu spenden und ihm das Ende zu erleichtern, wird konterkariert durch die die Prozeßtermine augenscheinlich bestimmende ständige Diskussion über den möglichen Zeitpunkt des Todes und die aus der Sicht der fachkundig behandelnden Ärzte nicht mehr nachzuvollziehenden prozeßtaktischen Zweifel an der tödlichen Erkrankung.« Und weiter liest man dort: »... muß mit an Sicherheit grenzender Wahrscheinlichkeit angenommen werden, daß, unbeschadet der Frage der Verhandlungsunfähigkeit, von der Fortdauer der Untersuchungshaft eine schwere Beeinträchtigung der Gesundheit, nämlich eine Beschleunigung des Krankheitsverlaufs erwartet werden muß.«

LUIS CORVALÁN: Das war also übriggeblieben von der Zusicherung eines angeblich fairen Verfahrens. Wir haben einen kleinen Zeitsprung gemacht. Lassen Sie uns zurückkommen auf die Auslieferung an Deutschland.

MARGOT HONECKER: In einem Gespräch am 20. Mai mit dem Sonderbotschafter Holger dankte Erich noch einmal für die großen Anstrengungen, die Chile als einziges der beteiligten Länder unternommen hatte.
Zu diesem Zeitpunkt war die Botschaft mit verstärkten Sicherheitskräften umstellt und von der internationalen Presse umlagert. Es war klar, wohin die Reise gehen sollte. Am 24. Juli 1992 wurden wir informiert, daß das Außenministerium Rußlands eine Note an Chile des Inhalts übergeben habe, daß das deutsche Außenministerium mit einer Note an Rußland die Auslieferung Honeckers an Deutschland verlangt habe. Der Sonderbotschafter forderte noch einmal den Anspruch Honeckers auf rechtliches Gehör ein. Die Antwort war negativ.
Am 29.7.92 erfolgte im Gebäude der Residenz des chilenischen Botschafters die Übergabe Erich Honeckers an die Vertreter des russischen Außenministeriums und der Sicherheitsbehörden. Erich Honecker wurde bei der sogenannten Übernahme eine Frist von 10 Minuten gesetzt, in der er die Botschaft zu verlassen habe. Der Vertreter der 2. Europäischen Abteilung des Außenministeriums erklärte ihm: »Ich bin beauftragt, Sie auf russisches Territorium zu übernehmen, um Sie an Deutschland zu übergeben.«
Das Flugzeug stand schon bereit. Nach der Landung in Berlin ging es vom Flugplatz direkt in die Haftanstalt Moabit. Übrigens war die Antwortnote, in der die russische Regierung Deutschland mitteilte, daß sie die Auslieferung in Gang gesetzt habe, vom 23.7.92 datiert, also noch bevor wir von der Note des deutschen Außenministeriums informiert worden waren.

LUIS CORVALÁN: Zum zweiten Mal in seinem Leben kam Honecker also ins Gefängnis von Moabit, wo er vom 29. Juli 1992 bis zum 12. Januar 1993 blieb. Und Sie, Margot, kamen nach Chile.

MARGOT HONECKER: Erich und ich hatten in der Nacht vor der Ausweisung ein ernstes Gespräch. Er bat mich inständig, ihn nicht zu begleiten, sondern zu unseren Kindern nach Chile zu reisen. Im August bekam ich die Nachricht, was die im Haftkrankenhaus Moabit gemachten Untersuchungen ergeben hatten: Leberkrebs im fortgeschrittenem Stadium. Der Verdacht, daß man schon vor seiner Auslieferung nach Deutschland von der Krebserkrankung gewußt hatte, bestätigte sich. Trotz der eindeutigen ärztlichen Diagnose wurde der Haftbefehl nicht aufgehoben, wie es von seinen Anwälten gefordert worden war.
Am 24. September hatte mein Mann die Erlaubnis erhalten, mit mir zu telefonieren. Er war wie immer sehr gefaßt. Er hoffte, daß der Prozeß trotzdem fortgesetzt würde, denn es sei im Interesse seiner Mitangeklagten, daß das Verfahren zum Ende komme. Er machte sich Sorgen um die Familie und bat mich noch einmal, wie in Moskau besprochen, in Chile zu bleiben.
Am 25. August, dem Tag seines Geburtstags, gab ich in Santiago auf einer Pressekonferenz eine Erklärung ab, die zu verstärkter internationaler Solidarität aufrief.

LUIS CORVALÁN: In vielen Ländern, Chile inbegriffen, hatte eine unübersehbare Solidaritätskampagne eingesetzt.

MARGOT HONECKER: In Chile wurden die Aktivitäten des Solidaritätskomitees unter der Leitung der Rechtsanwältin Graciela Álvarez koordiniert und von der Öffentlichkeit, von Parteien und von vielen Emigranten, die in der DDR vorübergehend eine Heimat gefunden hatten, unterstützt.
Erich war sehr erfreut über die vielen Solidaritätsbeweise aus

dem In- und Ausland, den Solidaritätsaktionen in Belgien, den Unterschriftensammlungen in Frankreich, wo sich ebenfalls ein »Solidaritätskomitee Erich Honecker« gebildet hatte, das sich bis heute für internationale Solidarität mit politisch Verfolgten in verschiedenen Ländern einsetzt. Er erhielt viele Briefe aus Indien, den USA, den Niederlanden, aus Argentinien, aus der ehemaligen SU, aus Österreich, Schweden und anderen Ländern. Besonders erfreut war er über den Besuch der Genossen Florakis aus Griechenland, Ortega aus Nikaragua und von Gladys Marin aus Chile.

LUIS CORVALÁN: Inzwischen ging der Prozeß weiter.

MARGOT HONECKER: Im Oktober war eine Anhörung der Ärzte vor Gericht. Alle, die sie miterlebten, waren nicht nur peinlich berührt. In Gegenwart von Erich wurde der Ernst seiner Krankheit detailliert geschildert und die Prognose seiner möglichen Lebenserwartung debattiert. Die Justiz wollte allen Ernstes einen möglichst genauen Sterbetermin wissen.

LUIS CORVALÁN: Aber Erich Honecker ließ sich kaum beeindrucken, seine Haltung war ein Beispiel von Menschenwürde in einer unwürdigen Situation. Margot, wie haben Sie das verkraftet?

MARGOT HONECKER: Es waren sehr harte Tage. Ich bat meinen Mann, zu ihm nach Berlin kommen zu können. Aber er bat mich sehr bestimmt, davon Abstand zu nehmen, er wolle sich nicht noch um mich sorgen müssen. Die Hetzkampagane gegen mich in Deutschland sei perfide, die träfe ihn mehr als alle die Lügen, die über ihn verbreitet werden.
Ich mußte weiter warten. Wie die Dinge sich entwickeln würden, war nicht abzusehen. Natürlich hatte ich gehofft, daß dieses unwürdige Prozeß-Schauspiel nicht aufgeführt würde. Aber Illusionen machte ich mir nicht. Im November begann der Prozeß. Im Dezember gab Erich seine Erklärung vor Ge-

richt ab. Er hatte diese Phase, obwohl sehr geschwächt, durchgestanden. Danach ließen seine Kräfte merklich nach.

LUIS CORVALÁN: Ich kann nur sagen: Er verhielt sich großartig. Sein Plädoyer, alles, was er vor Gericht sagte und wie er es sagte, haben historischen Wert und demonstrieren das Verhalten eines ehrlichen Kommunisten. Auch das Plädoyer wird im Anhang wiedergegeben.

MARGOT HONECKER: Bis zu seinem Ende blieb er seinen Überzeugungen treu. Rege verfolgte er das politische Geschehen. Vieles von dem, was er 1990 an möglicher negativer Entwicklung vorausgesehen hatte, trat ein.
Die Medien behandelten auf makabre Weise seine Leiden und befaßten sich mit seinem bevorstehenden Tod. Er schrieb und sagte mir, er wolle das alles nicht mehr hören. Damit würde nur abgelenkt von den politischen Absichten, die von der deutschen Politik mit den Prozessen verfolgt würden.

LUIS CORVALÁN: Zum Jahresende schien es, als sollte er nun freikommen.

MARGOT HONECKER: Am Heiligabend durfte er mich anrufen. Er klang müde, aber er versicherte mir, er wolle um jeden Preis den Prozeß durchstehen. Das Spektakel während der Vorweihnachtstage sei widerlich gewesen. Man habe ihm seine Entlassung angezeigt, einen Paß ausgestellt. Der Presserummel um die Reise nach Chile, der den Eindruck entstehen lassen sollte, es handele sich dabei um einen Ausflug, sei ekelhaft.
Ich bat die Anwälte und meinen Bruder, der mir in den schweren Stunden zur Seite stand, und meine Freunde in Berlin, daß sie die Wünsche meines Mannes in jedem Fall respektieren sollten. Auch wenn er in Deutschland bleiben wollte. Ich würde dort mit ihm leben. Man riet mir zu bedenken, daß es für den Todkranken in Deutschland weder Sicherheit noch

Ruhe gäbe. Schließlich sagte mir mein Mann im Januar 1993, daß er der von seinen Mitangeklagten und Freunden unterstützten Meinung sei, Deutschland erst einmal zu verlassen. »Was in Zukunft wird, müssen wir dann entscheiden.«
Wieder begann ein lärmender Presserummel. Einmal hieß es, Honecker sei zwar entlassen, doch habe das Gericht seine Freilassung abgelehnt. Danach hätte das Verfassungsgericht Berlin entschieden, daß »die Aufrechterhaltung des Haftbefehls den Anspruch des Angeklagten auf Achtung der Menschenwürde verletzt«.
Tag und Nacht belagerten die Journalisten meine Telefonleitung.
Am 13. Januar flog mein Mann in Begleitung aus Deutschland nach Santiago. Das zentrale Solidaritätskomitee in Berlin, das sich bis heute sehr um die Solidarität mit den politisch Verfolgten und Verurteilten und deren Familien bemüht, organisierte die Sammlung von Solidaritätsspenden, um den Flug nach Santiago zu finanzieren.
In Santiago waren Tausende Chilenen zum Flugplatz gekommen, ihn zu begrüßen. Vom Flugplatz fuhren wir direkt in die Klinik. Eine gründliche Untersuchung am 14. und 15. Januar ergab, daß der Tumor während der Haft an Umfang zugenommen hatte. Noch im Januar, Tage nach seiner Ankunft in Chile, wurde Erich aufgefordert zu einer nochmaligen Verhandlung vor Gericht zu erscheinen, da die vorläufige Einstellung des Verfahrens gegen ihn noch nicht rechtskräftig sei. Das Verfahren fand ohne ihn statt, der Beschluß des Verfassungsgerichts war rechtskräftig.

LUIS CORVALÁN: Erlauben Sie, daß ich jetzt etwas über meine Eindrücke von der Reise Honeckers nach Chile erzähle. Er war vom Gefängnis in Richtung Flugplatz Tegel gefahren worden, um von dort – Sie sagten das schon – nach Chile zu fliegen. Die Regierung hatte ihm die Erlaubnis erteilt, künftig in unserem Lande zu wohnen.
Nach einem Kabel der spanischen Nachrichtenagentur EFE,

unterschrieben von deren Korrespondenten Vogelsänger, wurde seine Entlassung aus dem Gefängnis um zehn Stunden verzögert, um der Belagerung durch die Journalisten zu entgehen und auch um Solidaritätskundgebungen zu vermeiden. Plötzlich fuhren dann mit großer Geschwindigkeit und lautem Sirenengeheul zwei Kolonnen von je fünf Autos und dem entsprechenden Begleitkommando ab. Die Journalisten folgten der Kolonne, bis die sich plötzlich auflöste und die einzelnen Wagen verschiedene Richtungen einschlugen. Um die Medien zu irritieren, waren Flugtickets nach Chile für zehn verschiedene Flüge reserviert worden, was die Journalisten vor die Frage stellte, welche Tickets sie kaufen sollten, um in das Flugzeug zu gelangen, in dem Erich Honecker reiste. Trotz all dieser Maßnahmen versammelten sich viele Leute sowohl vor dem Tor in Moabit wie auch auf dem Flughafen. »Wirrwarr im Flughafen«, lautete eine Notiz des EFE-Korrespondenten, »verursachte die Anwesenheit einer chilenischen Dame, die eine DDR-Fahne entfaltete und ein improvisiertes Schild hochhob, auf dem stand ›Hoch Honecker!‹

›Damit will ich‹, erklärte sie EFE, ›die Dankbarkeit ausdrücken, die viele Chilenen Honecker gegenüber empfinden. Ich bin keine Kommunistin, ich bin Christin. Mein Bruder war im Exil in der DDR zusammen mit vielen anderen, denen Honecker während der Pinochet-Diktatur Asyl gewährt hatte.‹«

Im Flughafen von Pudahuel empfingen wir Erich. Zahlreiche chilenische Freunde, Vertreter des ZK der KPC mit Gladys Marin, Sozialisten, einige staatliche Funktionäre, Journalisten aller Medien. Die Worte, die Erich Honecker bei seiner Ankunft sprach, waren die eines Mannes, der sich aufrecht und tapfer hält.

MARGOT HONECKER: Es hat ihm gutgetan, wieder bei seiner Familie und unter Freunden zu sein. Er wurde ärztlich behandelt und gut versorgt in der Klinik Las Condes und von seinem persönlichen Arzt Dr. Puccio. Mit dessen Mutter und seinem Bruder Osvaldo, der sich von der ersten Stunde an solidarisch mit der DDR verhielt, verband uns hier in Chile ein enges Verhältnis.

LUIS CORVALÁN: Der Vater der Puccio-Familie, Sekretär von Allende, war mit seiner Familie in der DDR.

MARGOT HONECKER: Trotz der intensiven ärztlichen Pflege war Erichs Krankheit nicht aufzuhalten. Am Morgen des 29. Mai 1994 starb er.

LUIS CORVALÁN: Er war ein konsequenter Revolutionär und ein unermüdlicher Kämpfer für den Frieden, für die große Sache des Sozialismus. Sein Name wird stets verbunden bleiben mit dem Namen der Geschichte der Deutschen Demokratischen Republik, der er das Beste seines Lebens gewidmet und die er so geliebt hatte. Ihm kam es zu, große Augenblicke der Geschichte der Gegenwart zu erleben, teilzunehmen an der Freude über die Siege der revolutionären Bewegung seiner Epoche und auch die bitteren Stunden der Niederlage überstehen.

VIII. Gedanken zu 1989

LUIS CORVALÁN: Es wäre gut, wenn wir jetzt noch einige Gedanken zu den Ereignissen 1989 reflektieren.

MARGOT HONECKER: In einem Brief an einen Freund schrieb ich im Jahr 1990, welche Gedanken mich damals bewegten. Es waren viele Fragen, die man sich stellt.
Haben wir in der Partei die in der Gesellschaft herangereiften Fragen erkannt? Was hätten wir verändern können, verändern müssen? Kann man die inneren Probleme herauslösen aus dem großen ganzen? Haben wir realistisch genug eingeschätzt, welche Auswirkungen die veränderte Wirtschaftslage mit sich bringt, was sich an Veränderungen in politischer und ideologischer Hinsicht in unserer sozialistischen Welt vollzogen hatte und welche Wirkungen vom Umgang der sozialistischen Länder mit der imperialistischen Welt auf das Denken der Menschen ausgingen? Hatten wir die Illusion, daß der Imperialismus unsere Gesellschaftsordnung gewähren, sich entfalten lassen würde? Haben wir die Stärke des Imperialismus, seine Entwicklungsfähigkeit unterschätzt? Konnten die sozialistischen Länder objektiv die Probleme die mit der wissenschaftlich-technischen Revolution aufkamen und die in den wichtigsten Industrieländern zu einem Wirtschaftswachstum führten – dort natürlich mit den üblichen »Nebenwirkungen« wie Arbeitslosigkeit und anderem – meistern? Konnten wir wissen, welche Pläne die Großmächte in bezug auf Deutschland hatten? Was haben wir im Streit der Ideologien versäumt? Woher kam der Opportunismus in der Partei? Was ist heute gemeint mit Erneuerung?
Für mich, schrieb ich, ist Erneuerung im Sinne des Marxismus immer wieder nötig. Manche meinen heute, Begriffe wie »Reformismus« oder »Revisionismus« stammen aus der »Mottenkiste«, sind veraltet also. Ich halte sie für aktuelle Gefahren.
Auf manche dieser Fragen gibt es Antworten, wenngleich noch keine vollständigen Analysen.

LUIS CORVALÁN: Manches ist heute schon klarer als vor zehn Jahren. Das Nachdenken darüber muß im Interesse eines besseren Morgen anhalten.

MARGOT HONECKER: Vieles, was heute nicht nur in Deutschland diskutiert wird, macht Hoffnung, daß in nicht zu ferner Zeit umfassendere theoretische und praktische Erkenntnisse vorliegen, Analysen aus nationaler und internationaler Sicht, die die Erfahrungen aufgreifen, die in den sozialistischen Ländern gemacht wurden, und die auch die Erfahrungen der Länder einschließen, die heute den Sozialismus mit großen Anstrengungen, mit einer neuen ökonomischen Politik, dem Risiko der Öffnung für ausländisches Kapital aufbauen. Mir scheint, daß diese Länder aus der Niederlage des Sozialismus in Europa schon die Schlußfolgerung gezogen haben, daß man den Einfluß, die Rolle der marxistischen Partei nicht in Frage stellen darf. Und bei allem Nachdenken über das Gestern müssen wir dem Heute ins Auge sehen mit all den Problemen und Gefahren, die vor den Menschen in Ost, in West und Süd stehen, den wachsenden sozialen Problemen, der Gefahr der Rechtsentwicklung, des aufkommenden Faschismus und die sich häufenden Kriege.

LUIS CORVALÁN: Nach 1989 wurde viel geschrieben, vor allem über die Schwächen des Sozialismus, ganz abgesehen von der Verteufelung des Sozialismus durch den eskalierenden Antikommunismus.

MARGOT HONECKER: Manches wurde geschrieben unter dem Schock der Niederlage, der Verwirrung. Auch Ernstzunehmendes, Ehrliches, Kritisches des Nachdenkens über die eigene Verantwortung, über Fehler in der Wirtschaftsführung, über mangelnde Demokratie, über Mängel in der politischen Arbeit und unserer Medienpolitik, über andere Unzulänglichkeiten und Fehler. Einseitigkeiten in der Betrachtung sind in solchen Situationen wahrscheinlich unvermeidlich. Gegen

Entstellungen, Verleumdungen, gegen Lügen anzugehen ist unter gewissen Umständen vergebliche Liebesmüh. In Umbrüchen gibt es immer Opportunisten, und es gibt die, die ihrer Überzeugung treu bleiben.

LUIS CORVALÁN: Sagen Sie, Margot, ihr, und nicht nur ihr, sondern die Kommunisten aller sozialistischen Länder und mehr noch, die Kommunisten in der ganzen Welt, haben wir nicht die Möglichkeit der Restauration des Kapitalismus unterschätzt?

MARGOT HONECKER: Sie fragen: Unterschätzten wir die Stärke des Kapitalismus, gingen wir allzu sicher von der Unumkehrbarkeit des Sozialismus aus? Die Ereignisse sprechen dafür. In den Jahren vor 1989 haben wir in der DDR oft und öffentlich vor einer möglichen Konterrevolution gewarnt, und doch wurde diese Gefahr unterschätzt. Und man fragt sich immer wieder: Hätten wir, die wir der Meinung waren, daß die konterrevolutionären Erscheinungen in der Sowjetunion immer deutlicher wurden, dies sagen müssen und können? Viele erfahrene Genossen waren besorgt über die Entwicklung in der SU. Andererseits war man bis in unser Politbüro hinein, angesichts der Probleme die in der DDR entstanden waren und einer Lösung harrten, überzeugt, daß die Perestroika auch für die DDR angebracht sei. Und das, obwohl sie besser wußten als andere, welche Entgleisungen damit einhergingen. Heinz Keßler, Mitglied des Politbüros, ein aufrechter Antifaschist und Freund der SU, der nach der Annexion der DDR über vier Jahre Häftling der BRD wurde, schrieb in seinem Buch »Zur Sache und zur Person«: »Glasnost und Perestroika waren keine Alternativen für uns. Doch gleichzeitig bestärkte es meine Sorge, ohne die SU mit ihrem politischen und auch militärischen Potential konnte unsere Position nur schwer gehalten werden ... daß ein anderer Kreis in den höchsten Führungsgremien der Partei und des Staates gegenüber den verschiedenen, immer in sehr schönen Worten verkündeten Visionen und Utopien des sowjetischen Generalsekretärs durchaus aufgeschlossen war und daß, bei dem besonderen Gesicht der Beziehungen zur SU, man dies nicht öffentlich diskutieren wollte, selbst jetzt noch nicht, da doch eine grundsätzliche Klärung unumgänglich war.« Für mich bleibt die Frage, was eine offene Auseinandersetzung in dieser Situation bewirkt hätte. Die Stimmung in unserem Land für die Gorbatschow-Thesen reichte, selbst in einer Zeit, als diese schon in der sowjetischen Praxis gescheitert waren, bis weit in die Partei hinein, von der internationalen Zustimmung, die die Perestroika hatte, ganz abgesehen.

LUIS CORVALÁN: In der Tat gab es in der ganzen Welt und in fast allen kommunistischen Parteien einen Enthusiasmus für Perestroika und Glasnost.

MARGOT HONECKER: Wäre nicht eine Führung, die die direkte Konfrontation eingegangen wäre, total isoliert gewesen, wäre die »Wende«, das Herausbrechen der DDR, auf die es ja bei der Wende in Europa vor allem ankam, verhindert worden oder schon früher eingetreten? Es ist schwer zu sagen.

LUIS CORVALÁN: Aus dem, was Genosse Honecker nach dem Verschwinden der DDR schrieb, geht auch hervor, daß er von Anfang an Perestroika und Glasnost mit Mißtrauen betrachtete.

MARGOT HONECKER: Ganz so würde ich das nicht sehen. Auch er begrüßte, daß mit der neuen Politik der SU wieder Bewegung in die Außenpolitik kam. Krieg mußte verhindert, die Aufrüstung gestoppt werden. Diese Politik, so schien es, nahm die Sorge um die Erhaltung des Weltfriedens von den Menschen. Richtig ist, daß Erich sehr früh erkannte, daß Perestroika Schritt um Schritt auf den Zusammenbruch der sowjetischen Wirtschaft hinsteuerte, daß sich das Lebensniveau in der SU verschlechterte, daß Glasnost einherging mit der ideologischen und moralischen Zersetzung der Gesellschaft. Viele von uns sahen das mit Sorge. Es gab Veröffentlichungen der sowjetischen Presse über die Beratung des Zentralkomitees der KPdSU im Juli 1989. Mit leidenschaftlichem Ernst wurde auf dieser Beratung gefordert, sich »endlich entschieden für den Schutz des Sozialismus einzusetzen, die Angriffe auf Partei und den Sowjetstaat entschieden zurückzuweisen, wenn nicht alles verlorengehen soll«. Aber die Anhänger der Perestroika verschlossen Augen und Ohren vor dem Ernst der Lage, die entstanden war, noch bevor die »sanften« und »friedlichen Revolutionen« in den anderen sozialistischen Ländern eskalierten.

LUIS CORVALÁN: Ja, nicht nur in der DDR vollzog sich eine Entwicklung in Richtung »Wende«. In Polen und Ungarn war schon der Rückzug angetreten worden. Gab es – das ist eine wichtige Frage – Mitte 1989 auf der turnusmäßigen Beratung des Politisch-Beratenden Ausschusses des Warschauer Paktes keine Verständigung über die in den sozialistischen Ländern eingetretene Lage?

MARGOT HONECKER: Ich kenne nur das Protokoll der Beratung. Heinz Keßler als Teilnehmer gibt in seinem Buch Eindrücke wieder. Er schreibt, daß es zu keiner politisch ernsthaften Auseinandersetzung kam, daß zu den inneren Problemen des Warschauer Bündnisses kein Wort gesagt wurde. Wörtlich schreibt er: »Niemand hatte über die offensichtlichen Kungeleien Ungarns in Fragen Grenzsicherung gesprochen, niemand hatte detaillierte Auskunft über die Ergebnisse der Wahlen gefordert, die kurz vor dieser Tagung in Polen stattgefunden hatten, bekanntlich hatte die Liste der oppositionellen ›Solidarnosc‹ fast alle Sitze im Sejm gewonnen. Niemand hatte auch Gorbatschow nach dem Sinn seiner jüngsten Äußerung gefragt, es ginge schon nicht mehr vorrangig um den Sozialismus als System, sondern um die höheren Prinzipien des Liberalismus und der Menschlichkeit.«

LUIS CORVALÁN: Das war die Sitzung, auf der Erich ernsthaft erkrankte?

MARGOT HONECKER: Ja, ich sagte das schon. Er wurde mit einer schweren Gallenkolik nach Berlin gebracht, noch bevor die Sitzung zu Ende war.
Ich las in Keßlers Buch eine Schilderung über eine Zusammenkunft mit Erich nach Bukarest. Erich habe aus seinen Notizen, die er sich für die Tagung vorbereitet hatte, seine Disposition für das Treffen der Generalsekretäre hervorgeholt. Keßler schreibt: »Aus den Notizen war ersichtlich, daß Honecker die Absicht hatte, über den sich verschärfenden Klassenkampf zu sprechen, darüber, worin die strategischen und taktischen Absichten der imperialistischen Staaten im Sommer 1989 bestanden, wie das Verhältnis zwischen den sozialistischen Staaten derzeit beschaffen war, welche Gefahren daraus erwuchsen. Sicher war alles nur angedeudet und noch nicht ausgearbeitet, aber schon die Kernsätze ließen die Tendenz erkennen, daß die Möglichkeiten des Kapitalismus weiterhin unterschätzt werden und zugleich in der uns eigenen Selbstüberschätzung verharrt wird.«

LUIS CORVALÁN: Es ist nun schon allgemeine Ansicht, daß es für die »Wende« innere und äußere Faktoren gab.

MARGOT HONECKER: Leider werden nur zu oft – so sehe ich das jedenfalls – Zeit, Ort, die Ursachen und Wirkungen, Zusammenhänge in ihrer Wechselwirkung außer acht gelassen.

LUIS CORVALÁN: Ihr wart euch doch auch im klaren darüber – das entnehme ich verschiedenen Gesprächen, die ich mit euren Genossen hatte –, daß die friedliche Koexistenz, zu der es natürlich keine Alternative gab, von der anderen Seite als Chance gesehen und genutzt wurde, Einfluß auf die innere Entwicklung der sozialistischen Länder zu nehmen.

MARGOT HONECKER: Ohne Zweifel trug das dazu bei, daß auch bei uns Illusionen über die westliche Welt wuchsen. Der oft oberflächliche Vergleich mit der westlichen Gesellschaft nährte vor allem in einer Zeit, da Mängel bei uns zunahmen, den Boden für Wunschträume und für Kritik am Sozialismus, die von außen mit raffinierten Mitteln befördert wurde. Hinzu kam, daß bei einem Teil der Menschen die idealistische Vorstellung aufkam, daß der Sozialismus schon die absolut heile Welt sein könne oder sogar müsse. Daß junge Leute die Vorstellung hatten, wir hätten unsere Ziele schon umfassend verwirklicht haben müssen, erklärt sich in gewisser Weise aus dem Drang der Jugend, die schnell voran will. Auch in anderen Schichten gab es solche Vorstellungen, vor allem unter einem Teil der Intellektuellen. Obwohl wir zu erklären versuchten, daß der Sozialismus noch keine fertige, sondern eine noch junge, sich entwickelnde Gesellschaft ist, behaftet auch mit den Muttermalen der alten Gesellschaft, die ja um uns herum kräftig weiter existierte, haben wir die Menschen nicht überzeugt. Sicher auch deshalb, weil wir das schon Erreichte überbetonten und seltener darauf verwiesen, welche riesigen Probleme es noch zu lösen gab und daß die Wegstrecke zu unseren weitgesteckten Zielen lang, hart und steinig sein würde.

LUIS CORVALÁN: Es scheint aus der Sicht der imperialistischen Mächte nur logisch, daß sie angesichts der Situation versuchten, das Kräfteverhältnis wieder zu ihren Gunsten zu verändern.

MARGOT HONECKER: Schon immer wollten sie den Einfluß der Sowjetunion, die nach dem Zweiten Weltkrieg zu einer entscheidenden Kraft in Europa und in der Welt geworden war, zurückdrängen. Warum sollten die westlichen Großmächte die Chance nicht nutzen, die Ergebnisse des Zweiten Weltkriegs zu revidieren? Ob sie damals schon davon träumten, die NATO bis an die Grenzen Rußlands auszudehnen, wissen wohl nur die Götter. Es drängt sich in diesem Zusammenhang die Frage auf, welche Kompromisse ging die Sowjetunion damals in den Verhandlungen mit den USA ein, welche mußte sie eingehen? War die ökonomische und politische Lage schon so ernst nach der sogenannten »Periode der Stagnation«, den hohen Rüstungsausgaben, die durch das Wettrüsten erzwungen waren? Man war offensichtlich in dieser Situation auf ein »Auskommen« mit den westlichen Großmächten, darunter der BRD, und damit auch auf ihre Unterstützung angewiesen? Setzte die Sowjetunion nun auch im Interesse der Erhaltung ihrer Macht alles auf eine Karte?

LUIS CORVALÁN: Sie meinen, auch die DDR als Trumpf?

MARGOT HONECKER: Trotz der Behauptungen, daß die deutsche Einheit nicht auf der Tagesordnung stünde, war, wie ich schon erwähnte, bereits 1987 in den sowjetischen Medien von der Überwindung der deutschen Zweistaatlichkeit als »einer politischen Tagesaufgabe« zu lesen und zu hören. Überwindung der Zweistaatlichkeit? Wie konnte, wie sollte das ausgehen in einem Land mit zwei gegensätzlichen Gesellschaftssystemen?

LUIS CORVALÁN: Wie hat die DDR auf diese Moskauer Spekulationen reagiert? Ich erinnere mich, Margot, daß wir über Erichs Bemerkung in den »Moabiter Notizen« sprachen, daß die DDR auf dem Altar des Europäischen Hauses geopfert wurde. Und er erwähnte auch, »daß unsere Haltung gegenüber Moskau geprägt war von Vertrauen, wenn nicht sogar von Respekt«. Ich denke, daß wir Kommunisten immer davon ausgingen, die Politik der Sowjetunion sei vertrauenswürdig. Diskrepanzen mit der KPdSU in der Öffentlichkeit zu behandeln, scheuten wir uns, um dem Gegner kein »Wasser für seine Mühlen« zu liefern.
Aber wurden, gewissermaßen unter vier Augen, nicht doch auch Meinungsverschiedenheiten zwischen SED und KPdSU diskutiert?

MARGOT HONECKER: Ich kann nur einige Beispiele nennen. In einem »unter vier Augen« geführten Gespräch zwischen Honecker und Gorbatschow am 3. Oktober 1986 kritisierte E.H. das Auftreten sowjetischer Kulturschaffender in dem von den USA finanzierten Rundfunk RIAS in Westberlin. Sie hatten dort die Einheit Deutschlands propagiert. Erich sagte unter anderem: »Wir sind für gute Zusammenarbeit, aber die Probleme der Sowjetunion könnten nicht in die DDR hineingetragen werden, es geht nicht an, daß in Westberlin Sowjetbürger gegen die DDR auftreten.« Und in einem Gespräch mit ähnlichem Thema am 4. November 1987 in Moskau ging es um eine Fernsehrunde zwischen Leningrad und Mainz, die in einem Aufruf zur Wiedervereinigung gipfelte. Erich nannte das einen Skandal. Gorbatschow meinte, der Gegner versuche, uns gegeneinander auszuspielen. Man behauptet, so Gorbatschow, daß Honecker die Politik der Sowjetunion nicht versteht. Andererseits versuche der Gegner der DDR einzureden, daß es in der sowjetischen Haltung gegenüber der DDR Zweideutigkeiten gäbe. Er betonte mehrmals, daß in der Politik der Sowjetunion gegenüber der DDR alles bleibt wie bisher, die »Beziehungen zur DDR haben für die Sowjetunion weiterhin Priorität.«
Und am 28.6.89 hatte Erich Honecker in einem Gespräch ernste Besorgnisse über die Entwicklung in der Sowjetunion erwähnt. Daraufhin sagte Gorbatschow, er habe bei seinem Besuch in der BRD gespürt, wie man versuche, Gorbatschow und Honecker, also die DDR und die Sowjetunion einander entgegenzustellen ... Er habe erklärt, es gelte jetzt, all das Positive in den Vordergrund zu stellen, was Russen und Deutsche in Jahrhunderten miteinander verbunden habe, gleichzeitig habe er betont, daß die Sowjetunion engste Beziehungen zur DDR unterhalte. Sie wolle natürlich auch bessere Beziehungen zur BRD entwickeln ... Zu der von Kohl aufgeworfenen Frage, die Nachkriegsordnung betreffend, könne er (G.) nur sagen: »Die Geschichte habe es so gefügt, daran sei nichts zu ändern, was sie weiter bringe, werde man sehen.«

LUIS CORVALÁN: Das läßt vieles offen.

MARGOT HONECKER: In dem kürzlich erschienenen Buch der Historiker Czichon und Mahron »Das Geschenk. Die DDR im Perestroika-Ausverkauf« kommen die Autoren aus der Analyse von Dokumenten und Gesprächen mit Zeitzeugen und Akteuren der »Wende« – Politikern der DDR und der Sowjetunion – zu der Schlußfolgerung, daß die DDR verschenkt wurde.

Sie führen unter anderem an, daß die Mehrheit der leitenden Männer um Gorbatschow, die in der zweiten Hälfte der 80er Jahre auf die Deutschlandpolitik Einfluß gewannen, aus der »Denkschule« der sowjetischen Außenpolitik kamen. Wie Schewardnadse gingen sie davon aus, daß die UdSSR langfristig auf die ökonomisch stärkere BRD, statt auf die DDR setzen sollte.

Man spricht von einer Germanistikfraktion, deren prominentester Vertreter Falin war. Immer wieder, so versichern Zeitzeugen, die von den Autoren befragt wurden, hatten Schewardnadse und Gorbatschow die Beziehungen zur DDR als »beispiellos vertrauensvoll« bezeichnet.

Wenn, so schreiben die Autoren, »der Begriff beispiellos zutraf, dann allerdings für die Heuchelei, die auch die DDR-Reformer nicht durchschauten«. Wörtlich konstatieren die Autoren: »... diese Politik gegenüber der DDR war bewußte politische Täuschung eines Bundesgenossen, die als Verrat gewertet werden muß.«

Es war kein Zufall, daß auf den Demonstrationen in der DDR die Losung in den Vordergrund rückte »Wir sind ein Volk!« Die Unzufriedenen, die Veränderungen wollten, ja, selbst die vom »goldenen Westen« Geblendeten, und ich glaube, auch die Opposition, wollten die DDR nicht aufgeben und nicht ihre Vereinnahmung durch die BRD. Die die Einheit wollten, wollten nicht den Verlust ihrer in der DDR erworbenen Rechte, ihrer sozialen Sicherheit, ihrer Lebensart.

LUIS CORVALÁN: Vor einigen Jahren sagte mir eine deutsche Freundin absolut überzeugt, daß die Mehrheit der Bevölkerung nicht antisozialistisch war und daß sie nicht das Ende der DDR wollte.

MARGOT HONECKER: Es ist den eben erwähnten Autoren zuzustimmen, wenn sie schreiben, daß die Reformer oder »Gorbatschowisten« in der DDR die Illusion hatten, mit den Erfahrungen der Perestroika-Sowjetunion einen besseren Sozialismus zu erreichen.

LUIS CORVALÁN: Ein verhängnisvoller Irrtum.

MARGOT HONECKER: Die klassenindifferente Demokratie-Losung bei Gorbatschow und die weitverbreitete Perestroika-Euphorie in der DDR-Bevölkerung nutzte man schließlich für die alten Zielvorstellungen, die deutsche Zweistaatlichkeit zu überwinden und so den Sozialismus auf deutschem Boden zu annullieren, schlußfolgerten die genannten Autoren.

LUIS CORVALÁN: Wenn man über die Jahre um 1989 nachdenkt, kann man nicht außer acht lassen, wie die Lage in der Welt sich entwickelt hatte. In den westlichen Staaten zeichnete sich eine Krise ab.

MARGOT HONECKER: Seit 1987 war dies bereits deutlich sichtbar. Das Wirtschaftswachstum war geringer geworden, es gab Strukturkrisen in Stahl, Kohle und im Schiffbau, die Arbeitslosigkeit war angewachsen. Die Hochrüstungspolitik forderte auch im Westen ihren Preis. Es drängt sich auch die Frage auf, ob man nicht einen Ausweg auf Kosten der sozialistischen Länder suchte. Die nämlich hatten mit ihrem Beispiel sozialer Sicherheit immer wieder daran gehindert, ihre Krisen-Lasten in noch höherem Masse auf die eigene Bevölkerung abzuwälzen. Heute tun sie das bekanntlich ungeniert und ungebremst.

LUIS CORVALÁN: Die amerikanische Außenpolitik unter Reagan erklärte ohne Hemmungen die Vernichtung der Sowjetunion zum Ziel ihrer Politik. Noch 1982 verkündete Reagan einen Kreuzzug gegen die Sowjetunion.

MARGOT HONECKER: Aber nur wenig später setzte die amerikanische Außenpolitik zunehmend auf »Wandel«. Prof. Harald Neubert bezog sich in seiner Schrift »Europa 1945 – Europa 1989« auf eine Direktive, die im Frühjahr 1983 bekannt geworden war und mit der Reagan seine Regierung beauftragte, durch handelspolitischen und ökonomischen Druck auf die Moskauer Außenpolitik zu versuchen, auch die sowjetische Innenpolitik zu beeinflussen. Im Oktober 1982, schreibt Neubert, sich auf offizielle westliche Quellen beziehend, wurde vom amerikanischen Außenministerium eine Konferenz über »Fragen der Demokratisierung der kommunistischen Länder« organisiert. Man bewilligte 44 Millionen Dollar, um in den sozialistischen Ländern konterrevolutionäre Kräfte zu finanzieren. Endziel war, in den sozialistischen Ländern eine Wende herbeizuführen. Wie man daran erkennt, ist der Begriff »Wende« keineswegs neu. Auch Czichon und Mahron verwiesen darauf, daß in den USA aus Analysen der sowjetischen Politik die Schlußfolgerung gezogen wurde, wonach sich aus der klassenindifferenten Position des »neuen Denkens« Möglichkeiten einer modernisierten antisozialistischen Strategie ergeben könnten. Man sah in Gorbatschows Politik eine historische Chance für den Westen. Die Autoren zitieren aus einer Direktive NSR 3, die im März 1989 dem Präsidenten der USA vorlag. Es heißt dort: »Die Perestroika liege ... in unserem Interesse ... die Vereinigten Staaten müßten alles tun, um die Reformen unumkehrbar zu machen ... Und auf einer Tagung des Nationalen Sicherheitsrates im März 1989 wurde erklärt, daß zum erstenmal die Gelegenheit gekommen sei, das zu vollbringen, wovon frühere Präsidenten nur hätten träumen können, nämlich Osteuropa in den Schoß des Westens zurückzuführen.

LUIS CORVALÁN: In dieser Zeit war auch mehr und mehr die Rede von der Schaffung des Europäischen Hauses.

MARGOT HONECKER: Worum es dabei ging, ist wohl nun durch die Entwicklung klar geworden. Europa war in zwei gegensätzliche Systeme gespalten. Unter dem Dach des »Europäischen Hauses« sollte sich, so äußerten sich z.B. Brezinsky, Kissinger und andere exponierte Vertreter der US-Außenpolitik, vollziehen, was mit militärischer Konfrontation nicht mehr zu realisieren war, nämlich Osteuropa auf dem Wege der Annäherung, des Wandels zurückzuholen.
Schon 1952 hieß es in der Hallstein-Doktrin: »Endziel der Vereinigung Europas ist der Zusammenschluß bis zum Ural.« Das verstand man unter Neuordnung Europas.

LUIS CORVALÁN: Und so ist wohl Erich Honeckers Bemerkung zu verstehen, daß die DDR auf dem Altar des Europäischen Hauses geopfert wurde. Aus Informationen und Kommentaren, die in der Presse erschienen, kann man schließen, und ich persönlich kam 1990 zu dieser Schlußfolgerung, daß Gorbatschow die DDR für ein Linsengericht verkauft hatte, im Austausch von Millionen Mark, die Moskau von Bonn bekam, offiziell um die Rückkehr der sowjetischen Soldaten zu finanzieren, die in Deutschland stationiert waren. Aber war es wirklich so, oder was war der tatsächliche Preis?

MARGOT HONECKER: Ich weiß nicht, wer die wirklichen Summen kennt. Den Preis dafür, daß die DDR in die NATO einverleibt wurde, daß Großdeutschland wieder zu einer Macht aufstieg, die sich an der Neuaufteilung der Welt beteiligt, die wieder Kriege führt, ist schon Tatsache. Bezahlen mußten und müssen ihn jedenfalls die Bürger der beiden deutschen Staaten.

LUIS CORVALÁN: Vielleicht sagen Sie noch einige Worte zu

den inneren Problemen. Vieles war schon in Ihre vorangegangen Schilderungen eingeflossen.

MARGOT HONECKER: Noch einige Anmerkungen zur Wirtschaft. Ich glaube, wir hatten die veränderten Bedingungen der Weltwirtschaft in ihrer Wirkung auf unsere Wirtschaft unterschätzt, oder anders gesagt, wir überschätzten unsere Kräfte, überschätzten, was wir schon erreicht hatten. Wir wußten um die entstandenen Probleme und zauderten, Korrekturen vorzunehmen, die nötig geworden waren. Wir hätten Änderungen in unserer Investitionspolitik, in der Preispolitik und auf anderen Gebieten vornehmen müssen. Es standen Entscheidungen an, es wurde diskutiert, aber nichts entschieden. Unsere Wirtschaft war sehr eng mit der Wirtschaft der Sowjetunion und den anderen sozialistischen Ländern verflochten. Ich will hier niemanden mit Zahlen strapazieren, aber gesagt werden sollte doch, daß der Außenhandel der DDR zu siebzig Prozent mit der Sowjetunion abgewickelt wurde. Der Rat für gegenseitige Wirtschaftshilfe (RGW) funktionierte nicht, wie er funktionieren sollte. Schließlich war die Wirtschaft aller sozialistischen Länder von der Weltwirtschaft abhängig und obendrein noch von dem von den westlichen Ländern verhängten Embargo für Technologien, die unsere Wirtschaft dringend brauchte. Die DDR hatte wenig eigene Rohstoffe, beteiligte sich an der Erschließung sowjetischer Rohstoffe. Dennoch mußte sie nach Rohölpreisexplosion für eine Tonne Erdöl aus der Sowjetunion 1982 100 Rubel bezahlen, 1970 waren es noch 14 Rubel gewesen.

LUIS CORVALÁN: Das war die Anpassung an die Weltmarktpreise.

MARGOT HONECKER: Ja, aber je tiefer die Wirtschaft der Sowjetunion mit ihrer »Selbstverwaltung« der Betriebe ins Chaos trieb, desto mehr mußten die DDR-Betriebe bezahlen, und das hatte wenig mit dem Weltmarkt zu tun. In den wichtigsten westlichen Industriestaaten wurde durch die wissenschaftlich-technische Revolution eine hohe Arbeitsproduktivität erreicht. Wir blieben ständig weiter zurück. Wir investierten zwar in die Mikroelektronik, aber die DDR schaffte es nicht, den wissenschaftlich technischen Fortschritt in den notwendigen Dimensionen zu beschleunigen. Und: Was in die Mikroelektronik investiert wurde, mußte notwendigerweise bei anderen Vorhaben gestrichen werden.

LUIS CORVALÁN: Ich weiß nicht, ob Sie sich daran erinnern, aber ich weiß noch sehr gut, daß Chrustschow auf dem 21. Parteitag der KP der Sowjetunion begeistert die wissenschaftlich-technische Revolution begrüßte, die sich mit großem Schwung in den Industrieländern Bahn brach. Und er verfocht die These, daß sie es möglich machen würde, daß der Sozialismus mit Siebenmeilenstiefeln vorankäme, denn sie würde erlauben, die Produktivität in nie erträumtem Ausmaß zu steigern und deshalb in kurzer Frist dazu führen, die Bedürfnisse der Menschen zu befriedigen, während sie für den Kapitalismus den Tod bedeuten würde, da die technologischen Fortschritte jener Revolution die Widersprüche zwischen Kapital und Arbeit steigern würden. Chrustschow forderte die Kapitalisten heraus, den Streit zwischen Sozialismus und Kapitalismus in friedlichem Wettbewerb und nicht durch Krieg zu entscheiden. In der Raketenindustrie und auch einigen anderen Bereichen erreichte die Sowjetunion die Spitze, blieb aber in der Entwicklung und Anwendung neuer Technologien in anderen Bereichen zurück. Wie war das bei euch?

MARGOT HONECKER: Auch hier gibt es Zusammenhänge, die man nicht außer acht lassen sollte. Die Sowjetunion war gezwungen, ihr wissenschaftlich-technisches Potential vor allem für die Verteidigung einzusetzen. Das begann schon, als man das Atomwaffenmonopol der USA, daß sich gegen die Sowjetunion richtete, brach. Die großen Erfolge in der Raumfahrt waren überzeugender Beweis für die großartigen Leistungen, zu denen die Sowjetunion in Wissenschaft und Technik fähig war.

LUIS CORVALÁN: Der erste Weltraumflug der Sowjetunion löste bekanntlich in den USA den sogenannten Bildungsschock aus.

MARGOT HONECKER: Das Problem bestand darin, daß die zivile Industrie über Jahrzehnte von der Entwicklung in der Verteidigungsindustrie abgeschottet war, die dort erzielten Spitzenleistungen nicht auf die anderen Industriezweige übertragen wurden und die RGW-Staaten ebenfalls die Spitzenentwicklungen nicht nutzen konnten.

LUIS CORVALÁN: Die DDR hatte aber nicht wenig auf dem Gebiet der Wissenschaft und Technik geleistet.

MARGOT HONECKER: Schon 1976 begann man mit der Entwicklung der eigenen Mikroelektronik-Industrie. Nicht alle waren gleich überzeugt davon, daß dieser Schritt eine Lebensfrage für die DDR sei, daß davon ihr Wirtschaftswachstum, ihre ökonomische Leistungsfähigkeit und vor allem auch die Erhöhung der Arbeitsproduktivität entscheidend abhing. Man schaffte sicher Beträchtliches auf dem Gebiet von Wissenschaft und Technik. Eine immer größer werdende Zahl von Wissenschaftlern, Ingenieuren und Arbeitern war mit der Entwicklung und Anwendung der Mikroelektronik befaßt. Die Akademie der Wissenschaften, Forschungsinstitute, die Forschungseinrichtungen der Kombinate leisteten eine umfangreiche Arbeit, aber allein konnte die kleine DDR den Sprung nach vorn nicht schaffen. Dazu wären gebündelte Anstrengungen im Rahmen des RGW nötig gewesen.

LUIS CORVALÁN: Hinzu kam die Co-Com-Liste, die den sozialistischen Ländern die Einfuhr von Produkten der wissenschaftlich-technischen Revolution verbot.

MARGOT HONECKER: Ja, und deshalb mußten wir eben Kraft, Mühe und Zeit aufwenden, um die elektronischen Bauelemente selbst zu entwickeln. Der Vorsprung des Westens war so nicht aufzuholen. Hinzu kam, daß wir unsere Möglichkeiten überschätzten und die Probleme unterschätzten. Ich glaube aber, der entscheidende Fehler bestand darin, daß wir es versäumten, die Ursachen für die entstandenen Probleme und die sich daraus ergebenden Konsequenzen offen mit den Bürgern zu diskutieren. Oft aus der Furcht, die andere Seite könnte dies gegen uns ausnutzen, die wußte ohnehin von unseren Schwierigkeiten. Mit Diskussionen allein hätten wir die Probleme zwar auch nicht klären können, aber manche Frage wäre vielleicht zu lösen gewesen, wenn wir unsere Partei, die befreundeten Parteien und überhaupt alle gutwilligen Menschen besser zur Mitwirkung hätten bewegen können. Ich denke, wir haben eine Erfahrung aus früheren schwierigen Jahren nicht genutzt, die besagt: Wenn Menschen sich herausgefordert fühlen und einbezogen werden ins Nachdenken, sind auch schwierige Situationen zu meistem.

LUIS CORVALÁN: Die DDR verfügte über ein ausgeprägtes System demokratischer Organisationen und Institutionen, aber es scheint, daß sie nicht ausreichend zur Wirkung kamen.

MARGOT HONECKER: Ja, manches kam nicht zur Entfaltung, manches war in Formalien erstarrt. Im Februar 1988 sagte Erich vor dem Parteiaktiv: »Wir brauchen ein schöpferisches Klima. Das schließt den kameradschaftlichen vertrauensvollen Umgang mit den Menschen genau so ein wie ihre Einbeziehung in unsere Pläne und Vorhaben von Anfang an, die rechtzeitige Information über alles, was ihr Leben betrifft«, und kritisch fragend fügte er hinzu: »... aber betrachtet das nicht mancher als eine formale, um nicht zu sagen, lästige Pflicht?«
Das war unser Problem. In dieser Richtung hätte man ändern,

sich anders verhalten können und müssen. Wir hätten auch den Bildungsstand, die beruflichen und politischen Erfahrungen in Rechnung stellen sollen und nicht so viel »Fertiges« vorgeben dürfen. Das sehe ich als das eigentliche Defizit unserer Demokratieentwicklung an.

LUIS CORVALÁN: Sie sprachen über die Opposition in der DDR. Es ist bekannt, daß dabei auch die Kirche eine Rolle spielte. Wie war das Verhältnis zwischen Staat und Kirche in der DDR?

MARGOT HONECKER: Zunächst sollte man feststellen, daß die Gläubigen aller Konfessionen – der überwiegende Teil war protestantisch – die DDR aktiv mitgestaltet haben. Es ist eine in der DDR praktizierte Erfahrung, daß unterschiedliche Weltanschauungen kein Hindernis sein müssen für das Zusammenwirken von Gläubigen und Marxisten. Staat und Kirche können im Sozialismus durchaus Übereinstimmendes, Gemeinsames, Verbindendes in ihre Beziehungen einbringen: Sorge um den Frieden, Sorge um das Wohl der Menschen, Achtung vor dem Leben – das verbindet Sozialismus und Christentum. Das war auch in einer längeren Phase die Grundlage für ein gedeihliches Miteinander. Bei strikter Trennung zwischen Staat und Kirche wirkte die Kirche in der DDR als »Kirche im Sozialismus«.

LUIS CORVALÁN: Und dennoch gab es Unstimmigkeiten zwischen Kirche und Staat?

MARGOT HONECKER: Die Beziehungen waren nicht unkompliziert. Es gab Sektierertum und Dummheiten auf der Seite des Staates und Konfrontation mit dem Staat seitens der Kirche. In den 50er Jahren fanden sich unter den kirchlichen Amtsträgern – damals waren die Landeskirchen in Ost und West noch vereint – nicht wenige, die die westliche Haltung, die DDR nicht anzuerkennen, sie als nur vorübergehend zu betrachten, unterstützten. Das fand seinen Ausdruck in solchen Fakten wie dem Militärseelsorge-Vertrag zwischen der Regierung der BRD und der Evangelischen Kirche Deutschlands und der damit verbundenen Zusage, Pfarrer in der Bundeswehr einzusetzen. Dies geschah in einer Zeit, da Hunderttausende im Westen und die DDR entschieden gegen die Militarisierung der BRD auftraten. Das war ein Höhepunkt der Konfrontation der Kirchenleitung mit der DDR. Nach Abschluß dieses Vertrages kam es zum Abbruch der Beziehungen zwischen der Kirchenleitung und der DDR-Regierung. Versuche bestimmter kirchlicher Kreise, die Kirche in der DDR als einen Brückenkopf bundesdeutscher Politik zu mißbrauchen, gab es immer wieder.

LUIS CORVALÁN: Aber diese Situation entschärfte sich mit der Zeit?

MARGOT HONECKER: Es gab in den Reihen der Kirche Kräfte, die realistisch dachten, die akzeptierten, daß man sich den politischen Gegebenheiten, also auch der Existenz zweier deutscher Staaten, nicht länger verschließen könne. Es kam zu Gesprächen, zu der gemeinsamen Entscheidung, daß der Staat Glaubens- und Gewissensfreiheit, ungestörte Religionsausübung garantiert und die Kirche für staatsbürgerliche Pflichten auf der Grundlage der Gesetzlichkeit eintritt, den Aufbau des Sozialismus respektiert, und daß die Friedensbestrebungen beider Seiten die Grundlage für gemeinsames Wirken sein sollten.

LUIS CORVALÁN: Es war sicher nicht leicht, zu dieser gemeinsamen Entscheidung zu gelangen.

MARGOT HONECKER: Beide Seiten gaben sich Mühe, dennoch waren diese realistischen loyalen Beziehungen durch Dummheiten auf beiden Seiten mancher Belastung ausgesetzt. 1971 waren aus der kirchlichen Synode Stimmen hörbar geworden, die die vom SED-Parteitag beschlossene Politik begrüßten und für eine Kirchenpolitlik plädierten, »nicht gegen, nicht neben dem Sozialismus« zu agieren, sondern sich als »Kirche im Sozialismus« zu verstehen. Es dauerte einige Zeit, bis sich der Widerstreit der Meinungen in den Kirchen legte und der realistische Standpunkt durchsetzte. 1978 kam es dann erstmals zu einem »Gipfeltreffen« zwischen dem Vorsitzenden des Staatsrates, Erich Honecker, und dem Vorsitzenden des Vorstands der Konferenz der Evangelischen Kirchenleitungen in der DDR, Bischof Schönherr. Das Fazit dieses Gespräches lautete: »Die Unterschiedlichkeiten der Auffassungen bleiben, aber Kirche und Staat können und müssen von den übergreifenden Interessen ausgehen.«

LUIS CORVALÁN: Aber die Haltung der Kirchen veränderte sich dann in den letzten Jahren?

MARGOT HONECKER: 1985 änderte die Kirche – vielleicht im Zeichen von Perestroika und Glasnost – ihren Kurs. Die sich in der DDR entwickelnde Opposition, die, wie schon gesagt, in ihrem Kern gegen den Sozialismus gerichtet war, agierte unter dem Schirm der Kirche. Wobei das Verhalten kirchlicher Amtsträger unterschiedlich war. Die einen traten aufrichtig für die DDR ein, die anderen waren massiv gegen den Sozialismus. Die Gotteshäuser – für einen Chilenen wird es interessant sein, zu erfahren daß auch in den Neubaugebieten Kirchen gebaut worden waren – wandelten sich zu Versammlungsstätten. Erich schrieb, sie wurden »zu Parteihäusern von Menschen, die der Kirche nie verbunden gewesen waren«. Wie treffend das war, bestätigen heute viele Pfarrer, die in leeren Kirchen predigen oder sogar entlassen werden mußten, weil die finanziellen Mittel der Kirche durch die Massenaustritte sehr reduziert wurden.
Damals aber schwamm die Kirche nicht nur im Strom der Opposition, kirchliche Amtsträger avancierten zu deren Sprechern, Demonstrationen wurden von Pfarrern begleitet oder

angeführt. Manche von ihnen vollzogen den Sprung in die Politik.
1988 hatte sich Erich Honecker noch einmal mit der Kirchenleitung getroffen und dafür plädiert, die 1978 eingeleitete Entwicklung fortzusetzen. Dabei wurde klar, daß das nur noch auf wenig Gegenliebe stieß.

LUIS CORVALÁN: Lassen Sie mich noch einmal auf ungelöste Probleme zurückkommen. Es gibt da eine Angelegenheit, in der die sozialistischen Länder meines Erachtens Nachlässigkeiten zeigten. Ich meine die Sorge um die Umwelt, um die Verschmutzung der Luft, des Wassers und der Erde. Es handelte sich um eine Haltung, die dem Sozialismus nicht entspricht. Es überrascht nicht, daß im Kapitalismus die natürlichen Ressourcen der Erde hemmungslos ausgebeutet werden, ohne die Folgen zu berücksichtigen. Bestimmend sind allein die Interessen des Kapitals. Wie war da die Lage in der DDR?

MARGOT HONECKER: Was in Jahrhunderten in dieser Hinsicht gesündigt wurde, hat der Sozialismus leider nicht grundlegend verändert und vieles noch nicht verändern können. Niemand kann sich rühmen, dieses für die ganze Menschheit und ihre Zukunft besorgniserregende Problem gelöst zu haben. Auch in der DDR gab es Versäumnisse, wenn auch darauf hinzuweisen wäre, daß es viele ernsthafte Bemühungen gab.

LUIS CORVALÁN: Können Sie da konkrete Beispiele nennen?

MARGOT HONECKER: Sowohl in der Verfassung der DDR vor 1968 als auch in Gesetzen – so im Landeskulturgesetz von 1970 – wurden Aufgaben zum Schutz der Natur und der Umwelt festgelegt. Zu diesem Gesetz, das von der Volkskammer beschlossen worden war, wurden von den Bürgern über 100000 Vorschläge eingereicht. Diese Zahl belegt sowohl das zunehmende Interesse vieler Menschen als auch ihr Vertrauen. In

das Zivilgesetzbuch wurde die Haftung für Umweltschäden und Umweltkriminalität aufgenommen. 1972 wurde das Ministerium für Umweltschutz und Wasserwirtschaft gebildet, und bei allen Territorialorganen bestanden Kommissionen für den Umweltschutz. Mittel für Projekte zur Senkung der Luft- und Gewässerbereinigung wurden in die Volkswirtschaftspläne aufgenommen.
Leider wurde vieles davon beim Auftreten wirtschaftlicher Schwierigkeiten nicht realisiert. Da siegte bei manchem Wirtschafts- und Staatsfunktionär das ökonomische Denken über das ökologische. Solches Denken war bis in die höchsten Ebenen verbreitet.

LUIS CORVALÁN: Was waren die hauptsächlichsten Probleme auf eurem ja relativ kleinen Territorium?

MARGOT HONECKER: Das wirtschaftliche und zugleich ökologische Hauptproblem war, daß es nicht gelang, alle alten Betriebe zu sanieren. Dabei muß bedacht werden, daß wir auch hier ein schweres Erbe übernommen hatten. In der DDR konzentrierte sich auf engem Raum, der zugleich dicht besiedelt war, die alte chemische Industrie. Buna, Wolfen, Bitterfeld bildeten ein Zentrum, das allerdings schon der Kapitalismus geschaffen hatte. Hinzu kamen neue Probleme. Man hatte zum Beispiel mit der Entstaubung alter Heizkraftwerke begonnen, aber als wir die Energieerzeugung, bedingt durch die steigenden Erdölpreise, auf Braunkohle umstellen mußten, kam es zu einem deutlichen Anstieg der Umweltbelastung. Die Milliarden, die nötig gewesen wären für die Sanierung der alten Betriebe, mußten dann für diese Umstellung investiert werden.

LUIS CORVALÁN: Gab es Regelungen bei neuen Tagebauaufschlüssen, denn Braunkohle wird ja vor allem im Tagebau gefördert?

MARGOT HONECKER: Bei neuen Tagebauaufschlüssen mußte laut Gesetz nachgewiesen werden, wie die Rekultivierung der Böden erfolgen soll. Aufgrund dieser Gesetze entstanden auch Badeseen, Naherholungszentren. Trotz alledem: Viele Probleme blieben ungelöst.

LUIS CORVALÁN: Nun hat sich wohl die westliche Seite gerühmt, die Luftverschmutzung beseitigt zu haben?

MARGOT HONECKER: Wie sie das machte, ist allerdings kein Ruhmesblatt. Sie liquidierte den größten Teil der Betriebe und vernichtete Zehntausende Arbeitsplätze. Allerdings nicht aus Gründen der Luftbereinigung, sondern aus Konkurrenzgründen.

IX. Was ist aus der Einheit geworden?

LUIS CORVALÁN: Vor einigen Monaten habe ich mit einer Genossin gesprochen, die viele Jahre in Berlin lebte und jährlich ihren Sohn dort besucht. Sie erzählte mir, was die ehemaligen Bürger der DDR verloren haben, vor allem die Frauen. Was verloren ging von den Errungenschaften auf dem Gebiet der Bildung, der Kultur, des Gesundheitswesens. Sie sprach davon, wie die Mieten für die Wohnungen gestiegen sind und erzählte mir, daß vieles modernisiert wurde, so im Gesundheitswesen und auf anderen Gebieten, aber für all dies seien die Kosten bis hin zu den Fahrpreisen enorm gestiegen.

MARGOT HONECKER: Erichs Feststellung »Sozialismus und Kapitalismus sind unvereinbar wie Feuer und Wasser« wird oft von denen, die glaubten die Einheit herbeigeführt zu haben, belächelt. Ich finde, sie hat sich als nur zu wahr erwiesen. Die Rückwende in den Kapitalismus hat sich vollzogen. Kapitalismus pur herrscht nun wieder in ganz Deutschland. Die Lebensbedingungen für einen großen Teil der Menschen sind hart geworden. Einigen geht es gut, und einige gehören zu denen, die reicher werden auf Kosten derer, die ärmer werden.

LUIS CORVALÁN: Es wird viel über die Kluft zwischen Ost und West gesprochen und geschrieben. Wie steht es damit?

MARGOT HONECKER: Es gibt eine Kluft. Die Arbeitslosigkeit in den neuen Bundesländern, wie man die ehemalige DDR bezeichnet, ist beinahe doppelt so hoch wie in den alten Bundesländern. Nach offiziellen Berechnungen sind 1,5 Millionen Bürger von faktischen Berufsverboten und anderen diskriminierenden Maßnahmen betroffen. Von 200000 Wissenschaftlern und Forschern waren schon Ende 1992 nur noch 12,1 Prozent in einem vollen Arbeitsverhältnis tätig. An der Humboldt-Universität zu Berlin wurden 5000 entlassen.

An anderen Hochschulen und Universitäten wurden bis zu 80 Prozent gekündigt. Allein in Sachsen wurden 4200 Pädagogen aus politischen Gründen entlassen. Für ehemalige Mitarbeiter staatlicher Verwaltungen und anderer gesellschaftlicher Institutionen wurde eine Strafrente eingeführt. Das heißt, die Betreffenden, die jahrzehntelang Beiträge für eine Zusatzrente gezahlt hatten, bekommen diese nicht oder nur zu einem Teil ausgezahlt. Mehr als eine Million Menschen erhielten also die ihnen zustehenden Renten nicht. Diese Regelung wurde zwar 1997 aufgrund massiver Proteste für einen Teil der Betroffenen gemildert, aber noch immer gilt sie für einige Tausend als »staatsnah« eingestufter Menschen und für rund 100000 ehemalige Mitarbeiter der Staatssicherheit – ganz gleich, ob Offizier, Kraftfahrer oder Köchin – ist eine rigorose Rentenkürzung noch immer in Kraft. Das UNO-Komitee für wirtschaftliche und kulturelle Rechte in Genf rügte im November 1998 die BRD wegen der Nichteinhaltung des »Internationalen Sicherheitspaktes«. Mit »Bestürzung« stellte das Komitee fest, daß nur 12 Prozent der Angestellten des öffentlichen Dienstes im Bereich Wissenschaft und Technik der früheren DDR voll weiter beschäftigt wurden und daß die übrigen ohne adäquaten Schadensersatz bzw. zufriedenstellende Pensionen sind und daß es notwendig sei, zur Verringerung der hohen Arbeitslosigkeit im Osten Maßnahmen zu treffen. In dem Bericht hieß es, daß das Komitee »befürchtet, daß die Mehrheit der betroffenen Personen in Verletzung von Artikel 2 Absatz 2 des Paktes über soziale Menschenrechte eher aus politischen als aus berufsmäßigen oder ökonomischen Gründen aus ihren Stellungen entlassen wurden«.

LUIS CORVALÁN: Eine vorsichtige Kritik, aber immerhin. Nur in den Medien wurde nichts davon berichtet.

MARGOT HONECKER: Die gravierendsten Probleme der inneren nicht vollzogenen Einheit bestehen, wie auch die Regierung zugeben muß, darin, daß die Menschen in Ost und

West unterschiedliche Lebenserfahrungen und Wertvorstellungen haben. Bis zu vierzig Jahren Leben unter gegensätzlichen gesellschaftlichen Bedingungen, andersartigen sozialen Beziehungen, das läßt sich nicht einfach wegwischen. Soziale Unsicherheit, Kälte, Egoismus einer Ellbogengesellschaft, Armut und Obdachlosigkeit, das kannte man im Osten nicht. An die Stelle menschlicher Beziehungen, wie wir sie kannten, ist das Monster Geld getreten. Der Verlust von Solidarität, Gemeinschaftssinn, Sicherheit wird nun, da Existenzangst das Leben prägt, oft schmerzlich von Bürgern der DDR empfunden.

LUIS CORVALÁN: Auch im Westen werden nun soziale Errungenschaften abgebaut.

MARGOT HONECKER: Wie ich es sehe, ist nicht die Kluft zwischen Ost und West das eigentliche Problem. In Deutschland wächst immer mehr die Kluft zwischen oben und unten, zwischen denen, die alles haben, und denen, denen immer mehr genommen wird. In dem von Experten der Bundesregierung ausgearbeiteten 10. Kinderbericht mußte festgestellt werden, daß im reichen Deutschland Kinder in Armut leben. Im Osten sind es 22 Prozent und im Westen 12 Prozent.

LUIS CORVALÁN: Ich las in der Presse von Millionen Arbeitslosen.

MARGOT HONECKER: Arbeitslosigkeit gibt es in Ost und West. Sozialabbau findet in Ost und West statt, während Banken und Konzerne hohe Gewinne einstreichen. In diesem reichen, hochindustrialisierten Deutschland sind 11,5 Prozent – über 4 Millionen – arbeitslos. Im Westen sind es 9,6 Prozent, im Osten 19,1 Prozent, also fast jeder Fünfte. Hinzu kommt noch eine Dunkelziffer, die einige Millionen betragen soll.

LUIS CORVALÁN: Das ist unglaublich hoch.

MARGOT HONECKER: Man sagt, die Ursachen für diese Probleme seien in der »maroden« Wirtschaft der DDR zu suchen. Man bucht alles auf die »Erblast DDR«. Die Wahrheit ist, daß dies auf das Konto der Bonner Vereinigungspolitik geht. Wahr ist, daß das Industriepotential der DDR zerstört wurde. Die Industriekombinate, die volkseigenen landwirtschaftlichen Güter wurden zerschlagen. Die wissenschaftlichen Einrichtungen »abgewickelt«. Das Bildungssystem wurde liquidiert, das Bildungsprivileg faktisch wiederhergestellt. Dem DDR-Rechtssystem wurde das Rechtssystem der BRD übergestülpt. Die deutsche Außenpolitik setzt wieder ungeniert auf militärische Mittel.

LUIS CORVALÁN: So hat gefährliche Politik, wie in der deutschen Vergangenheit, wieder Priorität erlangt.

MARGOT HONECKER: Die deutsche Armee ist wieder dabei, wo es nach Auffassung der USA gilt, in sogenannten Krisengebieten einzugreifen. Vom Einsatz von deutschen Sanitätssoldaten in Kambodscha bis zum Kriegseinsatz auf dem Balkan war es nicht weit. Die deutsche Kriegsindustrie verdient, die Rüstungsexporte florieren. Deutschland ist der drittgrößte Waffenexporteur der Welt.

LUIS CORVALÁN: Heute muß man fragen, was ist geblieben von der westdeutschen Beteuerung, daß von deutschem Boden nie wieder Krieg ausgehen dürfe.

MARGOT HONECKER: Als die DDR dies erklärte, waren das nicht nur Worte, dahinter stand sie mit ihrer Politik. Nun ist die Barriere DDR gefallen.

LUIS CORVALÁN: Was meinen Sie, war eine solche Entwicklung vorauszusehen?

MARGOT HONECKER: Ja. 1991 erklärte Kohl: »Deutschland

hat mit seiner Geschichte abgeschlossen, es kann sich offen zu seiner Weltmachtrolle bekennen.« Und dieses Deutschland tut es. Europäische Union, die Einführung des EURO werden maßgeblich von den deutschen Interessen bestimmt. Deutschland setzt auf seine Stärke. Erich schrieb 1992: »Auf keinen Fall ist der politische, ökonomische Machtzuwachs der BRD heute nur eine innerdeutsche Angelegenheit. Er berührt vielmehr das gesamte bisherige Gefüge des internationalen Macht- und Interessenausgleichs.«

LUIS CORVALÁN: 1999 hat man mit Entsetzen erleben müssen, daß in Europa ein gefährlicher Krieg vom Zaun gebrochen wurde und daß Deutschland dabei war, obwohl mit den Wahlen eine sogenannte rot-grüne Regierung an die Macht gekommen war.

MARGOT HONECKER: Für Militäreinsätze hatte die SPD schon gestimmt, als sie noch in der Opposition war. Sie erklärte sofort nach ihrem Regierungsantritt, daß sie die Kohlsche Außenpolitik »kontinuierlich« fortzusetzen gedenke. Und das tat sie. Der neue deutsche Bundeskanzler erklärte salbungsvoll, nachdem die NATO ohne Kriegserklärung, ohne Mandat des Sicherheitsrates der UNO Jugoslawien angriff, »das deutsche Soldaten erstmals wieder nach dem Zweiten Weltkrieg an Kampfhandlungen teilnehmen«. Und das auf dem Balkan.

LUIS CORVALÁN: Wenn ich mich recht erinnere, griff Hitlers Luftwaffe im April 1941 auch ohne Kriegserklärung Belgrad an.

MARGOT HONECKER: Ja, dem folgte der Einmarsch der Naziwehrmacht in Jugoslawien, der soviel Leid über die jugoslawischen Völker brachte. Heute überschlagen sich die deutschen Medien mit Lügen wie einst. Regelrechte Kriegshysterie wurde erzeugt.

LUIS CORVALÁN: Den USA und der NATO, die im Namen der »Humanität« den Krieg gegen die Zivilbevölkerung führten, wie die zahlreichen Toten unter Frauen und Kindern beweisen, ging es um Märkte und Rohstoffe.

MARGOT HONECKER: Der Drang ist groß, an Ölvorkommen zu kommen, und strategisch nicht zu unterschätzen ist damit die Gefahr für Rußland. Deutschland ist in diesem Krieg der zuverlässigste Satellit der USA, gleichzeitig aber ist es bestrebt, der USA als Weltmacht den Rang abzulaufen, was die USA garantiert nicht zulassen wird.

LUIS CORVALÁN: Es hat so mancher nicht daran gedacht, wie schnell es wieder zu Krieg kommen würde, seit die Sowjetunion, die sozialistischen Länder verschwunden sind.

MARGOT HONECKER: Erich sagte im Sommer 1991 in einem Interview mit der BBC: »Wir befinden uns in einer Periode, in der wie zu keinem Zeitpunkt nach dem Zweiten Weltkrieg die Welt am Kreuzweg zwischen Krieg und Frieden steht. Diese Wahrheit nicht zu sehen wäre tödlich.« Der Reporter bat ihn um eine Begründung dieser, wie er sagte, sehr »weitgehenden Behauptung«. Erich sagte: »Die Eruptionen in Mittel- und Osteuropa sind zu groß, die hier vollzogenen Änderungen zu tiefgreifend. Das Beben geht weiter, die Erde kommt vorläufig nicht zur Ruhe. Nicht zu übersehen sind die Krisengebiete, zum Beispiel die akute Gefahr eines militärischen Konfliktes auf dem Balkan, im Nahen Osten, die zu einer Initialzündung werden können« ...

LUIS CORVALÁN: Soweit ich das verfolgen konnte, gab es auch in Deutschland heftige Proteste und die Forderung nach Einstellung des Krieges der NATO.

MARGOT HONECKER: Die Bombennächte sind noch im Gedächtnis vieler Menschen in Deutschland. Es gab viele Aktionen unter dem Motto »Hände weg von Jugoslawien«, wobei die Linken eine besonders aktive Rolle spielten. Innerhalb der Partei der Grünen, die aus der Friedensbewegung hervorgegangen ist, gab es ernste Widerspüche, aber auch in der SPD gab es kritische Stimmen. Es gibt Anzeichen für ein Erstarken der Friedensbewegung. Aber die Gefahren sind derzeit größer als der Widerstand.

LUIS CORVALÁN: Die aggressive Außenpolitik ist natürlich nicht gerade als Erfolg der Wiedervereinigung zu buchen.

MARGOT HONECKER: Auch die Innenpolitik ist, wie schon an Beispielen nachgewiesen, kein Ruhmesblatt für die Bonner Vereinigungspolitik. Es ist bewiesen, daß der Osten zum »Experimentierfeld« gemacht wurde für konservative Veränderungen der Gesellschaft für ganz Deutschland. Solange es die sozialistischen Länder und die DDR gab, war die Politik der BRD im Interesse der »Erhaltung des sozialen Friedens« genötigt, die von der deutschen Arbeiterbewegung erkämpften sozialen Rechte nicht generell in Frage zu stellen. Heute sind diese Hemmungen verschwunden. Zuerst wurde im Osten der radikale Abbau der sozialen Rechte und Errungenschaften in einem unglaublichen Ausmaß praktiziert.

LUIS CORVALÁN: Und wie ging das vor sich?

MARGOT HONECKER: Von einem Tag zum anderen wurde Mitte 1990 die Währungsunion durchgeführt, es begann eine rabiate Privatisierung. Betriebe wurden stillgelegt, ganze Industrieregionen deindustrialisiert, unzählige Arbeitsplätze vernichtet. Noch vor Vollzug der Einheit begann die »Treuhand«, eine noch unter der Modrow-Regierung geschaffene Einrichtung zur »Verwaltung des Vermögens der DDR«, mit der Privatisierung. In kürzester Zeit wurden 2,5 Millionen Arbeitsplätze vernichtet. 12 Prozent der landwirtschaftlichen Nutzflächen wurden bereits 1990/91 stillgelegt. Diese Deindustrialisierung war wohl einmalig in der Geschichte, abgesehen von Kriegen, die solches mit sich bringen.

LUIS CORVALÁN: Die sogenannte Vereinigung war für die deutschen Monopole ein großes Geschäft.

MARGOT HONECKER: Die traditionellen osteuropäischen Märkte der DDR wurden umgehend von westdeutschen Unternehmen okkupiert. Der kleine und mittlere Einzelhandel geriet an den Abgrund der Existenz. Die DDR wurde von den westdeutschen Großhandelsketten überschwemmt, die riesige Gewinne einsteckten.
Die westdeutschen Konzerne, die ihre Konkurrenz im Osten schonungslos liquidierten, sicherten sich die »Filetstücke« der DDR-Industrie. Siemens, Krupp, Thyssen nahmen sich zurück, was ihnen einst als Kriegsgewinnler durch die Enteignung im Osten verlorengegangen war. Weltbekannte Betriebe, wie Zeiss in Jena, die Heckert-Werke in Chemnitz, Takraf in Leipzig und die Werften in Rostock, Wismar und Stralsund gingen an westdeutsche Interessenten oder wurden an ausländische Unternehmen verschachert. 85 Prozent des ehemaligen volkseigenen Sachvermögens ging in den Besitz westdeutscher Unternehmen. Das Volkseigentum der DDR-Bevölkerung wurde enteignet.

LUIS CORVALÁN: Und die Banken?

MARGOT HONECKER: Die Banken und Versicherungen wurden von den westdeutschen Banken und Versicherungen kassiert. Grund und Boden im Inland und Ausland, der der DDR gehörte, einschließlich der Botschaftsgebäude und Liegenschaften, und nicht zuletzt die Ausrüstung der Volksarmee wurden Eigentum der BRD. 356000 ha Land und 40000 forstwirtschaftliche Flächen wurden bisher privatisiert, das heißt den im Ergebnis von Potsdam enteigneten früheren Besitzern oder deren Erben zurückgegeben, obwohl im Einigungsvertrag festgeschrieben worden war, daß die Ergebnisse der Bodenreforrn aus dem Jahre 1945 nicht rückgängig gemacht werden dürfen. Hinzu kam, daß Immobilien und Boden billig gekauft werden konnten. Es entstanden Bürogiganten, die zum Teil heute noch leerstehen. Ehemals volkseigene Wohnungen wurden an Makler verkauft, die die Wohnungen zwar großzügig instandsetzten, aber ebenso »großzügige« Mieten dafür verlangten oder die Wohnungen weiter verkauften. Den geringsten Teil kauften die Mieter, weil es denen am Geld fehlte.

LUIS CORVALÁN: Es wird behauptet, daß die DDR einen riesigen Schuldenberg hinterlassen hat.

MARGOT HONECKER: Die DDR hatte Schulden, die auch Auswirkungen auf die wirtschaftliche Entwicklung hatten. Inzwischen ist längst belegt, daß es die in aller Welt verkündeten Schulden in schwindelerregender Höhe gar nicht gab, daß es sich um eine »Legende« handelte, hinter der sich der Raubzug der westdeutschen Industrie und Banken gut verstecken ließ. Die Menschheit sollte glauben – und viele glauben es noch heute –, daß die DDR an ihren Schulden zugrundegegangen sei. Selbst der ehemalige Finanzminister Waigel, der wahrhaft kein Freund der DDR war, mußte von einer »relativ geringen Verschuldung« der DDR sprechen. Westdeutschen Quellen ist zu entnehmen, daß die DDR noch Ende der 80er Jahre ihren Zahlungsverpflichtungen im Ausland nachkam. Heute so zu tun, als würde die BRD unter der Last der Vereinigung zusammenbrechen und die westdeutsche Bevölkerung müsse deshalb Opfer bringen, ist eine Lüge. Die westdeutsche Wirtschaft profitierte von der Vereinigung. Rolf Mager und Manfred Voigt stellen in einem aussagekräftigen Material über »Transferleistungen im geeinten Deutschland« im Mai 1997 in einer Publikation der PDS-Bundestagsgruppe des Bereichs Wirtschaft, Haushalt, Finanzen, Umwelt und Verkehr fest: »Faßt man den gegenwärtigen Erkenntnisstand

zusammen, wie unvollständig auch immer und mit allen Vorbehalten, die sich aus dem Fehlen einer Bilanz des in die deutsche Einheit eingebrachten volkseigenen Vermögens der DDR ergeben, so sind von einem volkseigenen Vermögen der DDR in einer Größenordnung von ca 1,300 bis 1,400 Milliarden DM (einschließlich Grund und Boden) im Ergebnis der Privatisierung ca. 400 bis 430 Milliarden in die Hände westdeutscher Unternehmen, Handelsketten, Banken, und Versicherungen (ohne Wohnungswirtschaft) überführt worden. In das Eigentum des Bundes gingen 250 bis 300 Milliarden (ohne Sondervermögen Reichsbahn und Post) über.«
Das alles wissen die Bonner Politiker, die die Menschen glauben machen wollen, die DDR sei schuld an den sozialen Lasten, die den Menschen heute in Ost und West aufgeladen werden.

LUIS CORVALÁN: Und wie reagieren die Menschen, gibt es Opposition gegen eine solche Politik?

MARGOT HONECKER: Wie groß die Unzufriedenheit mit dieser Politik ist, haben die Wahlen zum Bundestag 1998 angedeutet. Die Wähler wählten die CDU/CSU-FDP-Regierung nach 16jähriger Regierungszeit ab. Sie bereiteten der Kohl-Regierung, die sich als Sieger der deutschen Einheit verstand, eine schwere Niederlage. Die Abwahl dieser Regierung wurde vor allem im Osten entschieden. »Kohl muß weg« war eine Losung, die Ost und West vereinigte. Viele, die um den Erhalt ihrer Arbeitsplätze kämpften und bangten, wollten eine andere Politik. Die SPD hatte versprochen, für eine andere Politik einzutreten. So gewann sie zusammen mit Bündnis 90/DieGrünen die Mehrheit der Mandate im Bundestag. Die von manchen wohl gewünschte große Koalition zwischen SPD und CDU kam nicht zustande. Jetzt ist aber schon offensichtlich, daß von den Versprechungen dieser Regierung nicht viel geblieben ist. Der Sozialabbau geht weiter. Mit dem sogenannten »Bündnis für Arbeit«, an dem Unternehmer, Gewerkschaften und Regierung beteiligt sind, erweckt man die Illusion, daß die Arbeitslosigkeit bekämpft werden könne. Aber es ist schon klar, ohne Kampf werden sich die gerechten Forderungen der Gewerkschaften gegen die Interessen der Unternehmer nicht durchsetzen lassen.

LUIS CORVALÁN: Erstaunlich bei den Wahlen, auch bei einigen Landtagswahlen, war der Stimmengewinn der PDS.

MARGOT HONECKER: Die PDS ist die derzeit mitgliederstärkste linke Partei mit großem Wählereinfluß im Osten. Obwohl gerade während des Wahlkampfes als kommunistisch verteufelt, konnte sie mit einem die gegenwärtigen Zustände konsequent kritischen Wahlprogramm diesen großen Wahlerfolg erreichen. So zog sie mit 36 Abgeordneten, mit einer eigenen Fraktion, in den Bundestag ein. In sechs Landtagen ist sie mit Fraktionen vertreten, und auch in einer großen Anzahl kommunaler Parlamente wirken Abgeordnete der PDS. Die Deutsche Kommunistische Partei trat bei den Wahlen 1998 dafür ein, die linke Kraft im Parlament zu stärken, und beschloß, den Kandidaten der PDS ihre Stimme zu geben. Sie kandidierte in einer Anzahl Wahlkreisen auf den Listen der PDS. Trotz des auch in der PDS umstrittenen Beschlusses des Vorstandes der PDS, keine Mitglieder der DKP auf den offenen Listen kandidieren zu lassen, entwickelte sich an der Basis ein aktives Zusammenwirken.

LUIS CORVALÁN: Eine Zwischenfrage, Margot, die rechtsradikalen Parteien, die ja sehr aktiv waren, kamen nicht in den Bundestag?

MARGOT HONECKER: Daß sie nicht in den Bundestag gelangten, darf nicht zur Unterschätzung des rechtsextremistischen, neofaschistischen Wählerpotentials führen. Deren Losungen übernahmen die Rechtsparteien zum großen Teil mit. Diese neofaschistischen Parteien machen eine gefährliche demagogische Politik, ähnlich der der Nationalsozialistischen Partei 1933.

LUIS CORVALÁN: Margot, vielleicht können Sie noch ein Wort zu den derzeit in Deutschland agierenden linken Parteien sagen.

MARGOT HONECKER: Die PDS gründete sich nach der »Wende«. Sie versteht sich als linke Volkspartei, links von der SPD. In ihren Reihen wirken ehemalige Mitglieder der Marxistischen Sozialistischen Einheitspartei Deutschlands und neu hinzugekommene Mitglieder. Die PDS definiert sich laut Statut als pluralistische Partei. Ihr Programm, 1993 beschlossen, ist antikapitalistisch, allerdings gibt es zur Eigentumsfrage ein Spektrum verschiedener Auffassungen in dieser Partei. Auch was die Geschichte der DDR als sozialistischen Staat betrifft, gibt es Übereinstimmendes und Gegensätzliches. In der Partei agieren, entsprechend ihrem Charakter als pluralistische Partei, verschiedene Gruppierungen, Strömungen und Plattformen. Gegenwärtig gibt es Diskussionen um ein neues Parteiprogramm und die nicht unbegründete Sorge an der Basis der Partei, daß bestimmte Positionen, über die es einen Konsens zwischen Marxisten und Nichtmarxisten gibt, aufgegeben werden könnten, da in der Parteispitze – so weit ich das verfolge konnte und kann – sozialdemokratische Positionen überwiegen.

LUIS CORVALÁN: Und die Deutsche Kommunistische Partei?

MARGOT HONECKER: Sie wurde gegründet, nachdem die Kommunistische Partei Deutschlands im Jahre 1956 verboten worden war. Sie hatte nach 1945 im Westen unter der Führung Max Reimanns gegen die Remilitarisierung der BRD gekämpft, setzte sich in der Adenauer-Ära in der Zeit des Kalten Krieges unerschrocken für Frieden, Demokratie und gegen die Spaltung Deutschlands und brachte dafür große Opfer.

LUIS CORVALÁN: Die KPD ist bis heute verboten, daß heißt, das Verbot wurde nicht aufgehoben.

MARGOT HONECKER: Für die Aufhebung des Verbots wird noch heute gekämpft. Die Deutsche Kommunistische Partei, die sich nach dem Verbot der KPD nach Jahren der Illegalität 1969 neu gründete, ist eine konsequent marxistische antifaschistische Partei. Sie agiert auf der Grundlage eines Aktionsprogramms, das sich gegen Rechtsentwicklung, gegen Sozial- und Demokratieabbau, gegen Krieg und Rüstung richtet. Anfang 1997 stellte sie Vorstellungen über einen künftigen Sozialismus zur Diskussion. Diese Diskussion in einer Zeit der Resignation in unserer Bewegung, der Krise in vielen Kommunistischen Parteien und angesichts der Tatsache, daß die Illusion wieder breit aufgelebt war, daß man den Kapitalismus nur »verbessern« müsse, sollte deutlich machen, daß es eine Alternative zur kapitalistischen Gesellschaft gibt. Diese »Sozialismusvorstellungen« wurden und werden kontrovers in der Partei diskutiert. Verstärkt wird auch in der Diskussion gefordert, daß die historischen Erfahrungen beim Aufbau des Sozialismus in der DDR von den deutschen Kommunisten bewahrt werden müssen, denn trotz allem war die DDR die größte Errungenschaft der deutschen Arbeiterbewegung. Angesichts der neuen gesellschaftlichen Entwicklungen in der Welt wird auch in der DKP über eine Weiterentwicklung ihres Parteiprogramms diskutiert.

LUIS CORVALÁN: Und wie ist das Verhältnis zwischen DKP und PDS?

MARGOT HONECKER: Beide haben in bestimmten Fragen – zum Beispiel, was die Kritik an den Verhältnissen im kapitalistischen Deutschland betrifft – ähnliche Positionen und führen gemeinsame Aktionen durch. Beide unterscheiden sich aber auch in ihren ideologischen Positionen und ihrem Parteienverständnis. Die PDS versteht sich nicht als marxistische Partei. Die DKP strebt die Zusammenarbeit zwischen beiden Parteien an, was prinzipielle Diskussionen über unterschiedliche Standpunkte in Grundfragen einschließt. Letztlich geht es der DKP um die Bündelung aller linken Kräfte in Ost und West gegen die Rechtsentwicklung. Sie tritt für die Stärkung außerparlamentarischer Bewegungen ein, um die berechtigten Interessen der Menschen in Ost und West durchzusetzen. Das alles schließt auch einen inneren Klärungsprozeß in der DKP ein.

LUIS CORVALÁN: Gibt es noch andere kommunistische Gruppierungen?

MARGOT HONECKER: Da wäre noch die Kommunistische Partei zu nennen, die sich 1991 in Berlin gründete, eine kleine Partei, die sich dem Thälmannschen Erbe verpflichtet fühlt. 1992 rief sie mit Genossen der DKP und der Kommunistischen Plattform in der PDS zu gemeinsamem Handeln aller Kommunisten auf. Der Weg jedoch zu einer einheitlichen Kommunistischen Partei wird sich wohl noch schwierig gestalten.

LUIS CORVALÁN: Margot, Sie sprachen im Zusammenhang mit dem Krieg in Jugoslawien von Aktivitäten verschiedener Bewegungen. Zu welchen können Sie etwas sagen?

MARGOT HONECKER: Es gibt Initiativen und Aktionen zahlreicher Organisationen, die der Stimmung der Bürger Ausdruck verleihen, die sich als Interessenvertreter der Menschen in Ost und West verstehen. Das gilt vor allem für die Gewerkschaften.
1991 gründete sich die »Gesellschaft zum Schutz von Bürgerrechten und Menschenwürde«, in der Politiker, Juristen, Wis-

senschaftler verschiedenener Richtungen, Philosophen, Theologen, Pädagogen, Menschen aller Berufe vertreten sind. Mit ihrer im Jahre 1997 anläßlich des Tages der Menschenrechte veranstalteten »Antidiskriminierungskonferenz« wandte sie sich gegen Rassismus und Ausländerfeindlichkeit in Deutschland, gegen die Berufsverbotspraxis, gegen Ausgrenzung und gegen politische Strafverfolgung. Das »Kuratorium Ostdeutscher Verbände« führte 1992 einen Kongreß durch. Dazu hatten 36 Verbände und Einzelpersönlichkeiten, die 750 000 Mitglieder vertreten, eingeladen. Sie engagieren sich für das Recht auf Arbeit, für soziale Mieten, für die Solidarität mit den politisch Verfolgten und Ausgegrenzten.

Im Januar 1997 wandten sich Gewerkschafter, Intellektuelle, Theologen und Politiker mit einer sogenannten »Erfurter Erklärung« an die Bürger. Darin hieß es unter anderem »die regierende Politik in unserem formal vereinigten Land ist in einen Zustand von gnadenloser Ungerechtigkeit, Sozialverschleiß und fehlenden Perspektiven versunken ... Der Notstand ständig steigender Arbeitslosigkeit führt Staatshaushalt und Sozialversicherungssysteme in die Krise, und der öffentliche Schuldendienst vermehrt den Reichtum der Banken und Besitzer großer Geldvermögen. ... So entsteht Macht, die nicht demokratisch legitimiert ist. ... Die deutsche Einheit wird zum massivsten Umverteilungsprozeß von unten nach oben mißbraucht. ... es wird eine Opposition gefordert, die aus den bisher getrennten Oppositionskräften entstehen müsse.«

Auf der im Oktober 1997 stattgefundenen Zusammenkunft dieses »Erfurter Kreises« wurde berichtet, daß rund 50000 Menschen durch ihre Unterschrift bekundeten, daß sie sich zum Anliegen dieser Erklärung bekennen. Keine geringe Rolle spielt das »Ostdeutsche Kuratorium«, ein Zusammenschluß von Verbänden, Vereinigungen und Persönlichkeiten. Nachdem die Bevölkerung im Osten rechtlich und gesellschaftlich ins Abseits gestellt wurde, bildeten sich die verschiedensten Vereinigungen zu ihrer Interessenvertretung. Um nur einige

Beispiele zu nennen: Es gibt die Initiative gegen Berufsverbote, die die verfassungsmäßigen Grundrechte der Bürger einfordert gegen Diskriminierung, gegen soziale Liquidierung großer Teile der Intelligenz, gegen »schwarze Listen«, die bei Vermutung der »Systemnähe« berufliche Einstellungen verhindern.
Der Mieterbund sorgt sich um Rechte der Mieter, ein weiterer Verband vertritt die Interessen der Kleingärtner, Grundstückseigentümer. Die Interessengemeinschaft Medizin und Gesundheitswesen wendet sich dagegen, das Gesundheitswesen marktwirtschaftlich zu organisieren, was bekanntlich zu einer Benachteiligung der sozial Schwachen führt. Sie wendet sich dagegen, das existierende Versicherungssystern auszuhöhlen. Die »Gesellschaft zur rechtlichen und humanitären Unterstützung« tritt entschieden für die Beendigung der politischen Strafverfolgung ein.

LUIS CORVALÁN: Ich las auch von Streiks und Aktionen der Arbeitslosen.

MARGOT HONECKER: Ja, es streikten Bergarbeiter, Bauarbeiter, Betriebe der Metallindustrie, es gab Streiks im Öffentlichen Dienst, bundesweite Studentenproteste. 1990 gründete sich der Arbeitslosenverband, der für die Rechte der Arbeitslosen und Obdachlosen eintritt.

LUIS CORVALÁN: Die Gewerkschaften waren immer eine starke Kraft in Deutschland.

MARGOT HONECKER: Sie sind es auch heute noch, wenngleich einige Gewerkschaftsführer »sozialpartnerschaftlich« gestimmt sind, indem sie zu weitgehenden Kompromissen zuungunsten der Arbeiter bereit sind. Die Angst vor dem Verlust des Arbeitsplatzes ist groß, und das wird von den Unternehmern schamlos ausgenutzt, Zugeständnisse zu erringen. Mit der Forderung auf Verkürzung der Arbeitszeit ohne Lohnminderung könnten sich die Gewerkschaften wieder stärker machen.

LUIS CORVALÁN: Das heißt alles in allem, es bewegt sich einiges auf außerparlamentarischem Gebiet ...

MARGOT HONECKER: Es muß auch erwähnt werden, daß die zahlreichen Auftritte von Neonazis nicht unbeantwortet bleiben. Alte und junge Antifaschisten machen dagegen mobil. Regelmäßig finden Antifaschistische Aktionswochen statt. Allzu oft werden die Auftritte der Rechtsradikalen allerdings polizeilich geschützt und die Gegendemonstrationen der Antifaschisten behindert oder niedergeknüppelt.
Besonders aktiv wirkte und wirkt im antifaschistischen Kampf die »Die Vereinigung der Verfolgten des Naziregimes und Bund deutscher Antifaschisten«. In einer ihrer Erklärungen heißt es: »Wir müssen dafür sorgen, daß ein Klima entsteht, in dem Nazis keine Chance haben.«

LUIS CORVALÁN: Es bleibt zu hoffen, daß es gelingen möge, die Rechtsentwicklung zu stoppen. Nach der Annexion der DDR fanden in großer Anzahl politische Strafprozesse statt. Wie ist die Lage jetzt?

MARGOT HONECKER: Gegenwärtig soll in der Öffentlichkeit der Eindruck erweckt werden, als würde die Strafverfolgung beendet. Noch immer aber sind Ermittlungsverfahren in großem Umfang in Gange, vor allem gegen Grenzsoldaten und Juristen. Fast jede Woche finden Prozesse statt. Offiziere der Armee, Kundschafter sind in Haft, auch das letzte Staatsoberhaupt der DDR, Egon Krenz.
Die Verantwortlichen in Deutschland versuchen die Tatsachen jetzt zu bagatellisieren, indem sie behaupten, es hätten nur wenig Strafprozesse stattgefunden und in Kürze gehe die »juristische Aufarbeitung« zu Ende. Die Wahrheit ist, daß in den zehn Jahren seit der Annexion gegen rund 100000 Bürger über

75000 Ermittlungsverfahren eingeleitet wurden. Allein in Berlin wurden 22000 Ermittlungsverfahren gegen Grenzsoldaten geführt. Viele hundert Bürger, Politiker, Offiziere, Juristen, Angehörige der Grenztruppen und der Sicherheitsorgane, Sportler, Trainer und Ärzte wurden verurteilt. Es wurden 800 Anklagen erhoben, 200 Verurteilungen ausgesprochen. Die Ermittlungsverfahren, die sich über Jahre hinziehen, sind für die Betroffenen und deren Familien eine schwere moralische und finanzielle Belastung.

LUIS CORVALÁN: Besonders viele Grenzsoldaten wurden vor Gericht gezerrt.

MARGOT HONECKER: Soldaten, Offiziere der Grenztruppen sowie die Führung der Nationalen Volksarmee, der Verteidigungsminister, ein Antifaschist, der im gleichen Gebäude, in dem man ihn jetzt verurteilte, von den Faschisten in Abwesenheit zum Tode verurteilt worden war, seine Stellvertreter, wurden zu mehrjährigen Freiheitsstrafen verurteilt. Ich sprach schon darüber: Sie taten ihre Pflicht an einer Grenze, die die Trennlinie zwischen NATO und dem Warschauer Pakt war und keine innerdeutsche Grenze, wie immer behauptet wird. Hier standen sich hochgerüstete feindliche Militärsysteme gegenüber. Kein Gericht konnte den Nachweis führen, daß es einen »Schießbefehl« gab. Es gab auf beiden Seiten, sowohl der DDR als auch der BRD, wie überall üblich, eine Schußwaffengebrauchsordnung.

LUIS CORVALÁN: Ich weiß, daß unter den Angeklagten und Verurteilten viele waren, die am Widerstand gegen den Faschismus teilgenommen hatten und in der DDR als konsequente Antifaschisten handelten.

MARGOT HONECKER: Dazu gehören Richter und Staatsanwälte, die selbst als Antifaschisten in der Nazizeit verfolgt worden waren. Sie wurden vor Gericht gestellt – die meisten heu-

te hochbetagt –, weil sie nach 1945 faschistische Kriegsverbrecher, nach den geltenden Gesetzen – auch resultierend aus dem Potsdamer Abkommen – verurteilten. Zum Beispiel die Antifaschistin Irmgard Jendretzky-Eisenmann, weil sie vor 40 Jahren Urteile gegen faschistische Massenmörder nicht aufgehoben, sondern bestätigt hatte.
Ermittelt, angeklagt und verurteilt wurden Mitarbeiter der geheimdienstlichen Aufklärung der DDR, Funktionäre politischer Parteien, die die Gesetze ihres Landes zur Grundlage ihres Handelns machten.

LUIS CORVALÁN: Worum es dabei geht, wird vielen Menschen immer klarer, es geht – wie Sie schon früher sagten – um die Kriminalisierung der Politik der DDR.

MARGOT HONECKER: Die Kriminalisierung der DDR ist zugleich die Kriminalisierung ihrer Bürger. Bürger, die sich loyal zu ihrem Staat verhielten, sollen sich »schuldig« fühlen. Das ist der Sinn – treffender: Wahnsinn – einer Politik, die das Ziel verfolgt, der DDR im nachhinein ihre Existenzberechtigung zu bestreiten, einem Staat wohlgemerkt, der völkerrechtlich anerkannt und Mitglied der UNO war.
Eine Zentrale Sonderbehörde der Justiz, zuständig für »Regierungskriminalität«, der fast ausschließlich Beamte und Richter aus den westlichen Teilen Deutschlands angehörten, leitete diese politische Strafverfolgung. Es wurden Urteile gegen Antifaschisten von Richtern verhängt, die Verfahren gegen Kriegsverbrecher eingestellt hatten. So rühmte sich ein Oberstaatsanwalt Jahntz, der als Ankläger unter anderem im Prozeß gegen Mitglieder des Politbüros agierte, daß er persönlich 59 von 60 Verfahren gegen faschistische Juristen eingestellt habe.
Bis heute erhalten Nazis, darunter führende SS-Leute, hohe Renten, sogar lettische Nazis, die während des Hitlerkrieges in SS-Einsatzgruppen gekämpft und gemordet hatten. Den Verfolgten des Naziregimes, die Funktionen in der DDR be-

kleidet hatten, aber wurden die Entschädigungsrenten als Opfer des Faschismus aberkannt.

LUIS CORVALÁN: Sehen Sie die Gefahr des Wiedererstarkens des Faschismus?

MARGOT HONECKER: Die Tatsachen sprechen für sich. Es ist nicht neu in Deutschland, auch nicht nach dem Ende des Hitlerkrieges, daß Linke, vor allem Kommunisten politisch verfolgt werden. Während des Kalten Krieges wurde in der BRD, so zum Beispiel 1951 zum Zeitpunkt der »Weltfestspiele der Jugend und Studenten«, die Jugendorganisation Freie Deutsche Jugend durch Gerichtsbeschluß verboten. Im August 1956 wurde, wie schon erwähnt, die Kommunistische Partei verboten. Allein von 1951 bis 1968 gab es über 100 000 Ermittlungsverfahren gegen Kommunisten, Sozialisten und andere demokratische Kräfte. Tausende Menschen verschiedener Schichten wurden zu Haftstrafen verurteilt, weil sie gegen die Militarisierung der BRD protestiert hatten.
Diese im Kalten Krieg praktizierte Politik wird nun heute gegen DDR-Bürger fortgesetzt. Es ist wohl einmalig, daß politisches Strafrecht gegen Bürger eines anderen souveränen Staates wegen Handlungen praktiziert wird, die der Verfassung und Rechtsordnung ihres Staates entsprachen. Es sind nicht wenige, die ob dieser Politik Unbehagen empfinden, nicht wenige haben sich da im In- und Ausland zu Wort gemeldet und forderten, diese Praxis zu beenden.

LUIS CORVALÁN: Kommen wir darauf zurück, was am Beginn unseres Gespräches stand, zu dem, was in der DDR geleistet wurde. Mir scheint immer klarer, daß nichts die großartige Tatsache trübt, daß die DDR in den vierzig Jahren eine Gesellschaft errichtete, die, ohne alle Probleme lösen zu können, in der Praxis bewies, daß es sich um eine Gesellschaft handelt, die dem Kapitalismus überlegen ist, gerechter und menschlicher. Daß nicht alles getan wurde, daß manches zu

tun blieb, leugnet niemand. Gott hat die Welt nicht an einem Tag geschaffen. Kein Volk könnte einen neuen Staat in so kurzer Zeit aufbauen. Die historischen Prozesse brauchen ihre Zeit. Sehen Sie, vor mehr als 200 Jahren fand die Französische Revolution statt, nach der die Menschenrechte proklamiert wurden. Aber in Frankreich selbst wurde das allgemeine gleiche Wahlrecht erst 1869 Wirklichkeit, achtzig Jahre später. Die Pressefreiheit erst zu Beginn des XX. Jahrhunderts. Man muß berücksichtigen, daß man in zahlreichen Ländern diese Freiheiten nicht kennt und daß es sie in vielen Ländern nur teilweise gibt.
Es ist bitter, daß die DDR verschwand.

MARGOT HONECKER: Ich las kürzlich in einem Artikel des marxistischen Historikers Kurt Gossweiler: »Es ist schon fast zu einem obligatorischen Ritual geworden, sich Absolution für eine Kritik am gegenwärtig herrschenden realen Kapitalismus dadurch zu erkaufen, daß diese Kritik mit einem Fußtritt gegen die DDR eingeleitet wird.« Man kann ergänzen, mit einem Fußtritt gegen alles, was Sozialismus war.
Kubanische Wissenschaftler schrieben in ihrem kürzlich erschienen Buch »Imperialismus heute«: »Mit einer Geschwindigkeit, die durch die Praxis jede Voraussicht überholt, hat die Geschichte dem revolutionären Denken die Aufgabe gestellt, der an Sadismus und Masochismus grenzenden wütenden und opportunistischen Selbstzerfleischung der historischen Erfahrungen des Sozialismus Einhalt zu gebieten.«
Solche Haltung, die dem sogenannten Zeitgeist geschuldet ist, auch mancher, die zu uns gehören, ist noch nicht überwunden. Sie wird immer wieder gespeist durch horrende Geschichtsfälschungen, durch die von Antikommunismus beherrschte Propaganda der Massenmedien.
Ich stimme mit Gossweiler überein, wenn er schreibt: »Müßten nicht die Erfahrungen mit der sogenannten ›freiheitlichen demokratischen Grundordnung‹ hinreichen, um zu verstehen, daß es absolut keine verklärende Nostalgie darstellt, dar-

an festzuhalten, daß die DDR trotz ihrer Mängel und Gebrechen, selbst in ihrer schlechten Zeit, der bessere, menschlichere und somit auch demokratischere Teil Deutschlands war.« Und er schreibt: »Wer wirklich Sozialist ist, der darf sich nicht scheuen, diese Wahrheit immer und überall der Verteufelung der DDR entgegenzusetzen.«

LUIS CORVALÁN: Ich denke, dazu haben wir mit unserem Gespräch einen kleinen Beitrag geleistet. Geben wir zum Abschluß noch einmal das Wort an Erich Honecker. Er hatte 1992 gesagt: »Es war eine völlig neue Gesellschaft, die wir erbauten. Sie wollte den Menschen das Bestmögliche für den Tag und für eine glückliche Zukunft sichern. Der Sozialismus gab Geborgenheit, nicht das Geld regierte, nicht die Angst vor dem morgigen Tag. Das und mehr gehörte zu dem großen Versuch auf deutschem Boden, in einem hochentwickelten Industrieland, in einem geteilten Land, in einem von Bomben und Granaten zerpflügten Land, mit unterschiedlichen Erfahrungen und Anschauungen, mit Menschen, die für den Sozialismus glühten, mit anderen, die ihn ablehnten oder sogar bekämpften, eine neue Gesellschaft zu errichten.«
Ich glaube, daß diese Worte das Wesentliche wiederspiegeln.

Epilog

Dieses Buch, von Margot Honecker und Luis Corvalán gemeinsam ausgearbeitet, hat eine besondere Bedeutung. Die beiden Autoren kommen von verschiedenen Kontinenten, aus sehr unterschiedlichem kulturellen Umfeld; aber sie stimmen in der marxistischen Ideologie überein und in dem Streben nach gesellschaftlicher und menschlicher Emanzipation. In diesem Sinne erweist sich die von ihnen vorgenommene kritische Analyse einer historischen Erfahrung als besonders nützlich in der heutigen Zeit, ein Jahrzehnt nach dem Zusammenbruch des »realen Sozialismus«, da bereits offensichtlich ist, daß dieser Zusammenbruch nicht den endgültigen Sieg des Feindes bedeutet und noch weniger das erlogene »Ende der Geschichte«. Es ist nicht zu übersehen, daß das anscheinend siegreiche kapitalistische System bis aufs Mark von der Krise zerfressen ist; es zeichnet sich sogar bereits der Beginn einer neuen revolutionären Offensive ab.

Nicht einmal mehr die Wortführer der kapitalistischen Gesellschaftsordnung versuchen, die Existenz dieser Krise, dieser inneren Fäulnis zu negieren. Aber sie versuchen noch immer, uns glauben zu machen, es gäbe keine Alternative. Und diesem Nihilismus, den sie uns einzutrichtern versuchen, dem müssen jetzt wir entgegentreten, die wir weiter an die Emanzipation, an die gesellschaftliche Erneuerung, an die Würde des Menschen glauben.

Bei jedem Revolutionsversuch ist es unabdingbar, die Vorläufer zu kennen, sie zu analysieren und sowohl ihre Verdienste und Erfolge als auch ihre Schwächen, ihre Irrtümer und die Gründe für ihr Scheitern zu berücksichtigen. Das gilt selbstverständlich auch für den »realen Sozialismus« in Europa, für jene historische Erfahrung von 1917 bis 1989. Und für die DDR ganz besonders. Zu Recht wurde seinerzeit erklärt, daß die Gründung des »ersten sozialistischen Staates auf deutschem Boden« einen historischen Meilenstein darstellt, eine wahrhafte Wende in der europäischen Situation. Das bleibt die

Wahrheit auch nach dem Zusammenbruch dieses Staates und seiner Bundesgenossen.

Die Tatsache, daß der Weltimperialismus 1917 gerade in einem so rückständigen Land wie Rußland zerbrach und daß die Revolution damals auf ein einzelnes Land begrenzt blieb, drückte dem revolutionären Prozeß den Stempel des Atypischen auf. Wie formuliert der große DDR-Poet Peter Hacks: In der Geschichte geschieht immer »das Atypische«, und »das Typische« stellt die wahre Ausnahme dar.

Es war ebenso »atypisch«, daß die Gelegenheit zur sozialistischen Veränderung in Deutschland, einer Nation mit großen revolutionären und humanitären wie auch mit rückschrittlichen und repressiven Traditionen, sich als Folge eines vollständigen materiellen und moralischen Niedergangs in nur einem Teil des Landes ergeben würde, zudem noch in dem rückständigsten Landesteil, mit ebenfalls zerschlagenen revolutionären Kräften und belagert von einem mächtigen Feind, den es nach Revanche dürstete. Daß es ausgehend von einer so schrecklich nachteiligen Situation gelungen ist, eine Struktur zu schaffen, die derart große Erfolge auf materiellem und kulturellem Gebiet ermöglichte, einen Staat, der als Alternative 40 Jahre überdauern konnte, ist ein wahres Wunder. Und daß es in einem historisch so kurzen Zeitraum nicht möglich war, alle Defekte zu überwinden, ist überaus verständlich. Aus diesem Grund habe ich 1966 nach meinem ersten Besuch zusammen mit Agustín Cuzzani ein Buch über die DDR geschrieben, dem wir den Titel »Wunder im Osten« gaben.

Daß die DDR uns besonders ans Herz gewachsen war, mag vielfältige Gründe haben. Die kulturelle Verwandtschaft hatte sicherlich viel damit zu tun. Aber das Entscheidende war unserer Meinung nach, daß ausgerechnet dort, wo der Nazifaschismus sein Bollwerk und die unmenschliche Rassendoktrin ihr Unheil angerichtet hatten, die humanistische deutsche Kultur vollkommen für das Volk und im Volke wiedererstanden war. Eine hervorragende Unterstützung für unse-

ren Glauben an den Menschen und für unseren historischen Optimismus!
Es kann nicht überraschen, daß wir von den Errungenschaften auf kulturellem Gebiet besonders beeindruckt sind. Margot nimmt auf diesen Aspekt Bezug in einem ziemlich umfangreichen Kapitel, das sicherlich noch viel ausführlicher hätte sein können. Wir Außenstehende könnten noch etwas mehr beisteuern. Das Auffälligste ist unserer Meinung nach, wie begierig die Leute aufnahmen und akzeptierten, was ihnen geboten wurde. Zu Zeiten, da es im »freien Westen« bereits immer schwieriger war, Bücher zu veröffentlichen und zu verkaufen oder alte und neue Theaterstücke auf die Bühne zu bringen, waren die Millionenauflagen dort ausverkauft, sobald sie in die Buchhandlungen kamen. Leute aller Altersgruppen, vor allem die Jugend, füllten die Bibliotheken, Theater, Konzertsäle und Museen. Und um was für eine Literatur es sich handelte! Heine, Lessing, Thomas und Heinrich Mann, Brecht, Gorki, Tucholsky, Anna Seghers, Arnold Zweig ... All die von den Nazis verfolgten Schriftsteller, all die auf dem Scheiterhaufen verbrannten Werke, noch bevor die menschlichen Wesen dem Henker zum Opfer fielen; und das Wertvollste der großen Literatur und Philosophie der Vergangenheit: Goethe und Schiller, Kleist, Kant und Hegel, Shakespeare, Tolstoi, usw., usw. Wunderschöne Ausgaben! Und ganz billig, dank der staatlichen Subvention!
Und was die Gegenwart betrifft: In welchem Land, in welchem Regime hätte derart massiv eine ganze Generation von neuen erstklassigen Schriftstellern entstehen können? In welchem Land und in welchem Regime wäre sie mit so viel Interesse, mit so viel Dankbarkeit vom Publikum aufgenommen worden? Unter welchen Bedingungen hätte es einen so engen Kontakt zwischen Schriftstellern, Künstlern, Kunstschaffenden und ihrem Publikum gegeben?
Margot nimmt Bezug auf den Dogmatismus, der sich zu gewissen Zeiten in den Kunstmedien und unter den mit der Förderung der Kulturpolitik beauftragten Behörden verbreitete.

Vielleicht ist der Begriff »formalistisch« zu bestimmten Zeiten leichtfertig angewendet worden und hemmte manchmal die stilistische Erneuerung, das Experimentieren mit dem Kunstwerk sowohl in der Literatur wie, mehr noch, in der bildenden Kunst, der Musik, dem Ballett und anderen Zweigen künstlerischer Betätigung. Das kann leicht passieren, vor allem in den Anfängen, wenn das Wichtigste die Verbreitung, die Herstellung des Kontakts zwischen Kunst und Volk ist und man sich mehr als alles andere davor fürchtet, »elitär« zu sein. Auch auf das »kulturelle Erbe« hat man manchmal ein zu enges Kriterium angewendet, indem man zum Beispiel im Namen des »humanistischen Kompromisses« die Klassik zum Nachteil der Romantik privilegierte. Solcherart »ideologische Engstirnigkeit« war, wie Margot bemerkt, bereits in beträchtlichem Maße überwunden, und es wäre zweifellos noch mehr getan worden, wenn das Land nicht nur mehr Zeit, sondern vor allem mehr Freiheit zur Verfügung gehabt hätte, um sich solchen Aspekten zu widmen.
Kommen wir, bevor wir diesen Epilog beenden, auf einen Aspekt zurück, der für uns wesentlich ist. Wie der Humanismus waren auch der Internationalismus und die internationale Solidarität in DDR ein unabdingbarer Wert. Das mögen – um nur ein Beispiel von vielen zu nennen – die Chilenen bestätigen, die in der DDR Asyl fanden, als über ihr Land und über ihr Volk die blutige Diktatur Pinochets hereinbrach. Sehr, sehr viel hat der Staat getan, um ihnen zu helfen. Doch das hätte nicht ausgereicht, um ihnen all die Wärme zu geben, die diese Flüchtlinge nötig hatten – es war für sie schließlich ein Exil. Es war das Volk, das ihnen diese Wärme gegeben hat. Aber, wieviel Zeit war vergangen, seit sich der verfluchte Rassismus, die Mißachtung gegenüber anderen Völkern und Rassen unter dem deutschen Volk ausgebreitet hatte? Und jetzt diese beispielhafte Solidarität, diese universelle Brüderlichkeit! Ein solcher Wandel muß in der Tat irgendeine Bedeutung haben. Später, als der deutsche Imperialismus seine grausame Rache an denen nahm, die es gewagt hatten, sich seiner

Herrschaft zu entziehen, wurde diese Solidarität vom chilenischen Volk an die verfolgten Deutschen zurückgegeben. Die Gastfreundschaft, die Clodomiro Almeyda und seine Ehefrau Margot und Erich Honecker zuteil werden ließen, ist in diesem Sinne mehr als ein Beispiel. Und das Bemühen Luis Corvaláns, das vorliegende Buch zu veröffentlichen, ist es nicht minder.

Als Margot und Erich Honecker in der chilenischen Botschaft in Moskau Zuflucht nehmen mußten, schickten wir ihnen einen Brief, in dem wir unsere Sympathie und Solidarität bekundeten. Das war für uns mehr eine emotionale Notwendigkeit als alles andere. Wir hatten wenig Hoffnung, daß sie uns antworten würden, so beschäftigt wie sie mit der Verteidigung ihrer Person und der Sache gegen die feindliche Verfolgung waren.

Doch sie antworteten uns. Erich, der Staatschef gewesen war, setzte sich an die Schreibmaschine und tippte diesen Brief an ein paar Genossen in einem fernen Land. »Seit meinem fünfzehnten Lebensjahr«, schrieb er, »habe ich für den Sozialismus gekämpft: zuerst in Freiheit, danach viele Jahre als Gefangener in einem Zuchthaus der Nazis; später erneut in Freiheit, während des Wiederaufbaus eines in Trümmern liegenden Landes und des Aufbaus des Sozialismus; dann als Staatsmann und Staatschef; und schließlich erneut als politischer Gefangener in den Händen des Klassenfeindes. Es sind verschiedene Aufgaben, die ein Revolutionär im Dienste immer derselben Sache zu erfüllen hat. Und so wird es sein, bis ich sterbe.«

Margot erzählt, wie der Kampf um die Freiheit Erich Honeckers seine Früchte trug und er, schon schwer krank, nach Chile reisen konnte, um mit ihr, seiner Tochter und seinen Enkeln zusammen zu sein.

Zusammen mit Patricio Echegaray und Athos Fava haben wir sie besucht, um sie im Namen der Kommunistischen Partei Argentiniens zu begrüßen. Das zentrale Thema des Gesprächs war die Notwendigkeit, für die Freiheit der Genossen Ex-Füh-

rer der DDR zu kämpfen, die gegenwärtig von der revanchistischen »Justiz« der Bundesrepublik verfolgt und inhaftiert werden.
Unsere unvergessene Rosa Luxemburg sagte einmal, daß es nichts Revolutionäreres gebe als die Wahrheit. Margot Honecker und Luis Corvalán machen den spanischsprachigen Lesern mit diesem Buch über die Deutsche Demokratische Republik ein ziemlich umfangreiches Stück Wahrheit zugänglich. Hoffentlich findet es weite Verbreitung, und hoffentlich wird man sich das, was über die Deutsche Demokratische Republik erzählt wird, zunutze machen bei einem neuen Versuch der demokratischen und sozialistischen Umwandlung, den wir eher früher als später unternehmen werden müssen.

Alfredo Bauer – Gerti Neumann

Erich Honecker nach der Verhaftung durch die Gestapo 1935

1950, Margot Feist, Vorsitzende der Pionierorganisation, mit dem Präsidenten der DDR, Wilhelm Pieck

1953, Erich Honecker im Gespräch mit Pablo Neruda und Delia del Carril während der III. Weltfestspiele in Berlin

Erich und Margot Honecker 1972 auf einem Empfang ausgezeichneter Lehrer

Margot Honecker mit Gracia Marchel, der späteren Ehefrau von Nelson Mandela, in der Schule der Solidarität in Staßfurt

1977 in Berlin, Solidaritätsakt mit Chile, v.l.n.r. Lily Castillo, Margot Honecker, Luis Corvalán, Erich Honecker und Clodomiro Almeyda

1. Juni 1981, Internationaler Kindertag, Margot Honecker, Minister für Volksbildung, mit Pionieren und FDJlern in der Pionierrepublik »Wilhelm Pieck« am Werbellinsee

Erich Honecker im Krankenhaus in Moskau

Erich und Margot Honecker in Moskau vor ihrer Auslieferung durch die russische Regierung an die BRD

Erich Honecker, 1992 bei seiner Ankunft in Santiago; Margot und eine chilenische Delegation – unter ihnen Graciela Álvarez, Präsidentin des DDR-Solidaritätskomitees, Carlos Donoso, Luis Maira, Osvaldo Puccio, Luis Alberto Mansilla, Juan Carlos Arriagada und Luis Corvalán – empfangen ihn am Flughafen

Margot Honecker, Marina Arismendi, Sekretärin der Kommunistischen Partei Uruguays, und Volodia Teitelboim während eines Festes 1998 in Santiago

STEPHAN HERMLIN
1110 BERLIN-NIEDERSCHÖNHAUSEN
KURT-FISCHER-STRASSE 39

EH 26.10.89

22. Oktober 1989

Lieber Erich,

Es drängt mich, Dir in diesen dramatischen Tagen einige Worte zu senden.

Ich gehöre nicht zu den Menschen, die angesichts einer Wende, einer Veränderung ihr Gedächtnis einbüßen. Im Gegenteil, mein gutes Gedächtnis hat mein Leben mitgelenkt und hat mich davor bewahrt in die Irre zu gehen.

Lass Dir sagen, dass Du einer der ganz wenigen Menschen bist, an die ich seit meiner Rückkehr nach Deutschland 1945 am liebsten denke. Das war so und das bleibt so.

Ich erinnere mich an alle Vorkommnisse, die Dich und mich zusammenführten: an Deinen Vorschlag an mich, die "Erste Reihe" zu schreiben, an das Deutschlandtreffen, an die Weltfestspiele, an unsere gemeinsame Reise nach Bukarest, an Deinen Anruf vor siebzehn Jahren, als Du mir mitteiltest, Du würdest mich gern wieder mehr in der Öffentlichkeit der DDR sehen - dies in einem Momant fast totaler Isolierung für mich. Ich erinnere mich an den Augenblick, als ich vor mehr als fünfunddreissig Jahren zu Dir kam und von dem Tage berichtete, da ich Zeuge der Hetze gegen junge Christen an einer Oberschule geworden war, und Du sofort das Notwendige tatest, um dieser Kampagne entgegenzutreten. Und ich weiss, wie Du in späteren Jahren, auch wenn wir verschiedener Meinung waren, kameradschaftlich mit mir diskutiertest und meine Meinungen ernst nahmst.

Auch wissen die wenigsten Leute - aber ich weiss es -, dass

STEPHAN HERMLIN
1110 BERLIN-NIEDERSCHÖNHAUSEN
KURT-FISCHER-STRASSE 39

Du unerhört viel tatest, um der Kultur im allgemeinen und der Literatur im besonderen in unserem Staat neue Freiräume zu eröffnen. Und nie werde ich vergessen, dass ich, wenn ich zu Dir kam, um für die Freiheit von Schriftstellern und die Veröffentlichung von Büchern zu plädieren, bei Dir nie auf Widerspruch, sondern stets auf Verständnis stiess. Für all das, lieber Erich, sage ich Dir Dank.

Ich bin stolz darauf, dass ich in Berlin, kurz vor Deiner Verhaftung, zu den jungen Kadern gehörte, die Du im illegalen Kampf leitetest. Damals kannte ich Dich noch nicht.

Du bist und bleibst für mich ein Vorbild, auch wenn die Zeiten und ihre Anforderungen an uns wechseln mögen. Ich wäre froh, wenn Du später einmal Zeit für mich hättest. Du bleibst in meinem Herzen und in meinen Gedanken.

Stets

Dein

Stephan Hermlin

Prof. Kurt Masur

7033 Leipzig
Hellerstraße 40

30.Oktober 1989

EH
31.10.89

Verehrter Erich Honecker!

So glücklich ich bin über die 'Aufbruchstimmung' in unserem Lande, so wenig konnte ich vergessen, was Sie in der zurückliegenden Zeit bei wichtigen Entscheidungen im Bereich der Musikkultur an Verdiensten besitzen.

Wir alle fühlten, daß Sie, wenn Sie in Leipzig weilten, mit stolz darauf waren, daß neben der Dresdner Semper-oper und dem Berliner Schauspielhaus das Gewandhaus am Beginn der achtziger Jahre eine Dokumentation hoher erreichter Ziele waren.

Ich möchte Ihnen dafür danken und Ihnen in der sicher für Sie nicht leichten Zeit persönliches Wohlergehen wünschen.

Ihr

Kurt Masur
Gewandhauskapellmeister

Moskau, den 17. Juni 1991

Lieber Werner, lieber Heinz,

nachdem ich Euch über M. etwas Umfangreiches zu lesen mitgegeben habe, möchte ich Euch ein paar persönliche Zeilen schreiben über einiges, was mich besonders nach Eurem letzten Brief vom 11.6. bewegt.

Im Grunde genommen sind wir doch schon eine große »Partei«, eine Partei mit Perspektive. Dafür dürfen wir uns den Blick nicht trüben lassen, auch wenn die Lage jetzt schwierig ist. Es gibt Parteien, die haben mit weniger Mitgliedern angefangen.
Was will ich damit sagen?
In der gegenwärtigen Situation können wir nicht damit rechnen, daß die »Massen« zu uns kommen. Die SED war eine Massenpartei. Über zwei Millionen hatten etwas von Marx, Engels und Lenin gelesen. Man neigt heute dazu, das zu bezweifeln, aber es war so. Heute, wo wir in die Tiefe geschleudert wurden, sind es nur noch wenige, die sich offen zu Marx bekennen, einige zweifeln, und es waren wohl viele, die uns, wenn wir über die Schattenseiten des realen Kapitalismus und seine Ausgeburt, den Faschismus, sprachen, nicht so recht glaubten. Jetzt, nachdem die westlichen Werte über alles »übergestülpt« wurden, stellt zumindest ein Teil der Menschen fest, zu ihrem Erschrecken, zu ihrem Entsetzen und ein großer Teil aus Enttäuschung, daß ihre Träume, oder besser ihre Illusionen nicht aufgehen, sondern daß schlicht und einfach das Geld regiert. Ein junges Mädchen sagte dieser tage zu einem Journalisten: »Der Sozialismus hatte auch gute Seiten, das waren Geborgenheit und daß wir eine Perspektive hatten. Ich möchte nicht arbeitslos werden.« Das sind die Betrogenen, die dem »Freiheitsgebimmel« Glauben schenkten und die nun sagen: »Das haben wir nicht gewollt.«
Ich schreibe Euch dies, weil ihr die andere Seite, die alte BRD, aus eigener Erfahrung gut genug kennt. Gemeinsam haben wir die unmittelbaren Erfahrungen der Jahre nach dem Krieg mit seinen Zerstörungen, seinen Verlusten, mit den vielen Wunden, die dieser Krieg und der Faschismus hinterlassen haben, durchlebt, und gemeinsam haben wir, jeder an seinem Platz, dafür gewirkt, daß nie mehr Krieg sein möge.
Ich war einmal in Nagasaki im Friedenspark. Allein der Gedanke, der II. Weltkrieg wäre in Europa nicht am 8. Mai 1945 zu Ende gegan-

gen, läßt erschauern, es ist kaum vorstellbar, was aus Deutschland und Europa geworden wäre, was wäre aus unseren Kindern und Enkeln geworden. Niemand kann daran zweifeln, daß es ein Glück war, daß es die SU und die KPdSU, die Völker der SU und ihre Rote Armee gab.
Unsere Träume, meine und Eure, von einem Deutschland, in dem der Schwur der Überlebenden von Faschismus und Krieg verwirklicht sein wird, ging nicht in Erfüllung. Wir wissen warum. Ihr und wir sind dafür eingetreten, daß das Potsdamer Abkommen der Alliierten verwirklicht wird in ganz Deutschland. Ich erinnere mich gut. Max Reimann erhob als Vertreter der KPD im Parlamentarischen Rat seine Stimme gegen die Gründung des Separatstaates. Leider konnten wir es nicht verhindern, daß Deutschland in zwei Staaten gespalten wurde, da schon alles festgelegt war; die Bildung der Bizone, der Trizone und die separate Währungsreform. Viele von uns, ob sie hüben oder drüben gearbeitet haben, kennen das alles sehr genau, bedeutend besser als die, die jetzt darüber schreiben – oft aus Unkenntnis und meist mit der Absicht, die Wahrheit zu entstellen. Es ist, und es wird nicht aus der Welt zu schaffen sein, daß auf deutschem Boden, in der so beschimpften und verleumdeten DDR, der einzigartige große Versuch unternommen wurde, dem Sozialismus in Deutschland eine Heimstatt zu verschaffen. Trotz allem Dreck, der auf die DDR mit ihrer »40jährigen Mißwirtschaft« geschleudert wird, werden die Menschen eines Tages wieder stolz darauf sein, Bürger der DDR, des ersten deutschen Arbeiter- und Bauernstaates gewesen zu sein. Jetzt werden die Bürger geschreckt und erschreckt mit dem »Stasiwahn«. Wut, Enttäuschung, Haß, alles soll auf die Stasi geladen werden, die gewissermaßen als Synonym für das sozialistische »Regime« stehen soll. Ihr wißt am besten, daß sich wohl der Bonner Verfassungsschutz, der BND und der MAD angesichts dessen, daß sie ja vor allem die Schauermärchen über die »Opfer und Täter« in die Welt gesetzt haben, darüber eins ins Fäustchen lachen. Wenn man die Akten veröffentlichen würde über die 7 Millionen BRD-Bürger, die dort bei den Geheimdiensten gelagert sind, gäbe es sicher ein großes Erwachen. Aber solches zu tun ist ja jetzt tabu, das steht nur den »Siegern« zu.
Mit Interesse, das könnt Ihr Euch vorstellen, habe ich das Referat an den Parteitag der DKP gelesen. Besonders interessant fand ich die Einschätzung der heutigen Weltlage und die Einschätzung der Situation in Deutschland, vor allem die in diesem Zusammenhang getroffene Feststellung, daß »die bedrückenden Auswirkungen des An-

schlusses der DDR ... sich in erster Linie aus dem kapitalistischen Charakter der ›Anpassung‹ der bisherigen DDR-Wirtschaft an die bundesdeutschen Kapitalinteressen, aus der imperialistischen Art der Vereinnahmung der neuen Ostprovinzen durch das bundesdeutsche Finanzkapital ergeben«. Das ist eine wirklich zutreffende Einschätzung. Man wird, darüber bin ich mir im klaren, große Mühe haben, gerade das den Menschen bewußt zu machen, denn das heißt, gegen den Strom zu schwimmen, da doch alle politischen Kräfte, mit Ausnahme der DKP, sich bemüßigt fühlen, die DDR, die SED zu verteufeln, sie für die entstandene Lage in erster Linie verantwortlich zu machen. Täglich hämmert man den Menschen ein, das System ist schuld. Die Roten zu verteufeln, das war schon nach der Oktoberrevolution gang und gäbe.
Heute las ich in der »FAZ« den Bericht, überschrieben »Der leise Triumph«, über die Tagung der Sozialistischen Internationale in Frankfurt. Diese war der Wiedergeburt der Sozialistischen Internationale gewidmet, die im Kriege untergegangen war. Da sich die Welt 1951 tief im Winter des Kalten Krieges befand, war der demokratische Sozialismus zum Kampfbegriff in der Auseinandersetzung mit den sozialistischen Regimes und Parteien geboren worden. Bisher jedoch gibt es kein Land, in dem unter Führung der Sozialdemokratie irgendein Sozialismus aufgebaut wurde. Gegenwärtig ist wohl nicht zu übersehen, daß in der SU starke Kräfte wirken, die das Rad der Geschichte zum Kapitalismus zurückdrehen wollen.
Alle Welt hofft, daß dem ein Riegel vorgeschoben wird. Jeder, der die Welt mit offenen Augen sieht, kann nicht umhin festzustellen, daß das Triumphgeschrei der Bourgeoisie und ihrer Lakaien: »Der Kommunismus ist tot«, nicht der Realität standhält.
Aufgrund der Ereignisse 1989/90 dürfen wir den Kopf nicht hängen lassen; davon ist auch hier mehr und mehr die Rede, daß der amerikanische und andere westliche Geheimdienste seit über 20 Jahren planmäßig auf eine solche Situation hingearbeitet und auch Personen aufgebaut haben, denen sie im Leben der sozialistischen Länder eine besondere Rolle zuschrieben, die sie beim Umbruch zu spielen haben. Im Zusammenhang mit den eigenen Schwächen muß man die zielbewußte Arbeit der westlichen Geheimdienste beachten, die ihre langfristige Wirkung ganz offensichtlich nicht verfehlt haben. Vielleicht waren wir alle auch nicht wachsam genug.
Es ist wohltuend, daß Euer Parteitag nicht oberflächlich an die Analyse der Niederlage des Sozialismus herangegangen ist, sicher auch im Wissen darum, daß gegenwärtig, nachdem niemand in der Lage

ist, auf die vielen offenen Fragen eine Antwort zu finden. Es ist zu billig, für die Niederlage des Sozialismus seine wie immer gearteten Modelle allein verantwortlich zu machen. Das läuft letztlich darauf hinaus, was in der Geschichte so neu nicht ist, unsere Idee aus der Welt verbannen zu wollen. Es stand schon an der Wiege der kommunistischen und Arbeiterbewegung, die Bürger zu schrecken, siehe »ein Gespenst geht um, das Gespenst des Kommunismus«, es setzte sich fort mit der Verteufelung der jungen Sowjetmacht, der »Gefahr der Bolschewisierung«, dieser Parole, die ihren Höhepunkt fand in der Zeit des Faschismus, und heute wird das logisch fortgesetzt mit der Verteufelung des Sozialismus als undemokratisch, als stalinistisch, Stalinismus wird mit Faschismus gleichgesetzt, ein Versuch, den Faschismus reinzuwaschen.
Die DKP ist ja nun die einzige Partei, die die Gegenwartsaufgaben so konkret in den Vordergrund des Kampfes gerückt hat und damit mit einer klaren antikapitalistischen Position für die Erneuerung der Bundesrepublik eintritt. Es ist sicher schwer, sich freizumachen von der »Verteufelung des Sozialismus in der DDR und deren Trägern« und den verhängnisvollen Folgen, die diese Verunglimpfung in den Köpfen der Menschen angerichtet hat. Aber wird es auf die Dauer richtig sein, hier auszuweichen, zu schweigen? Der Sozialismus, mit allen seinen Fehlern und Schwächen, war eine real existierende »antikapitalistische Gesellschaft«, sie hat, ob man ihr das zugestehen will oder nicht, die elementaren, entscheidenden Menschenrechte, für die wir Kommunisten eintreten, real im Leben verwirklicht. Viele Parteien haben über ein Jahrhundert hinweg den Sozialismus in ihre Programme geschrieben, aber erst die SU, China, die mittel- und osteuropäischen Länder, und Kuba nicht zu vergessen, haben ihn versucht, haben ihn gemacht, und es ist ja in einigen Ländern noch gar nicht erwiesen, ob er nicht doch standhält. Ich stehe auf dem Standpunkt, so wie die Dinge sich entwickelt haben und wie sie sich vor allem entwickeln werden, man muß Schluß machen mit der pauschalen Einschätzung und der Verurteilung des Sozialismus, wie er nun einmal war. Wie sonst sollen die Menschen in Ost und West wieder Vertrauen finden zu unseren Idealen, zu einer Partei, die als ihr Ziel erklärt: Gegen den Kapitalismus gibt es nur eine sozialistische Alternative. Ich sage ganz offen, weil die Lage so ernst ist, hier, weltweit und bei uns zu Hause, man muß Schluß machen mit dem »Verriß« der Vergangenheit, das macht doch der Gegner zur Genüge. In dieser Linie weiterzumachen, aus taktischen Gründen oder aus welchen auch immer, das vermag ich nicht zu beurteilen, ich glaube, das

schlägt letztlich gegen die Partei, das zeigen schon die Erfahrungen hier, oder sie werden es noch deutlicher zeigen. Und die PDS ist wohl auch deshalb gerade in die Sackgasse geraten. Es ist sicher schwer, ein schwerer Weg für die Partei, Fuß zu fassen im Osten, und in Ost und West wieder vor allem in der Arbeiterklasse und unter den Jüngeren. Und sicher sollte man auch nicht auf die gestandenen Genossen verzichten, die ihre Heimat noch in der PDS sehen, und auch nicht auf die, die ehemals Mitglieder der SED waren, die werden ja ohnehin vom Gegner ausgegrenzt. Will man Fuß fassen auch im Osten, wird man wohl nicht an ihnen, an ihrem Befinden vorbeikommen, sie brauchen Orientierung, das sollte man nicht der eifrig darum bemühten Sozialdemokratie überlassen. Ihr versteht sicher richtig, das alles macht die Analyse der Probleme, Fehler und Schwächen unsererseits, die es, darüber bin ich mir im klaren, dem Gegner ermöglichten, so frontal den Sozialismus in Osteuropa aufzurollen, nicht überflüssig. Aber es ist das Gebot der Stunde, ehe es wieder einmal zu spät ist, alle die einzubeziehen, die bereit sind. Über die Schwelle muß man hinweg, d.h. alle die unangenehmen, in jedem Umsturz zu Tage tretenden Erscheinungen von Renegatentum, Feigheit, Opportunismus und Verrat, sie dürfen nicht den Blick trüben, sonst kommt man aus der Defensive nicht heraus. Ja, wir wollen immer viele, wir wollen alle mitnehmen auf unserem Wege, aber das schließt auch Zeiten ein, da wir in Kauf nehmen müssen, daß mancher uns noch nicht versteht, daß viele, auch Genossen und Gleichgesinnte, nach dieser Flut von Vergiftung nicht begreifen, warum wir so oder so handeln müssen, ja, daß sie uns vielleicht nicht gleich zustimmen werden. Aber es ist auch dies eine Lehre aus der jüngsten Geschichte, wir Kommunisten dürfen uns niemals scheuen, die Wahrheit zu sagen, auch wenn sie noch nicht gleich angenommen wird.
Was die Arbeit Eures Komitees betrifft, so schätze ich sie weiter sehr hoch ein und für die Gegenwart und Zukunft weiterhin wichtig. In einer Zeit größter Verwirrung habt Ihr durch Eure Solidarität deutliche Zeichen gesetzt gegen den Versuch, unsere Ideale durch eine unerhörte Schmutzkampagne zu besudeln, um so jegliche Regung für die Verwirklichung und Verteidigung unserer Ideale zu unterdrücken. Das ist, wie wir wissen, im ehemaligen Gebiet der DDR, wo die Angst vor dem morgigen Tag die Menschen peinigt, weitgehend gelungen und sicher auch deshalb, weil wir einen Großteil unserer Genossen nicht zur Standhaftigkeit erzogen haben. Aber ich bin mir sicher, das ist eine vorübergehende Erscheinung, wie lange sie auch immer währen mag. Auf die Dauer können die Herrschenden

sicher nicht alle Aktivitäten und vor allem nicht die Solidarität, auf die immer mehr Menschen angewiesen sind, unterdrücken. Dafür sprechen auch solche Tatsachen wie die, daß der Oberste Sowjet am 4. März 1991, anläßlich der Unterzeichnung der Ratifizierung des 2-plus-4-Vertrages eine Erklärung annahm, in der es heißt: »Der Oberste Sowjet geht davon aus, daß im vereinten Deutschland die Menschenrechte konsequent verfolgt werden und daß im besonderen die Diskriminierung der Bürger der ehemaligen DDR aus politischen oder sonstigen Motiven ausgeschlossen wird.« Die jüngste Erklärung des Obersten Sowjets zu Menschenrechtsfragen verlangt eindeutig, Schluß zu machen mit der Verfolgung der Bürger der DDR, die ihrem Staat, seinen Gesetzen und den Verbündeten gedient haben. (2. Juli 1991 in »Istwestija«, Margot hat Euch schon aufmerksam gemacht.) Das gibt Rückhalt, die Welt aufmerksam zu machen auf die Verletzung der Menschenrechte in Osteuropa und insbesondere in Deutschland. Und wer sonst, wenn nicht die Kommunisten, sie haben immer, und müssen es heute erst recht, für die Menschenrechte gekämpft, sie müssen heute in ganz Deutschland dafür eintreten. Ihr habt recht, die DKP sollte in dieser Frage klar ihre Stimme erheben. Wer sonst soll Stellung nehmen gegen die Verhaftung Heinz Keßlers, ehemaliges Mitglied des »Nationalkomitees Freies Deutschland«, gegen die Verhaftung der früheren Grendzsoldaten, die gegen Recht und Gesetz in Haft genommen wurden. Es ist völkerrechtlich klar erwiesen, ein Gericht der Bundesrepublik Deutschland ist nicht befugt, über Handlungen zu befinden, die ein Bürger der DDR in Ausübung seiner staatlichen Pflicht, seiner Bündnispflicht, ausgeübt hat. Dieser Schritt der Staatsanwaltschaft und eines Gerichts der BRD, ich habe das bereits in meiner Erklärung zur Verhaftung von Mitgliedern des Nationalen Verteidigungsrates zum Ausdruck gebracht, ist in jeder Beziehung rechts- und völkerrechtswidrig. Der empörende Akt der Verhaftung von vier Grenzsoldaten, die nichts anderes getan haben, als im Rahmen des geltenden Grenzgesetzes von 1982 ihren militärischen Dienst zu versehen, zeigt, daß die Berliner Justizsenatorin (der SPD angehörig) und der Generalstaatsanwalt Schaefgen unter Mißachtung des Rechts Rachegefühlen, politischen Ambitionen folgen, die mit Rechtsstaatlichkeit unvereinbar sind. Wenn die Grenzsoldaten vor Gericht gestellt werden, dann müßten auch die Angehörigen des Bundesgrenzschutzes, die Bereitschaftspolizei, die das Recht in Anspruch nehmen, von der Schußwaffe Gebrauch zu machen, nach geltenden Gesetzen der BRD der Prozeß gemacht werden. Da kann man nur sagen: Im Interesse der inneren Einheit

Deutschlands, ohne die die staatliche eine äußerst labile ist, wäre es angebracht, die Staatsmacht der BRD würde gegen den wachsenden Neofaschismus eingesetzt und die Menschen sind freizulasssen, die den Sündenbock für eine verfehlte Politik der Spaltung Deutschlands und des Kalten Krieges spielen sollen, der ja von westlicher Seite zu verantworten ist.

Was Du, Heinz, schreibst über die Konferenz von Hamburg am 27., so teile ich Deine Auffassung, »daß wir bei unserem Tun und Lassen die Entwicklung der Partei und nur die im Auge haben« dürfen. Ich war gerade in den Jahren 1933/34 in Essen im Kreise von Kommunisten tätig, in einer Zeit, in der es darauf ankam, den Nazis die Stirn zu bieten. Der Kreisvorstand der SPD übergab mir während meines Aufenthaltes dort übrigens die diesbezüglichen von der Gestapo angefertigten Unterlagen meiner Überwachung.
Nun zum Schluß, ich habe Sorge, daß ich einen zu langen Brief geschrieben habe. Wie gesagt, ich wollte, da es so viel Neues gibt und der Abstand zwischen unseren letzten Gesprächen so groß ist, auf diese Weise mit Euch, Euren tapferen Frauen und dem Solidaritätskomitee »sprechen«. Ich danke Euch allen und bitte alle, sich weiter für alle Verfolgten, jetzt vor allem auch für die jungen Grenzsoldaten, einzusetzen.

Herzliche kommunistische Grüße von Margot und mir
Erich

Moskau, d. 28.8.1991

An den Präsidenten der UdSSR M. S. Gorbatschow

Sehr geehrter Herr Präsident,
das Ersuchen der Bonner Regierung, mich der deutschen Justiz auszuliefern, um das seit langem angestrebte völkerrechtswidrige Strafverfahren wegen der Folgen des Schußwaffengebrauchs an der Staatsgrenze der DDR zur BRD und Berlin/West gegen Angehörige der Grenztruppen der DDR, Mitglieder des Ministerrates, des Nationalen Verteidigungsrates und gegen das ehemalige Staatsoberhaupt der DDR durchzuführen, wende ich mich heute an Sie. Der Oberste Sowjet hat im Zusammenhang mit der Deklaration zur Wahrung der Menschenrechte Anfang Juli auch an den Bundestag Deutschland apelliert, Maßnahmen zu ergreifen

– der Verfolgung ehemaliger Führer der ehemals sozialistischen Staaten, einschließlich der Mitarbeiter des Staates, der Intelligenz und anderer Schichten der Bevölkerung zu begegnen.

– der Oberste Sowjet hat darauf aufmerksam gemacht, daß Gerichtsverfahren durchgeführt werden, wohinter politische Absichten zu erkennen sind.

– der Oberste Sowjet erklärte, daß die Verfolgung anderer Anschauungen, anderer Parteien nicht in Übereinstimmung mit den Menschenrechten steht und daß die Hexenjagd gegen Menschen, die ihrer Verfassung und die den Verbündeten gedient haben, nicht gebilligt werden kann, da es sich um Verstöße gegen die Deklaration der Menschenrechte handelt.

Auf diesen Appell des Obersten Sowjets nehme ich heute bezug und erhebe erneut Protest gegen die Prozesse, gegen die Verhaftungen und die Willkür gegen die ehemaligen Bürger der DDR.

In einer Erklärung, in der ich gegen die Verhaftungen führender Mitglieder der Partei und Staatsführung protestierte, schrieb ich am 21.8.1991 u.a.:

»Die Beschuldigten haben in Ausübung ihrer durch die Volkskammer der DDR übertragenen Ämter, im Interesse der Wahrung des Friedens und der Souveränität der DDR, die Grenzsicherungsmaßnahmen, die dem Völkerrecht entsprachen, mitgetragen

– die DDR war ein souveräner Staat, international und auch von der BRD anerkannt. Ihre Grenzen waren die Westgrenzen des Warschauer Vertrages, der bis zu seiner Auflösung eine völkerrechtlich anerkannte Gemeinschaft war und dessen Existenz nach der Grün-

dung der Nato schließlich 45 Jahre Frieden in Europa und der Welt sicherte.
Die Hexenjagd auf ehemalige Mitglieder der SED in allen Bereichen des gesellschaftlichen Lebens, der Versuch, die SED als verbrecherische Organisation abzustempeln, die Ausgrenzung von Lehrern, Wissenschaftlern, Richtern und Staatsanwälten, die Abwälzung aller Lasten der Vereinigung auf die Schultern der Arbeiter, Bauern, der Rentner, der Frauen und der Jugend, hat Ausmaße angenommen, die alle ehrlichen Menschen in der Welt beunruhigen müssen.
Die deutsche Justiz, die Justiz von Berlin/West, die nicht einen Nazirichter, keinen einzigen Richter des Volksgerichtshofes verurteilte und die sich ihrer politischen Unabhängigkeit rühmt, begeht schlimmes Unrecht, wenn ihr nicht Einhalt geboten wird. Die Verhaftungen, Verfahren und angestrengten Prozesse, die jeder Rechtsgrundlage entbehren, sind, ob man das wahrhaben will oder nicht, Gesinnungsterror und Gesinnungsprozesse. Welches Recht maßt sich die deutsche Justiz an, über die Geschichte zu urteilen? Woher will sie sich das Recht nehmen, über 40 Jahre deutsche und internationale Geschichte zu urteilen?
– Rache ist kein Ratgeber für die Lösung, der durch den Verlauf der Geschichte aufgeworfenen politischen Probleme in Deutschland und in der Welt.
Ich darf weiter darauf aufmerksam machen, daß ich mich angesichts bestimmter Entwicklungstendenzen, in Voraussicht weiterer möglicher negativer Entwicklungen am 4. September 1990 über meine Anwälte an die sowjetische Führung wandte, um den angekündigten Willkürmaßnahmen gegen Angehörige der Grenztruppen und Mitglieder der Führung der DDR wirkungsvoll begegnen zu können. In dem erwähnten Schreiben heißt es:
Wir bitten die Regierung der UdSSR von der ernsten Situation Kenntnis zu nehmen, in der sich nicht nur Erich Honecker, sondern viele Offiziere und Soldaten der Grenztruppen der DDR befinden. Also, bereits vor den 2+4-Gesprächen habe ich meine Anwälte gebeten, die Führung der UdSSR zu bitten, ihre diplomatischen Möglichkeiten zu nutzen, eine Übereinkunft dahingehend zu erreichen, daß gesichert wird, daß aus den Verpflichtungen, die die DDR im Rahmen des Warschauer Vertrages eingegangen war, weder Soldaten und Offiziere der Grenztruppen noch ihre Vorgesetzten verfolgt werden dürfen. Da es sich bei den bekannten Zwischenfällen an den Grenzen zur BRD und zu Berlin/West um Ereignisse gehandelt hat, die unmittelbar aus den damaligen völkerrechtlichen Verpflichtungen

der DDR entstanden, aus denen keine strafrechtlichen Verantwortlichkeiten für einzelne Personen abgeleitet werden können.
Leider konnte nicht verhindert werden, daß es nach der Vereinigung zu weiteren Verhaftungen und Ermittlungsverfahren gekommen ist. Die Ermittlungsverfahren der Staatsanwaltschaft werden mit Totschlag begründet, sie haben so nur ein Ziel: die Politik der DDR zu kriminalisieren.
Es ist nicht angängig:
1. Die deutsche Justiz kann nicht die historische Situation außer acht lassen, die zur Grenzänderung und zum Grenzregime 1961 führten, in einer Zeit, als der Kalte Krieg in einen heißen Krieg umzuschlagen drohte.
2. Die Spaltung Deutschlands wurde nicht von der DDR und der SU vollzogen, im Gegenteil, die SU und die DDR sowie fortschrittliche Kräfte in der BRD traten für ein einheitliches, friedliches, demokratisches Deutschland entsprechend dem Potsdamer Abkommen ein.
3. Der Kalte Krieg wurde von den westlichen Mächten provoziert, das gilt es festzustellen, unabhängig davon, wie man die sich daraus ergebenden Maßnahmen des Warschauer Vertrages heute beurteilt.
4. Auf Initiative der sowjetischen Führung und in Übereinstimmung mit den anderen Teilnehmerländern des Warschauer Vertrages wurde die Staatsgrenze der DDR zur BRD und Berlin/West zugleich die Grenze zwischen Warschauer Vertrag und NATO, entsprechend dem Beschluß vom 5. August 1961 in Moskau, weil die Gefahr einer bewaffneten Konfrontation bestand und das Ausbluten der DDR durch die Westmächte. Die vom Politisch beratenden Ausschuß in Moskau gefaßten Beschlüsse standen in Übereinstimmung aller Beteiligten. Die DDR wurde mit der Durchführung der Beschlüsse beauftragt und die Maßnahmen wurden unter der Führung des sowjetischen Oberkommandos am 13. August durchgeführt.
5. Für alle Maßnahmen gab es eindeutige Gesetze und Beschlüsse der Volkskammer der DDR und der Regierung der DDR.
6. Das Grenzregime beruhte auf Beschlüssen der gewählten Organe.
7. Es gab keinen »Schießbefehl«. Es gab, wie in allen Ländern üblich, so auch in der BRD, Waffengebrauchsordnungen, die übrigens in der BRD noch immer Gültigkeit besitzen.
8. Die Grenze war keine innerdeutsche Grenze, sondern eine völkerrechtlich anerkannte Staatsgrenze, wie das in den Dokumenten von Helsinki und dem europäischen Vertragswerk (Vertragssystem der 70er Jahre) festgeschrieben ist.

Man muß Schluß machen mit der Kriminalisierung der Geschichte, man muß sie betrachten, wie sie verlaufen ist, in allen ihren objektiven Zusammenhängen. Vor der Geschichte tragen viele Verantwortung, man kann sie nicht abdelegieren auf die Bürger eines ehemals souveränen Staates und nicht auf die Führung dieses Staates, welche Fehler ihr auch immer, objektiv oder subjektiv unterlaufen sind, bei dem Versuch, eine neue sozialistische Gesellschaft auf deutschem Boden zu errichten. Die DDR leistete über Jahrzehnte an der Seite der SU einen aus der Geschichte nicht zu löschenden Beitrag für die Erhaltung des Friedens in Europa.

Was die Frage meiner Auslieferung betrifft, so möchte ich erklären: Ich gehe nicht nach Deutschland zurück, bis der Haftbefehl aufgehoben ist.
Ich möchte das wie folgt begründen:
– nach fast zweijähriger öffentlicher Vorverurteilung meiner Person ist ein fairer Prozeß nicht zu garantieren.
– bei diesem beabsichtigten Prozeß geht es nicht um Recht, geht es nicht einmal um meine Person, sondern es ist beabsichtigt, einen politischen Schauprozeß gegen die sozialistische DDR zu führen.
– ich habe mich nicht vor dem faschistischen Volksgerichtshof gebeugt, und ich beuge mich auch heute nicht, aber ich spreche der Justiz der BRD das Recht ab, zu Gericht zu sitzen über das ehemalige Staatsoberhaupt eines von ihr anerkannten souveränen Staates.
– ich würde ein solches Auslieferungsersuchen als Wortbruch des Bundeskanzlers der BRD gegenüber dem Präsidenten der UdSSR betrachten.
Als ich am 12.3.91 offiziell von Moskau aus befragt wurde, ob ich bereit sei, mich in Moskau behandeln zu lassen aufgrund meines sich verschlechternden Gesundheitszustandes, habe ich, der ich mich weder in der Zeit des Faschismus ins Exil begab und Deutschland auch nicht verlassen wollte in der jetzigen Situation, meine Zustimmung gegeben, weil ich in meinem Zustand keine andere Möglichkeit sah.
Am 13.3. wurde mir mitgeteilt, daß Präsident Gorbatschow Bundeskanzler Kohl über die notwendige Verlegung in ein Krankenhaus in Moskau informiert hat. Ich wurde in Kenntnis gesetzt, daß die SU mir politisches Asyl gewähren würde, wenn es von mir gewünscht wird.
Entsprechend dem Völkerrecht ersuche ich ein Land meiner Wahl um politisches Asyl. Meine Frau, die mich in dieser schweren Zeit bis nach Moskau begleitete, beabsichtigt nicht, ihre deutsche Staats-

bürgerschaft und die damit verbundenen Rechte aufzugeben. Ich bitte Sie, sie dabei zu unterstützen. Ich habe bereits, bevor überhaupt ein Haftbefehl erlassen wurde und lange bevor die Verlegung aus dem Militärhospital von Deutschland nach Moskau notwendig wurde, den Wunsch geäußert, einen von der chilenischen Regierung und dem Präsidenten von Chile befürworteten, unbefristeten Aufenthalt bei unseren Kindern und Enkelkindern in Chile wahrzunehmen. Ich bin zu dem damaligen Zeitpunkt nicht nach Chile gereist, weil ich mich den laufenden Ermittlungsverfahren nicht durch »Flucht« aus Deutschland entziehen wollte. Leider entwickelten sich die Dinge so, daß unmittelbar nach der Vereinigung ein Haftbefehl erlassen wurde, der auch nicht durch die mehrmals rechtskräftig begründeten Anträge der Rechtsanwälte, den Haftbefehl aufzuheben, aufgehoben wurde.

Heute nun möchte ich die sowjetische Führung bitten, unseren Wunsch nach Familienzusammenführung mit unserer Familie in Chile mit allen ihren Möglichkeiten zu unterstützen. Ich habe mein 79. Lebensjahr vollendet, und meine Gesundheit läßt sich nicht völlig wiederherstellen. Es ist mein Wunsch, eine Zeit meines Lebensabends mit den Kindern und Kindeskindern zu verbringen. Ich bitte um Verständnis für diesen Wunsch. Mein Leben kennt viele schwere Lebensabschnitte, wozu nicht nur meine 10jährige Zuchthaushaft in der Zeit des Faschismus gehört, sondern auch die letzten Jahre schwerer Erkrankungen und schwerer politischer und psychischer Belastungen.
Ich wäre Ihnen sehr verbunden, Herr Präsident, wenn Sie unseren Wunsch allseitig unterstützen würden.

Ich grüße Sie hochachtungsvoll und verbinde damit meine besten Wünsche für Ihr Land.

Herr Präsident, ich möchte Sie bitten, diesen Brief dem Obersten Sowjet zur Kenntnis zu geben.

Erich Honecker

Erklärung

Ich erkläre, daß ich gegenwärtig nicht bereit bin, freiwillig nach Deutschland zurückzukehren. Das Verlangen der Regierung der Bundesrepublik Deutschland, das ehemalige Staatsoberhaupt der Deutschen Demokratischen Republik und Unterzeichner der Schlußakte von Helsinki an die Bundesrepublik Deutschland auszuliefern, entbehrt jeder Grundlage. Das Ansinnen der Regierung Kohl an die Regierung Rußlands und Chiles verfolgt das Ziel, die ehemalige Deutsche Demokratische Republik und deren politische und militärische Führung wider Recht und Gesetz in den Anklagezustand zu versetzen, um mit dem aus ihrer Sicht sogenannten »Unrechtsregime« abzurechnen.

Ich bin nicht bereit, mich und die politische und militärische Führung der DDR durch die Regierung der BRD als Kriminelle behandeln zu lassen. Die BRD hat nicht das Recht, daß in der Zeit von 1976-1989 amtierende Staatsoberhaupt der DDR für Handlungen zu verfolgen, die es in Ausübung seines Amtes entsprechend der Verfassung der DDR und ihrer Gesetze, die von der obersten Volksvertretung der DDR, der Volkskammer, beschlossen wurden, vornahm.
Es ist bedauerlich, daß Politiker der BRD, die zu mir in meiner Amtszeit als Vorsitzender des Staatsrates der DDR ein sachliches, auf der Basis gegenseitiger Achtung beruhendes Verhältnis unterhielten, jetzt zulassen, sogar Einfluß darauf nehmen, daß eine Vorverurteilung meiner Person unerhörten Ausmaßes stattfindet, die eine faire Behandlung ausschließt. Leider nehmen auch diese Politiker Einfluß darauf, daß andere Staaten und Völker, die mir ihre Achtung nicht versagen, es sich nicht erlauben dürfen, mich aufzunehmen, bzw. die Ausreise aus Rußland zu gestatten. Im Interesse des deutschen Volkes muß man Schluß machen mit dieser Art von Inquisition. Man muß den Schlußstrich unter die Vergangenheit würdig und fair vollziehen. Die Einheit Deutschlands war nicht das Verdienst Kohls, sie war nur mit und schon gar nicht gegen die Sowjetunion möglich.
Noch schweigt die Weltöffentlichkeit über die Verletzungen der Menschenrechte in Deutschland. Hunderttausende, die im öffentlichen Dienst der DDR ihre Pflicht erfüllten, wurden mit Berufsverboten belegt, Millionen Werktätige in die Arbeitslosigkeit gestoßen, ehemalige Mitglieder der Parteien und gesellschaftlichen Organisationen, Angehörige der Nationalen Volksarmee, der Volkspolizei, des Ministeriums für Staatssicherheit werden ebenso wie

Sportler, Wissenschaftler, Lehrer u.a. aus dem gesellschaftlichen Leben ausgegrenzt.
Ich bekräftige nochmals: Über die deutsche und internationale Geschichte kann und darf nicht die deutsche Justiz richten.
Man sollte nicht vergessen, ohne die aktive Friedenspolitik der ehemaligen Sowjetunion und der ehemaligen DDR und der anderen sozialistischen Staaten hätte es keinen Moskauer Vertrag und auch kein Helsinki gegeben, keinen Übergang von der Konfrontation zur Entspannung.

Moskau, d. 6.3.1992

Erich Honecker

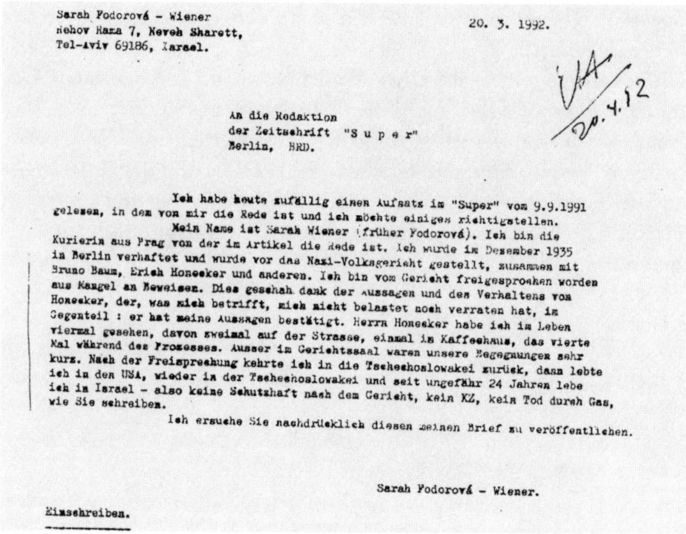

Sarah Fodorová - Wiener
Rehov Raza 7, Neveh Sharett,
Tel-Aviv 69186, Israel.

20. 3. 1992.

An die Redaktion
der Zeitschrift "S u p e r"
Berlin, BRD.

Ich habe heute zufällig einen Aufsatz im "Super" vom 9.9.1991 gelesen, in dem von mir die Rede ist und ich möchte einiges richtigstellen.
Mein Name ist Sarah Wiener (früher Fodorová). Ich bin die Kurierin aus Prag von der im Artikel die Rede ist. Ich wurde im Dezember 1935 in Berlin verhaftet und wurde vor das Nazi-Volksgericht gestellt, zusammen mit Bruno Baum, Erich Honecker und anderen. Ich bin vom Gericht freigesprochen worden aus Mangel an Beweisen. Dies geschah dank der Aussagen und des Verhaltens von Honecker, der, was mich betrifft, mich nicht belastet noch verraten hat, im Gegenteil : er hat meine Aussagen bestätigt. Herrn Honecker habe ich im Leben viermal gesehen, davon zweimal auf der Strasse, einmal im Kaffeehaus, das vierte Mal während des Prozesses. Ausser im Gerichtssaal waren unsere Begegnungen sehr kurz. Nach der Freisprechung kehrte ich in die Tschechoslowakei zurück, dann lebte ich in den USA, wieder in der Tschechoslowakei und seit ungefähr 24 Jahren lebe ich in Israel - also keine Schutzhaft nach dem Gericht, kein KZ, kein Tod durch Gas, wie Sie schreiben.
Ich ersuche Sie nachdrücklich diesen meinen Brief zu veröffentlichen.

Sarah Fodorová - Wiener.

Einschreiben.

An die Redaktion der Zeitschrift »Super«, Berlin, BRD

Ich habe heute zufällig einen Aufsatz in »Super« vom 9.9.1991 gelesen, in dem von mir die Rede ist und ich möchte einiges richtigstellen. Mein Name ist Sarah Wiener (früher Fodorová). Ich bin die Kurierin aus Prag, von der im Artikel die Rede ist. Ich wurde im Dezember 1935 in Berlin verhaftet und wurde vor das Nazi-Volksgericht gestellt, zusammen mit Bruno Baum, Erich Honecker und anderen. Ich bin vom Gericht freigesprochen worden aus Mangel an Beweisen. Dies geschah dank der Aussagen und des Verhaltens von Honecker, der, was mich betrifft, mich nicht belastet noch verraten hat, im Gegenteil: er hat meine Aussagen bestätigt. Herrn Honecker habe ich im Leben viermal gesehen, davon zweimal auf der Straße, einmal im Kaffeehaus, das vierte Mal während des Prozesses. Außer im Gerichtssaal waren unsere Begegnungen sehr kurz. Nach der Freisprechung kehrte ich in die Tschechoslowakei zurück, dann lebte ich in den USA, wieder in der Tschechoslowakei, und seit ungefähr 24 Jahren lebe ich in Israel – also keine Schutzhaft nach dem Gericht, kein KZ, kein Tod durch Gas, wie Sie schreiben.
Ich ersuche Sie nachdrücklich diesen meinen Brief zu veröffentlichen.
Sarah Fodorová – Wiener
Einschreiben

Presseerklärung Margot Honeckers
Santiago de Chile. 25.8.1992

Ich habe mich bisher der Presse verweigert und bitte dafür um Verständnis. Was geschehen ist, die Auslieferung meines Mannes nach Deutschland betreffend, die Umstände, unter denen das geschah, sind weitestgehend bekannt. Ich hatte nicht die Absicht, mich an den Spekulationen zu beteiligen.

Daß die Klarstellung der Fakten nur die Angelegenheit der chilenischen Politiker selbst sein konnte, das betrachtete ich als selbstverständlich.

Ich darf hier erklären, dafür, daß Erich Honecker Gastrecht in der Chilenischen Botschaft in Moskau gewährt wurde, hat mein Mann dem Präsidenten der Regierung Chiles seinen Dank ausgesprochen. Wir wissen, daß wir es auch der großen Solidarität und humanistischen Haltung vieler Menschen in Ihrem Land, die unabhängig von ihrer Parteizugehörigkeit und politischen Anschauungen, darunter viele Tausende Chilenen, die in den schweren Jahren, die Chile durchlebte, in der DDR ihre zweite Heimat gefunden hatten, zu danken haben, daß mein Mann für einige Monate den Schutz Chiles in Anspruch nehmen konnte. In einem der letzten Gespräche mit dem Sonderbotschafter Ihres Landes würdigte Erich Honecker die Anstrengungen Chiles um eine ihm nach dem Völkerrecht zustehende Lösung für seine Ausreise aus Rußland und sagte dazu, daß er in der Haltung Deutschlands gegenüber Chile eine gefährliche großdeutsche Entwicklung sehe, was er persönlich sehr bedaure.

Daß ich mich heute an die Öffentlichkeit wende, betrachte ich als meine Pflicht. Ich will, ehe erneut Spekulationen in die Welt gesetzt werden, die die Würde eines Menschen, meines Mannes, verletzen, daß die Wahrheit gesagt und geschrieben wird über die schwere Situation, die für meinen Mann eingetreten ist.

Ich wende mich von hier an die Staatsmänner, die mit Erich Honecker sachliche politische Beziehungen unterhielten, an alle humanistisch denkenden und fühlenden Menschen in der Welt, Freiheit für Erich Honecker, ohne jede Einschränkung, zu fordern. Das ist heute umso dringender, da er an einer unheilbaren Krankheit leidet, die zum Tode führt.

Heute ist der 80. Geburtstag Erich Honeckers, er muß ihn krank im Gefängnis Moabit verbringen, in jenem Gefängnis, in dem er als junger Kommunist saß, weil er zu denen gehörte, die am konsequentesten gegen den Hitlerfaschismus und die damit verbundene Gefahr

eines Krieges kämpften. In diesem Moabiter Gefängnis war er eingesperrt, als er von der GESTAPO verhört und schließlich zu 10 Jahren Zuchthaus verurteilt wurde, von einer deutschen Justiz, die jene Richter des sogenannten Volksgerichtshofes freisprach, die Tausende deutsche Antifaschisten in den Tod geschickt hatten. Die deutsche Justiz maßt sich nun an, einen nachweisbar politischen Prozeß gegen solche aufrechten Antifaschisten wie Erich Honecker, Willi Stoph, Heinz Keßler, Erich Mielke, Heinz Albrecht, Fritz Streletz und andere zu führen. Man spricht von einem »Pilotprozeß«, was nichts anderes heißt, als daß weitere folgen sollen.
Bereits im August 1991 wurde angekündigt, und Bonner Politiker haben es erst kürzlich wiederholt, daß es darum gehe, die gesamte ehemalige politische und militärische Führung der DDR vor Gericht zu stellen.
Erich Honecker erklärte dazu: »Als in den Jahren 1976 bis Oktober 1989 tätiges Staatsoberhaupt der DDR, eines souveränen, weltweit, auch von der BRD anerkannten Staates, der Mitglied der UNO war, bin ich nicht bereit, mich und die Mitglieder der politischen und militärischen Führung der DDR durch die Regierung der BRD als Kriminelle behandeln zu lassen ... Der gegen mich und weitere Mitglieder der Partei- und Staatsführung erhobene strafrechtliche Vorwurf der Anstiftung zum Totschlag ist die Kaschierung politischer Verfolgung im Gewande eines Kriminalprozesses. Er ist die Vergeltung, die der ›Sieger‹ gegenüber dem wehrlosen ›Besiegten‹ übt. Er beruht auf der Mißachtung der jüngsten geschichtlichen Entwicklung und negiert die Beendigung des Kalten Krieges.«
Die Verteidiger Honeckers erklärten am 30.6.92: »Das beabsichtigte Verfahren gegen Honecker und andere ist ein politisches Verfahren, denn die Prämisse aller rechtlichen Überlegungen der Staatsanwaltschaft über die Strafbarkeit der Herrn Honecker vorgeworfenen Handlungen ist letztlich, daß die Existenz der DDR nicht legitim war und daß sie deshalb ihren Bestand im Warschauer Pakt nicht mit den Mitteln schützen durfte, die sie angewendet hat. Es würde im übrigen ein Verfahren sein«, erklärten die Anwälte weiter, »in dem Westrichter, und zwar nur Westrichter, über die Ostvergangenheit entscheiden sollen.« Mehrmals hat Honecker erklärt: Über die deutsche und internationale Nachkriegsgeschichte darf und kann nicht die deutsche Justiz richten.
Ich bin mir dessen sicher, mein Mann wird, solange er lebt, nicht nur sich und seine Genossen verteidigen, sondern auch das Unrecht anklagen, das zehntausendfach den ehemaligen Bürgern der DDR an-

getan wurde, indem man aus der deklarierten friedlichen Wiedervereinigung Deutschlands eine Okkupation der DDR machte. Das Ergebnis der verfehlten Politik sind Millionen Arbeitslose. Hunderttausende, die im Öffentlichen Dienst der DDR ihre Pflicht taten, wurden mit Berufsverboten belegt. Ehemalige Mitglieder der Parteien und gesellschaftlichen Organisationen, Angehörige der Armee und Sicherheitsorgane, Sportler, Wissenschaftler, Lehrer und Ärzte verloren ihren Arbeitsplatz und werden aus dem gesellschaftlichen Leben ausgegrenzt.

Wenn es über 40 Jahre Frieden in Europa gab, dann Dank auch der Politik der DDR, die auf Frieden, Entspannung und auf ein gutnachbarliches Verhältnis mit allen Nachbarn, nicht zuletzt auf ein friedliches Mit- und Nebeneinander mit der BRD im Interesse des Friedens und zum Nutzen der Menschen gerichtet war.

Ich hoffe, daß mein Mann noch die physische Kraft aufbringt, alle die Verleumdungen zu widerlegen, denen er und seine Genossen ausgesetzt wurden, die Wahrheit entgegenzusetzen, wie es sein Wunsch ist.

Es stimmt mich traurig, daß dem Grenzen gesetzt sind. Die ärztlichen Diagnose ist unerbittlich, die lautet »Leberkrebs«. Seine Anwälte haben vor einer Woche beantragt:

1. die Eröffnung des Hauptverfahrens abzulehnen
2. den Haftbefehl gegen Herrn Honecker aufzuheben

Zur Begründung tragen sie unter anderem vor: »Das Ergebnis der Untersuchung ist, daß die Leber von Herrn Honecker eine relativ große Solitär Metastase aufweist. Diese Metastase ist bereits bei einer ambulanten Untersuchung am 12. Februar 1992 bei einer Ultraschalluntersuchung (in der chilenischen Botschaft in Moskau) festgestellt worden.« Weiter heißt es in der Begründung des Antrags der Anwälte: »Das bedeutet, daß Herr Honecker an einer unheilbaren Krankheit leidet, die in absehbarer Zeit zum Tode führt. Unser Mandant hat das Recht, in Würde und Ruhe zu sterben, ohne die Zeit bis zu seinem Tode Objekt eines öffentlichen Strafverfahrens zu sein. Die Kammer ist im Rahmen ihrer Pflicht zur Achtung der Menschenwürde auch aus diesem Gesichtspunkt gehalten, das Verfahren gegen Herrn Honecker nicht durchzuführen.«

In ihrem Antrag nehmen die Anwälte Dr. Wolff, Becker und Ziegler auch bezug auf das fehlerhafte medizinische Gutachten der Moskauer Klinik, indem sie formulieren, »daß es nunmehr offensichtlich ist, daß durch das fehlerhafte Gutachten der Spezialpoliklinik in Moskau vom 3.3.1992 nicht nur die Öffentlichkeit, sondern insbesondere die chilenische Regierung getäuscht und durch dieses Gutachten dazu gebracht worden ist, dem Überstellungsbegehren der Bundesrepublik sich zu öffnen.«

Das ist die Wahrheit, eine bittere Wahrheit. Nach der ersten Untersuchung, der Ultraschalluntersuchung im Februar, wurde ohne Zustimmung, ohne Wissen Erich Honeckers in die Welt posaunt, daß er in wenigen Monaten sterben wird. Darüber war er betroffen und empört. Es folgte Anfang März die Untersuchung in der Botkin-Klinik. Noch bevor die Untersuchungen dort abgeschlossen waren, wurde bekanntgemacht, Honeckers Gesundheitszustand ist völlig zufriedenstellend, obwohl, wie sich jetzt herausstellt, mein Mann schon schwer erkrankt war. Er wurde als Simulant verleumdet, der frühere Botschafter Chiles in Moskau, Clodomiro Almeyda, Verdächtigungen ausgesetzt.

Hatten wir, mein Mann und ich, auch Zweifel nach alledem?

Ja, auch wir vermuteten eine politische Manipulation. An die Version, daß das zweite Gutachten in der Botkin-Klinik gefälscht sein könnte, war nur schwer zu glauben, hatte doch ein sehr autoritatives, speziell eingesetztes Ärztekonzil die Untersuchungsergebnisse der Klinik geprüft und unterschrieben. Mein Mann, der gesund sein wollte, war froh über dieses Gutachten, das den Verdacht auf Krebs nicht bestätigte. Denn welcher Mensch wehrt sich nicht innerlich dagegen, so auch mein Mann, daß er Krebs haben könnte.

Nun ist es Gewißheit. Ich weiß, mein Mann wird alle Energie aufwenden, um mit dieser Gewißheit zu leben. Und solange er lebt, wird er für seine Ideale von einer gerechten, einer sozialistischen Welt, für die historische Wahrheit eintreten, in der Überzeugung, daß der Kampf um Frieden, Gerechtigkeit, Menschlichkeit und Freiheit weitergehen wird in der Welt.

Ob er noch erleben wird, daß er und seine Genossen in Freiheit leben können? Niemand weiß es. Seine Kinder, Enkel und ich hoffen es von ganzem Herzen. Das ist zugleich unsere Botschaft zu seinem heutigen 80. Geburtstag.

Ich befinde mich in Chile bei meiner Familie auf Wunsch meines Mannes. Es fällt mir schwer, um die neue Situation wissend, noch hier bei meiner Familie zu bleiben.

Ich bin als Gast in diese Land gekommen und weiß Gastfreundschaft zu schätzen und deren Regeln zu achten.

Ich danke allen in Chile, Deutschland und anderen Ländern, die Erich Honecker ihre Solidarität erwiesen haben.

Ich danke Ihnen für Ihre Aufmerksamkeit und Interesse.

Российские Вести ЭТИКА April 1992

Медицинское заключение или... политический меморандум?

Еще раз о «деле» Хонеккера

Кажется, почтенные российские врачи убедили мировую общественность в том, что почти восьмидесятилетний Эрих Хонеккер чувствует себя «вполне удовлетворительно». Заключение консилиума шести именитых докторов позволило немецкой стороне снова поднять вопрос о выдаче Хонеккера, а российскому руководству задуматься об удовлетворении этого требования. В заключении есть все, что угодно, - политика, идеология, точка зрения каких-то невидимых миру, но очень влиятельных представителей нашего истэблишмента. Нет в нем только одного - врачебной этики. Впрочем, она находится в прямой зависимости от наличия этических начал в государственной политике...

24 февраля Хонеккер попал в больницу. 26 февраля, после внимательного изучения проблемы группа народных депутатов России, врачи (всего 19 человек), направили в адрес Б.Н.Ельцина письмо, где, в частности, указывали на то, что, руководствуясь гуманностью и здравым смыслом, учитывая состояние здоровья пожилого человека, страдающего тяжелыми соматическими заболеваниями, перенесшего две серьезнейшие операции, следовало бы «предоставить возможность Э.Хонеккеру доживать свой век в кругу семьи». Врачи, представители самых разных политических течений - от радикальных демократов до коммунистов - предлагали разрешить «дело» Хонеккера с позиции здравого смысла, а не политики. (Правовые моменты «дела» оставим в стороне: это уже другой вопрос).

Никакой реакции на это письмо со стороны аппарата и официальных кругов пока не последовало. Я уж не говорю о том, что все попытки заслуженного врача России, народного депутата РФ Рудольфа Гуна «объясниться» с рядом центральных газет потерпели полное фиаско - политическая целесообразность, очевидно, не позволяет демократической прессе быть еще и щепетильной в вопросах чести.

Депутата и хирурга высшей категории Р.С.Гуна не пустили на консилиум врачей. Вот что сообщил по этому поводу сам Рудольф Гун корреспонденту «Российских вестей»: «Есть такое понятие, как врачебная тайна. Но умолчать о непорядочности врачей, составивших заключение, невозможно. Тем более что при встрече со мной Хонеккер дал согласие на то, чтобы предать огласке результаты консилиума. При этом он добавил: «Вы первый человек, который спрашивает моего согласия на это...»

Что возмутило меня в заключении? В августе 1989 года и январе 90-го Хонеккер перенес две тяжелейшие операции. Ни одного документа об этих операциях в нашей стране нет. Вся информация почерпнута со слов самого больного. А без этих документов врачи не имели права подписывать такое заключение. Более того, консилиум не акцентирует внимание на очень серьезном моменте: по результатам ультразвукового исследования в печени имеется объемное образование, скорее всего - злокачественное. Совершенно очевидно, что заключение консилиума составлено по чьему-то политическому заданию»

Так что же за документ был подписан врачами - медицинское заключение или политический меморандум? Ведь сказать об абсолютно больном человеке, у которого можно подозревать рак печени и ставить вопрос о третьей операции, что его состояние «вполне удовлетворительно», - значит попросту дать политическую санкцию на выдворение его из страны.

Андрей Колесников

Rossijskie Vesti , April 1992

Medizinisches Gutachten oder ... politisches Memorandum?
Nochmal zur »Sache« Honecker

Wie es scheint, haben die ehrenwerten russischen Ärzte die Weltöffentlichkeit davon überzeugt, daß der Gesundheitszustand des fast 80jährigen Erich Honecker »voll zufriedenstellend« sei. Das Gutachten eines sechsköpfigen Ärzteteams erlaubte der deutschen Seite, von neuem die Forderung nach der Auslieferung Honeckers zu stellen, und der russischen Seite, über die Erfüllung dieser Forderung nachzudenken. Das Gutachten beinhaltet alles Mögliche: Politik, Ideologie, den Standpunkt irgendwelcher unsichtbaren, aber sehr einflußreichen Personen unseres Establishments. Nur eins findet man darin nicht: ärztliche Ethik. Dies hängt übrigens direkt mit der totalen Abwesenheit ethischer Grundsätze in der Staatspolitik zusammen ... Am 24. Februar kam Honecker ins Krankenhaus. Am 26. Februar, nach einer aufmerksamen Untersuchung des Problems, sandte eine Gruppe von Volksdeputierten – Ärzte, 19 Personen insgesamt – einen Brief an Boris Jelzin. Darin wiesen sie darauf hin, daß in Anbetracht des Gesundheitszustands des alten Mannes, der an einer schweren Erkrankung litt und zwei komplizierte Operationen hinter sich hatte, sowohl Menschlichkeit als auch gesunder Menschenverstand es geböten, »Honecker einen Lebensabend im Kreis der Familie zu ermöglichen«. Die Ärzte, Vertreter verschiedenster politischer Richtungen – von radikalen Demokraten bis zu Kommunisten – schlugen vor, die »Sache« Honecker nach dem gesunden Menschenverstand zu beurteilen und nicht nach politischen Gesichtspunkten. (Den juristischen Aspekt der »Sache« lassen wir hier beiseite, das ist schon eine andere Frage.) Eine Reaktion auf diesen Brief ist von offizieller Seite bis heute nicht erfolgt.

Ich will hier gar nicht davon reden, daß alle Versuche des verdienten russischen Arztes und Volksdeputierten Rudolf Gun, diesen Standpunkt einer Reihe großer russischer Zeitungen zu erklären, ein absolutes Fiasko wurde. Die politische Zweckmäßigkeit erlaubt der demokratischen Presse offenbar nicht, auch noch kleinlich in Fragen der Ehre zu sein.

Den Abgeordneten und hochqualifizierten Chirurgen Gun nahm man nicht in das Ärztekonsilium auf. Gun selbst berichtete dem Korrespondenten der »Rossijskie Vesti« dazu folgendes: »Es gibt diese Idee der ärztlichen Schweigepflicht. Aber unmöglich kann man die Unehrenhaftigkeit der Ärzte verschweigen, die das Gutachten erstellt haben. Umso mehr, als Honecker mir bei einem Treffen seine Zustimmung gegeben hat, die Ergebnisse des Konsiliums an die Öffentlichkeit zu bringen. Er fügte hinzu: ›Sie sind der erste Mensch, der mich um meine Zustimmung bittet ...‹ Was betrübt mich an dem Gutachten? Im August 1989 und Januar 1990 mußte Honecker zweimal schwer operiert werden. Über diese Operationen gibt es in unserem Land nicht ein einziges Dokument. Alle Informationen mußten den Worten des Patienten entnommen werden. Aber ohne diese Unterlagen hatten die Ärzte nicht das Recht, ein solches Gutachten zu unterschreiben. Außerdem beachtet das Gutachten einen wesentlichen Punkt überhaupt nicht: Nach den Resultaten einer Ultraschall-Untersuchung gibt es in der Leber ein großes Geschwür, höchstwahrscheinlich bösartig. Es ist ganz offensichtlich, daß das Gutachten nach einer gewissen politischen Maßgabe erstellt wurde.«

Was für ein Dokument wurde also von den Ärzten unterzeichnet – ein medizinisches Gutachten oder ein politisches Memorandum? Wenn man über einen sehr kranken Menschen, der wahrscheinlich Leberkrebs hat und bei dem man über eine dritte Operation nachdenkt, sagt, daß sein Gesundheitszustand »voll zufriedenstellend« ist, dann bedeutet das nichts anderes als die politische Sanktionierung seiner Abschiebung aus dem Land.

3. Dezember 1992

Meine Damen und Herren!

Ich werde dieser Anklage und diesem Gerichtsverfahren nicht dadurch den Anschein des Rechts verleihen, daß ich mich gegen den offensichtlich unbegründeten Vorwurf des Totschlages verteidige. Verteidigung erübrigt sich auch, weil ich Ihr Urteil nicht mehr erleben werde. Die Strafe, die Sie mir offensichtlich zudenken, wird mich nicht mehr erreichen. Das weiß heute jeder. Ein Prozeß gegen mich ist schon aus diesem Grunde eine Farce. Er ist ein politisches Schauspiel.

Niemand in den alten Bundesländern, einschließlich der Frontstadt Westberlin, hat das Recht, meine Genossen Mitangeklagten, mich oder irgendeinen anderen Bürger der DDR wegen Handlungen anzuklagen oder gar zur verurteilen, die in Erfüllung staatlicher Aufgaben der DDR begangen worden sind.

Wenn ich hier spreche, so spreche ich allein, um Zeugnis abzulegen für die Ideen des Sozialismus, für eine gerechte politische und moralische Beurteilung der von mehr als einhundert Staaten völkerrechtlich anerkannten Deutschen Demokratischen Republik. Diese jetzt von der BRD als »Unrechtsstaat« apostrophierte Republik war ein Mitglied des Weltsicherheitsrates, stellte zeitweise den Vorsitzenden dieses Rates und stellte auch einmal den Vorsitzenden der UN-Vollversammlung.

Die gerechte politische und moralische Beurteilung der DDR erwarte ich nicht von diesem Prozeß und diesem Gericht. Ich nehme jedoch die Gelegenheit dieses Politschauspiels wahr, um meinen Standpunkt meinen Mitbürgern zur Kenntnis zu geben.

Meine Situation in diesem Prozeß ist nicht ungewöhnlich. Der deutsche Rechtsstaat hat schon Karl Marx, August Bebel, Karl Liebknecht und viele andere Sozialisten und Kommunisten angeklagt und verurteilt. Das Dritte Reich hat dies mit den aus dem Rechtsstaat der Weimarer Republik übernommenen Richtern in vielen Prozessen fortgesetzt, von denen ich selbst einen als Angeklagter erlebt habe. Nach der Zerschlagung des deutschen Faschismus und des Hitlerstaates brauchte die BRD nicht nach neuen Staatsanwälten und Richtern zu suchen, um erneut Kommunisten massenhaft strafrechtlich zu verfolgen, ihnen mit Hilfe der Arbeitsgerichte Arbeit und Brot zu nehmen und sie mit Hilfe der Verwaltungsgerichte aus dem öffentlichen Dienst zu entfernen oder sie auf andere Weise zu verfolgen. Nun geschieht uns das, was unseren Genossen in Westdeutschland

schon in den 50er Jahren geschah. Es ist seit ca. 190 Jahren immer die gleiche Willkür. Der Rechtsstaat der BRD ist kein Staat des Rechts, sondern ein Staat der Rechten.
Für diesen Prozeß wie für andere Prozesse, in denen andere DDR-Bürger wegen ihrer »Systemnähe« vor Straf-, Arbeits-, Sozial- und Verwaltungsgerichten verfolgt werden, muß ein Argument herhalten. Die Politiker und Juristen sagen, wir müssen die Kommunisten verurteilen, weil wir die Nazis nicht verurteilt haben. Wir müssen diesmal die Vergangenheit aufarbeiten. Das leuchtet vielen ein, ist aber ein Scheinargument. Die Wahrheit ist, daß die westdeutsche Justiz die Nazis nicht bestrafen konnte, weil sich Richter und Staatsanwälte nicht selbst bestrafen konnten. Die Wahrheit ist, daß die bundesdeutsche Justiz ihr derzeitiges Niveau, wie immer man es beurteilt, den übernommenen Nazis verdankt. Die Wahrheit ist, daß die Kommunisten, die DDR-Bürger heute aus den gleichen Gründen verfolgt werden, aus denen sie in Deutschland schon immer verfolgt wurden. Nur in den 40 Jahren der Existenz der DDR war das umgekehrt. Dieses Versäumnis muß nun »aufgearbeitet« werden. Das alles ist natürlich rechtsstaatlich. Mit Politik hat es nicht das geringste zu.
Die führenden Juristen dieses Landes, gleich ob Angehörige der Regierungsparteien oder der SPD, erklären beschwörend, unser Prozeß sei ein ganz normales Strafverfahren und kein politischer Prozeß, kein Schauprozeß. Man sperrt die Mitglieder eines der höchsten Staatsorgane des Nachbarstaates ein und sagt, das hat mit Politik nichts zu tun. Man wirft den Generalen eines gegnerischen Militärbündnisses militärische Entscheidungen vor und sagt, das hat mit Politik nichts zu tun. Man nennt die heute Verbrecher, die man gestern ehrenvoll als Staatsgäste und Partner in dem gemeinsamen Bemühen, daß nie wieder von deutschem Boden Krieg ausgeht, begrüßt hat. Auch das soll mit Politik nichts zu tun haben.
Man klagt Kommunisten an, die, seit sie auf der politischen Bühne erschienen sind, immer verfolgt wurden, aber heute in der BRD hat das mit Politik nichts zu tun.
Für mich und, wie ich glaube, für jeden Unvoreingenommenen liegt auf der Hand: Dieser Prozeß ist so politisch, wie ein Prozeß gegen die politische und militärische Führung der DDR nur sein kann. Wer das leugnet, der irrt nicht, sondern der lügt. Er lügt, um das Volk ein weiteres Mal zu betrügen. Mit diesem Prozeß wird das getan, was man uns vorwirft. Man entledigt sich der politischen Gegner mit den Mitteln des Strafrechts, aber natürlich ganz rechtsstaatlich.

Auch andere Umstände lassen unübersehbar erkennen, daß mit dem Prozeß politische Ziele verfolgt werden. Warum war der Bundeskanzler, war Herr Kinkel, der frühere Geheimdienstchef, spätere Justizminister und noch spätere Außenminister der BRD, so darauf aus, mich, koste es, was es wolle, nach Deutschland zurückzuholen und wieder nach Moabit zu bringen, wo ich unter Hitler schon einmal war? Warum ließ mich der Bundeskanzler erst nach Moskau fliegen, um dann Moskau und Chile unter Druck zu setzen, mich entgegen jedem Völkerrecht auszuliefern? Warum mußten russische Ärzte die richtige Diagnose, die sie auf Anhieb gestellt hatten, verfälschen? Warum führt man mich und meine Genossen, denen es gesundheitlich nicht viel besser geht als mir, dem Volke vor, wie einst die römischen Cäsaren ihre gefangenen Gegner vorführten?
Ich weiß nicht, ob das alles noch rational zu erklären ist. Vielleicht bewahrheitet sich hier das alte Wort: Wen Gott vernichten will, den schlägt er zuvor mit Blindheit. Es ist doch wohl jedem klar, daß alle diejenigen Politiker, die sich einst um eine Audienz bei mir bemühten und die sich freuten, mich bei sich begrüßen zu dürfen, von diesem Prozeß nicht unbeschadet bleiben. Daß an der Mauer Menschen erschossen wurden, daß ich der Vorsitzende des Nationalen Verteidigungsrates, der Generalsekretär, der Vorsitzende des Staatsrates der DDR war, der für diese Mauer als höchster lebender Politiker die größte Verantwortung trug, wußte jedes Kind in Deutschland und darüber hinaus. Es gibt demnach nur zwei Möglichkeiten: Entweder haben die Herren Politiker der BRD bewußt, freiwillig oder sogar begierig Umgang mit einem Totschläger gesucht, oder sie lassen jetzt bewußt und genußvoll zu, daß Unschuldige des Totschlags bezichtigt werden. Keine dieser beiden Möglichkeiten wird Ihnen zur Ehre gereichen. Eine dritte Möglichkeit gibt es nicht. Wer dieses Dilemma in Kauf nimmt, so oder so ein Mensch ohne Charakter zu sein, ist entweder blind oder verfolgt ein Ziel, das ihm mehr gilt als die Bewahrung seiner Ehre.
Nehmen wir an, daß weder Herr Kohl noch Herr Kinkel noch all die anderen Herren Ministerpräsidenten und Parteiführer der Bundesrepublik Deutschland blind sind (was ich dennoch nicht ausschließen kann), dann bleibt als politisches Ziel dieses Prozesses nur die Absicht, die DDR und damit den Sozialismus in Deutschland total zu diskreditieren. Die Niederlage der DDR und des Sozialismus in Deutschland und in Europa allein genügt ihnen offenbar nicht. Es soll alles ausgerottet werden, was diese Epoche, in der Arbeiter und Bauern regierten, in einem anderen als furchtbaren, verbrecherischen

Licht erscheinen läßt. Total sollen der Sieg der Marktwirtschaft (wie man den Kapitalismus heute euphemistisch nennt) und die Niederlage des Sozialismus sein. Man will, wie es Hitler einst vor Stalingrad sagte, »daß dieser Feind sich nie mehr erheben wird«. Die deutschen Kapitalisten hatten eben immer schon einen Hang zum Totalen.
Dieses Ziel des Prozesses, den totgesagten Sozialismus noch einmal zu töten, offenbart, wie Herr Kohl, wie Regierung und Opposition der BRD die Lage einschätzen. Der Kapitalismus hat sich ökonomisch genauso totgesiegt wie sich Hitler einst militärisch totgesiegt hat. Der Kapitalismus ist weltweit in eine ausweglose Lage geraten. Er hat nur noch die Wahl zwischen dem Untergang in einem ökologischen und sozialen Chaos und der Aufgabe des Privateigentums an Produktionsmitteln, d. h. dem Sozialismus. Beides bedeutet sein Ende. Nur der Sozialismus erscheint den Herrschenden der Bundesrepublik Deutschland offenbar als die akutere Gefahr. Dem soll dieser Prozeß genauso vorbeugen wie der ganze Feldzug gegen das Andenken an die untergegangene DDR, wie deren Stigmatisierung als »Unrechtsstaat«.
Der unnatürliche Tod jedes Menschen in unserem Land hat uns immer bedrückt. Der Tod an der Mauer hat uns nicht nur menschlich betroffen, sondern auch politisch geschädigt. Vor allen anderen trage ich seit Mai 1971 die Hauptlast der politischen Verantwortung dafür, daß auf denjenigen, der die Grenze zwischen der DDR und der BRD, zwischen Warschauer Vertrag und NATO, ohne Genehmigung überschreiten wollte, unter den Bedingungen der Schußwaffengebrauchsbestimmung geschossen wurde. Das ist sicher eine schwere Verantwortung. Ich werde später noch darlegen, warum ich sie auf mich genommen habe. Hier, bei der Bestimmung des politischen Ziels dieses Prozesses, komme ich jedoch nicht umhin, auch festzustellen, mit welchen Mitteln das Prozeßziel, Verunglimpfung der DDR, erreicht werden soll. Dieses Mittel sind die Toten an der Mauer. Sie sollen und werden diesen Prozeß wie schon vorangegangene Prozesse medienwirksam gestalten. Es fehlen dabei die ermordeten Grenzsoldaten der DDR. Wir und vor allem Sie haben bereits erlebt, wie ohne Rücksicht auf Pietät und Anstand die Bilder der Toten vermarktet wurden. Damit soll Politik gemacht und Stimmung erzeugt werden. Jeder Tote wird so gebraucht, richtiger mißbraucht, im Kampf der Unternehmer um den Erhalt ihres kapitalistischen Eigentums. Denn um nichts anderes geht es bei dem Kampf gegen den Sozialismus. Die Toten sollen die Unmenschlichkeit der DDR und des Sozialismus beweisen und von der Misere der Gegenwart und den Op-

fern der sozialen Marktwirtschaft ablenken. Das alles geschieht demokratisch, rechtsstaatlich, christlich, human und zum Wohle des deutschen Volkes. Armes Deutschland.
Nun zur Sache selbst. Die Staatsanwälte der Frontstadt klagen uns als gemeine Kriminelle, als Totschläger an. Da wir nun offensichtlich keinen der 68 Menschen, deren Tod uns in der Anklage vorgeworfen wird, persönlich totgeschlagen haben, da wir auch deren Tötung ebenso offensichtlich nicht vorher befohlen oder sonst veranlaßt haben, wirft mir die Anklage auf Seite 9 wörtlich vor: »... als Sekretär des NVR und Sekretär für Sicherheitsfragen beim Zentralkomitee der SED (angeordnet zu haben), die Grenzanlagen um Berlin(West) und die Sperranlagen zur Bundesrepublik Deutschland auszubauen, um ein Passieren unmöglich zu machen.«
Ferner wirft mir die Anklage vor, in 17 Sitzungen des NVR vom 29.11.1961 bis 1.7.1983 an Beschlüssen teilgenommen zu haben,
– weitere Drahtminensperren zu errichten (wobei das Wort »weitere« erkennen läßt, daß die Streitkräfte der UdSSR vorher schon solche Sperren errichtet hatten)
– das Grenzsicherungssystem zu verbessern, die Schießausbildung der Grenzsoldaten zu verbessern
– Grenzdurchbrüche nicht zuzulassen
– am 3.5.1974 persönlich erklärt zu haben, von der Schußwaffe muß rücksichtslos Gebrauch gemacht werden, was im übrigen nicht zutrifft
– und dem Entwurf des am 1. Mai 1982 in Kraft getretenen Grenzgesetzes zugestimmt zu haben.

Die Vorwürfe gegen mich bzw. gegen uns richten sich also gegen Beschlüsse des NVR, gegen Beschlüsse eines verfassungsmäßigen Organs der DDR. Gegenstand des Verfahrens ist somit die Politik der DDR, das Bemühen des NVR, sie als Staat zu verteidigen und zu erhalten. Dieses Politik soll durch dieses Verfahren kriminalisiert werden. Damit soll die DDR als »Unrechtsstaat« gebrandmarkt und alle, die ihr dienten, zu Verbrechern gestempelt werden. Die Verfolgung von Zehntausenden und unter Umständen Hunderttausenden DDR-Bürgern, von denen die Staatsanwaltschaft jetzt schon spricht, ist das Ziel dieses Verfahrens, das durch »Pilotverfahren« gegen Grenzsoldaten vorbereitet sowie von unzähligen die DDR-Bürger diskriminierenden anderen Gerichtsverfahren vor Zivil-, Sozial-, Arbeits- und Verwaltungsgerichten und von zahlreichen Verwaltungsakten begleitet wird. Es geht also nicht um mich oder um uns, die wir in diesem Prozeß angeklagt sind. Es geht um viel mehr. Es geht um die Zukunft Deutschlands, Europas, ja der Welt, die mit der Beendigung des Kalten Krieges, mit dem neuen Denken so glücklich zu beginnen schien. Hier wird nicht nur der Kalte Krieg fortgesetzt, hier soll ein Grundstein für ein Europa der Reichen gelegt werden. Die Idee der sozialen Gerechtigkeit soll wieder einmal endgültig erstickt werden. Unsere Brandmarkung als Totschläger soll dazu ein Mittel sein.

Ich bin der letzte, der gegen sittliche und rechtliche Maßstäbe zur Beoder Verurteilung von Politikern ist. Nur müssen drei Voraussetzungen erfüllt sein:
Die Maßstäbe müssen exakt vorher formuliert sein.
Sie müssen für alle Politiker gleichermaßen gelten.
Ein überparteiliches Gericht, also ein Gericht, das weder mit Freunden noch Feinden der Angeklagten besetzt ist, muß entscheiden.

Mir scheint, daß alles dies einerseits selbstverständlich, andererseits aber in der heutigen Welt noch nicht machbar ist. Wenn Sie heute dennoch über uns zu Gericht sitzen, so tun Sie das als Gericht der Sieger über uns Besiegte. Dies ist ein Ausdruck der realen Machtverhältnisse, aber nicht ein Akt, der irgendeinen Anspruch auf Geltung vor überpositivem Recht oder überhaupt Recht für sich beanspruchen kann.
Das allein könnte schon genügen, um darzulegen, daß die Anklage ein Unrechtsakt ist. Doch da wir die Auseinandersetzung auch im Detail nicht scheuen, will ich im einzelnen darlegen, was die Anklage, sei es aus böser Absicht, sei es aus Verblendung, nicht darlegt.
Wie bereits zitiert, beginnt die Anklage die chronologische Aufzählung der Vorwürfe gegen uns mit den Worten: »Am 12. August 1961 ordnete der Angeschuldigte Honecker als Sekretär des NVR und Sekretär für Sicherheitsfragen beim Zentralkomitee der SED an, die Grenzanlagen um Berlin (West) und die Sperranlagen zur Bundesrepublik Deutschland auszubauen, um ein Passieren unmöglich zu machen.«
Diese historische Sicht der Dinge spricht für sich. Der Sekretär für Sicherheitsfragen des ZK der SED ordnete 1961 ein welthistorisches Ereignis an. Das übertrifft noch die Selbstironie der DDR-Bürger, die die DDR als die größte DDR der Welt bezeichneten. Wenn auch heute Enno von Löwenstein die DDR zu einem »großen Land« machen will, um den Sieg der BRD entsprechend gewichtiger darstellen zu können, so versucht doch nicht einmal dieser Rechtsaußen des

politischen deutschen Journalismus, die DDR zur Weltmacht hochzustilisieren. Das bleibt der »objektivsten Behörde der Welt«, der Staatsanwaltschaft, vorbehalten. Jeder macht sich vor der Geschichte so lächerlich, wie er will und kann. Wahr ist, daß der Bau der Mauer auf einer Sitzung der Staaten des Warschauer Vertrages am 5.08.1961 in Moskau beschlossen wurde. In diesem Bündnis sozialistischer Staaten war die DDR ein wichtiges Glied, aber nicht die Führungsmacht. Dies dürfte gerichtsbekannt sein und braucht wohl nicht bewiesen zu werden.
Da wir – wie ich schon sagte – offensichtlich niemand persönlich totgeschlagen noch den Totschlag eines Menschen unmittelbar befohlen haben, wird der Bau der Mauer, ihre Aufrechterhaltung und die Durchsetzung des Verbots, die DDR ohne staatliche Genehmigung zu verlassen, als Tötungshandlung angesehen. Mit Politik soll das alles nichts zu tun haben. Die deutsche Jurisprudenz macht das möglich. Nur vor der Geschichte und dem gesunden Menschenverstand wird sie damit nicht bestehen. Sie wird nur ein weiteres mal demonstrieren, woher sie kommt, wes Geistes Kind sie ist und wohin Deutschland zu gehen im Begriffe steht.
Wir alle, die wir in den Staaten des Warschauer Vertrages damals Verantwortung trugen, trafen diese politische Entscheidung gemeinsam. Ich sage das nicht, um mich zu entlasten und die Verantwortung auf andere abzuwälzen; ich sage es nur, weil es so und nicht anders war, und ich stehe dazu, daß diese Entscheidung, damals, 1961, richtig war und richtig blieb, bis die Konfrontation zwischen den USA und der UdSSR beendet war. Eben diese politische Entscheidung und die Überzeugungen, die ihr zugrunde liegen, sind der Gegenstand dieses Prozesses. Man muß schon blind sein oder bewußt vor den Geschehnissen der Vergangenheit die Augen verschließen, um diesen Prozeß nicht als politischen Prozeß der Sieger über die Besiegten zu erkennen, um nicht zu erkennen, daß er eine politisch motivierte Entstellung der Geschichte bedeutet.
Wenn Sie diese Entscheidung für falsch halten und mir und meinen Genossen die Toten an der Mauer zum strafrechtlichen Vorwurf machen, dann sage ich Ihnen, die Entscheidung, die Sie für richtig halten, hätte Tausende oder Millionen Tote zur Folge gehabt. Das war und das ist meine Überzeugung und, wie ich annehme, auch die Überzeugung meiner Genossen. Wegen dieser politischen Überzeugung stehen wir hier vor Ihnen. Und wegen Ihrer andersartigen politischen Überzeugung werden Sie uns verurteilen.
Wie und warum es zum Bau der Mauer gekommen ist, interessiert

die Staatsanwaltschaft gar nicht. Kein Wort steht darüber in der Anklage. Die Ursachen und Bedingungen werden unterschlagen, die Kette der historischen Ereignisse wird willkürlich zerrissen. Erich Honecker hat die Mauer gebaut und aufrechterhalten. Basta. So einfach vermag der bundesdeutsche Jurist die Geschichte zu sehen und darzustellen. Hauptsache, der Kommunist wird zum Kriminellen gestempelt und als solcher verurteilt. Dabei kann doch jeder Deutsche wissen, wie es zur Mauer kam und warum dort geschossen wurde. Da die Anklage so tut, als sei es dem Sozialismus eigen, Mauern zu bauen und daran Menschen erschießen zu lassen, und als trügen solche »verbrecherischen« Einzelpersonen wie ich und meine Genossen dafür die Verantwortung, muß ich, ohne Historiker zu sein, die Geschichte, die zur Mauer führte, rekapitulieren.
Der Ursprung liegt weit zurück. Er beginnt mit der Entstehung des Kapitalismus und des Proletariats. Der unmittelbare Beginn des Elends der deutschen Geschichte der Neuzeit ist das Jahr 1933. 1933 haben bekanntlich sehr viele Deutsche in freien Wahlen die NSDAP gewählt, und der Reichspräsident Hindenburg, der schon 1932 ebenfalls frei gewählt worden war, hat Adolf Hitler dann ganz demokratisch zum Reichskanzler berufen. Anschließend haben die politischen Vorläufer unserer etablierten Parteien mit Ausnahme der SPD dem Ermächtigungsgesetz zugestimmt, daß Hitler diktatorische Vollmachten verlieh. Nur die Kommunisten hatten vor den genannten Wahlen gesagt: »Wer Hindenburg wählt, wählt Hitler, wer Hitler wählt, wählt den Krieg.« Bei der Abstimmung zum Ermächtigungsgesetz waren die kommunistischen Abgeordneten bereits aus dem Reichstag entfernt. Viele Kommunisten waren inhaftiert oder lebten illegal. Schon damals begann mit dem Verbot der Kommunisten der Untergang der Demokratie in Deutschland.
Kaum war Hitler Reichskanzler, erlebte Deutschland sein erstes Wirtschaftswunder. Die Arbeitslosigkeit wurde überwunden, die Anrechtsscheine auf Volkswagen wurden verkauft, die kochende Volksseele führte zur Vertreibung und Ermordung der Juden. Das deutsche Volk war in seiner Mehrheit glücklich und zufrieden.
Als der Zweite Weltkrieg ausgebrochen war und die Fanfaren die Siege in den Blitzkriegen gegen Polen, Norwegen, Dänemark, Belgien, Holland, Luxemburg, Frankreich, Jugoslawien und Griechenland vermeldeten, kannte die Begeisterung keine Grenzen. Die Herzen fast aller Deutschen schlugen für ihren Kanzler, für den größten Führer aller Zeiten. Kaum einer dachte daran, daß das Tausendjährige Reich nur zwölf Jahre bestehen würde. Nachdem 1945 alles in Scherben lag,

gehörte nicht die ganze Welt Deutschland (wie es in einem bekannten Nazilied vorausgesungen wurde), sondern Deutschland gehörte den Alliierten. Deutschland war in vier Zonen geteilt. Freizügigkeit gab es nicht. Dieses Menschenrecht galt damals bei den Alliierten noch nicht. Es galt nicht einmal für die deutschen Emigranten, die wie Gerhart Eisler aus den USA nach Deutschland zurückkehren wollten.

In den USA gab es damals Pläne (z. B. den Morgenthauplan), Deutschland für dauernd in mehrere Staaten aufzuteilen. Diese Pläne gaben Stalin Veranlassung zu seinem oft zitierten Satz: »Die Hitler kommen und gehen, das deutsche Volk und der deutsche Staat bleiben.« Die damals von der UdSSR angestrebte Erhaltung der Einheit Deutschlands kam jedoch nicht zustande. Deutschland wurde im Ergebnis des 1947 von den USA ausgerufenen Kalten Krieges auf dem Wege über die Bildung der Bizone, der Trizone, die separate Währungsreform und schließlich die Bildung der Bundesrepublik im Mai 1949 für lange Zeit zweigeteilt. Diese Teilung war, wie die Abfolge beweist, nicht das Werk der Kommunisten, sondern das Werk der westlichen Alliierten und Konrad Adenauers. Die Bildung der DDR war eine zeitliche und logische Folge der Bildung der BRD. Nunmehr existierten zwei deutsche Staaten nebeneinander. Die BRD war jedoch nicht gewillt, die DDR anzuerkennen und mit ihr friedlich zu leben. Sie erhob vielmehr für ganz Deutschland und alle Deutschen den Alleinvertretungsanspruch. Sie verhängte mit Hilfe ihrer Verbündeten über die DDR ein Wirtschaftsembargo und versuchte so, die DDR wirtschaftlich und politisch zu isolieren. Es war eine Politik der nichtkriegerischen Aggression, die die BRD gegen die DDR führte. Es war dies die Form des Kalten Krieges auf deutschem Boden.

Es war diese Politik, die zur Mauer führte.

Nachdem die BRD der NATO beigetreten war, schloß sich die DDR dem Warschauer Vertrag an. Damit standen sich beide deutsche Staaten als Mitglieder feindlicher Militärbündnisse feindlich gegenüber. Die BRD war der DDR nach der Zahl ihrer Bevölkerung, nach ihrer Wirtschaftskraft und nach ihren politischen und ökonomischen Verbindungen in vielfacher Hinsicht überlegen. Die BRD hatte durch den Marshallplan und durch geringere Reparationsleistungen weniger an den Kriegsfolgen zu tragen. Sie hatte mehr Naturreichtümer und ein größeres Territorium. Sie nutzte diese vielfache Überlegenheit gegenüber der DDR in jeder Hinsicht, besonders aber dadurch aus, daß sie DDR-Bürgern materielle Vorteile versprach, wenn sie ihr Land verließen. Viele DDR-Bürger erlagen dieser Versuchung und

taten das, was die Politiker der BRD von ihnen erwarteten: Sie »stimmten mit den Füßen ab«. Der wirtschaftliche Erfolg verlockte die Deutschen nach 1945 nicht weniger, als er sie nach 1933 verlockt hatte.
Die DDR und die mit ihr verbündeten Staaten des Warschauer Vertrages gerieten in eine schwierige Situation. Die Politik des roll back schien in Deutschland zum Erfolg zu führen. Die NATO schickte sich an, ihren Einflußbereich bis an die Oder zu erweitern.
Durch diese Politik entstand 1961 eine Spannungssituation in Deutschland, die den Weltfrieden gefährdete. Die Menschheit stand am Rande eines Atomkrieges. In dieser Situation also beschlossen die Staaten des Warschauer Vertrages den Bau der Mauer. Niemand faßte diesen Entschluß leichten Herzens. Er trennte nicht nur Familien, sondern er war auch das Zeichen einer politischen und wirtschaftlichen Schwäche des Warschauer Vertrages gegenüber der NATO, die nur mit militärischen Mitteln ausgeglichen werden konnte.
Bedeutende Politiker außerhalb Deutschlands, aber auch in der BRD, erkannten nach 1961 an, daß der Bau der Mauer die Weltlage entspannt hatte.
Franz Josef Strauß schrieb in seinen Erinnerungen: »Mit dem Bau der Mauer war die Krise, wenn auch in einer für die Deutschen unerfreulichen Weise, nicht nur aufgehoben, sondern eigentlich auch abgeschlossen.« (Seite 390) Vorher hat er über den geplanten Atombombenabwurf im Gebiet der DDR berichtet (Seite 388).
Aus meiner Sicht hätte es weder den Grundlagenvertrag noch Helsinki, noch die Einheit Deutschlands gegeben, wenn damals die Mauer nicht gebaut oder wenn sie vor der Beendigung des Kalten Krieges abgerissen worden wäre. Deswegen meine ich, daß ich genauso wie meine Genossen, nicht nur keine juristische, sondern auch keine politische und keine moralische Schuld auf mich geladen habe, als ich zur Mauer ja sagte und dabei blieb.
Es ist in der Geschichte Deutschlands sicher nur am Rande zu vermerken, daß jetzt viele Deutsche sowohl aus dem Westen wie aus dem Osten sich die Mauer wiederwünschen.
Fragen muß man aber auch, was geschehen wäre, wenn wir uns so verhalten hätten, wie das die Anklage als selbstverständlich voraussetzt. Das heißt, wenn wir die Mauer nicht gebaut, die Ausreise aus der DDR jedem zugebilligt und damit freiwillig die DDR schon 1961 aufgegeben hätten. Man muß nicht spekulieren, um sich die Ergebnisse einer solchen Politik vorzustellen. Man muß nur wissen, was 1956 in Ungarn und 1968 in der CSSR geschehen ist. Genauso wie dort hätten auch 1961 in der DDR die ohnehin anwesenden sowje-

tischen Truppen interveniert. Auch in Polen rief 1981 Jaruszelski das Kriegsrecht aus, um eine solche Intervention zu verhindern.
Eine derartige Zuspitzung der Ereignisse, wie sie von der Anklage als selbstverständliche politische, moralische und juristische Aktion von uns verlangt wird, hätte das Risiko eines dritten Weltkrieges bedeutet. Dieses Risiko wollten, konnten und durften wir nicht eingehen. Wenn das in Ihren Augen ein Verbrechen ist, so werden Sie sich vor der Geschichte mit Ihrem Urteil selbst richten. Da wäre an sich nicht bedeutungsvoll. Bedeutungsvoll ist jedoch, daß Ihr Urteil ein Signal sein wird, das die alten Fronten erneut aufreißt, statt sie zu schließen. Sie demonstrieren damit im Angesicht eines drohenden ökologischen Kollapses der Welt die alte Klassenkampfstrategie der 30er Jahre und die Machtpolitik, die Deutschland seit dem eisernen Kanzler berühmt gemacht hat.
Wenn Sie uns wegen unserer politischen Entscheidung von 1961 bis 1989 verurteilen, und ich gehe davon aus, daß Sie das tun werden, so fällen Sie Ihr Urteil nicht nur ohne rechtliche Grundlage, nicht nur als ein parteiisches Gericht, sondern auch unter völliger Außerachtlassung der politischen Gepflogenheiten und Verhaltensweisen derjenigen Länder, die als Rechtsstaaten Ihren höchsten Respekt genießen. Ich will und kann in diesem Zusammenhang nicht alle Fälle aufzählen, in denen politische Entscheidungen in diesen 28 Jahren Menschenleben gefordert haben, weil ich Ihre Zeit und Ihre Sensibilität nicht überstrapazieren will. Auch kann ich mich nicht mehr an alles erinnern. Nur folgendes will ich erwähnen:
1964 entschied der damalige Präsident der USA, Kennedy, Truppen nach Vietnam zu entsenden, um an Stelle der besiegten Franzosen bis 1973 Krieg gegen die um ihre Freiheit, ihre Unabhängigkeit und ihr Selbstbestimmungsrecht kämpfenden Vietnamesen zu führen. Diese Entscheidung des Präsidenten der USA, die eine eklatante Verletzung der Menschenrechte und des Völkerrechts beinhaltete, wurde von der Regierung der BRD in keiner Form kritisiert. Die Präsidenten der USA Kennedy, Johnson und Nixon wurden vor kein Gericht gestellt, auf ihre Ehre fiel, zumindest wegen dieses Krieges, kein Schatten. Dabei hatte kein US-amerikanischer und kein vietnamesischer Soldat die Freiheit, zu entscheiden, ob er sich wegen dieses ungerechten Krieges in Lebensgefahr begeben will oder nicht.
1982 setzte England Truppen gegen Argentinien ein, um die Falklandinseln als Kolonie für das Empire zu erhalten. Die »Eiserne Lady« sicherte sich damit einen Wahlsieg, und ihr Ansehen wurde dadurch,

auch nachdem sie abgewählt worden war, nicht beschädigt. Von Totschlag keine Rede.
1983 befahl der Präsident Reagan seinen Truppen die Besetzung von Grenada. Niemand genießt in Deutschland höheres Ansehen als dieser Präsident der USA. Keine Frage, daß die Opfer dieses Unternehmens rechtens zu Tode gekommen sind.
1986 ließ Reagan die Städte Tripolis und Bengasi in einer Strafaktion bombardieren, ohne zu fragen, ob seine Bomben Schuldige oder Unschuldige trafen.
1989 ordnete Präsident Bush an, General Noriega aus Panama mit Waffengewalt zu entführen. Tausende unschuldige Panamesen wurden dabei getötet. Wiederum fiel auf den Präsidenten der USA kein Makel, geschweige denn, daß er wegen Totschlags oder Mordes angeklagt wurde.
Die Aufzählung ließe sich beliebig erweitern. Von dem Verhalten Englands in Irland überhaupt nur zu sprechen, dürfte als unanständig gelten.
Nach dem, was die Waffen der Bundesrepublik Deutschland unter türkischen Kurden oder der schwarzen Bevölkerung Südafrikas anrichten, werden zwar rhetorische Fragen gestellt, doch niemand zählt die Toten, und niemand nennt die Schuldigen.
Ich habe hier nur die als besonders rechtsstaatlich anerkannten Staaten mit nur einigen ihrer politischen Entscheidungen aufgezählt. Jeder kann vergleichen, wie sich diese Entscheidungen zu der Entscheidung verhalten, an der Grenze des Warschauer Vertrages und der NATO eine Mauer zu errichten.
Sie werden sagen, daß Sie über die Handlungen in anderen Ländern nicht entscheiden können und dürfen. Sie werden sagen, daß Sie das alles nicht interessiert. Doch ich meine, das Urteil der Geschichte über die DDR kann nicht gefällt werden, ohne daß die Ereignisse Berücksichtigung finden, die sich in der Zeit der Existenz der DDR auf Grund der Auseinandersetzung zwischen den beiden Blöcken in anderen Ländern abspielten. Ich meine darüber hinaus auch, daß politische Handlungen nur aus dem Geist ihrer Zeit zu beurteilen sind. Wenn Sie die Augen davor verschließen, was von 1961 bis 1989 in der Welt außerhalb Deutschlands passierte, können Sie kein gerechtes Urteil fällen.
Auch wenn Sie auf Deutschland beschränken und die politischen Entscheidungen in beiden deutschen Staaten einander gegenüberstellen, würde eine ehrliche und objektive Bilanz zugunsten der DDR ausfallen. Wer seinem Volk das Recht auf Arbeit und das Recht auf Woh-

nung verweigert, wie das in der BRD der Fall ist, nimmt in Kauf, daß zahlreichen Menschen ihre Existenz genommen wird und sie keinen anderen Ausweg sehen als aus dem Leben zu scheiden. Arbeitslosigkeit, Obdachlosigkeit, Drogenmißbrauch, Beschaffungskriminalität, Kriminalität überhaupt sind alle das Ergebnis der politischen Entscheidung für die soziale Marktwirtschaft. Selbst anscheinend so politisch neutrale Entscheidungen wie die Geschwindigkeitsbegrenzung auf Autobahnen sind Folgen einer Staatsverfassung, in der nicht die frei gewählten Politiker, sondern die nicht gewählten Wirtschaftsbosse das Sagen haben. Wenn die Abteilung Regierungskriminalität des Generalstaatsanwalts beim Kammergericht ihre Aufmerksamkeit einmal hierauf richten würde, hätte ich bald die Möglichkeit, den Repräsentanten der Bundesrepublik Deutschland wieder wie früher die Hand zu schütteln. – Diesmal allerdings in Moabit. Das wird natürlich nicht geschehen, weil die Toten der Marktwirtschaft alle rechtens ihr Leben verloren.

Ich bin nicht derjenige, der die Bilanz der Geschichte der DDR ziehen kann. Die Zeit dafür ist noch nicht gekommen. Die Bilanz wird später und von anderen gezogen werden.

Ich habe für die DDR gelebt. Ich habe insbesondere seit Mai 1971 einen beträchtlichen Teil der Verantwortung für ihre Geschichte getragen. Ich bin also befangen und darüber hinaus durch Alter und Krankheit geschwächt. Dennoch habe ich am Ende meines Lebens die Gewißheit, die DDR wurde nicht umsonst gegründet. Sie hat ein Zeichen gesetzt, daß Sozialismus möglich und besser sein kann als Kapitalismus. Sie war ein Experiment, das gescheitert ist. Doch noch nie hat die Menschheit wegen eines gescheiterten Experiments die Suche nach neuen Erkenntnissen und Wegen aufgegeben. Es ist nun zu prüfen, warum das Experiment scheiterte. Sicher scheiterte es auch, weil wir, ich meine damit die Verantwortlichen in allen europäischen sozialistischen Ländern, vermeidbare Fehler begangen haben. Sicher scheiterte es in Deutschland unter anderem auch deswegen, weil die Bürger der DDR wie andere Deutsche vor ihnen eine falsche Wahl trafen und weil unsere Gegner noch übermächtig waren. Die Erfahrungen aus der Geschichte der DDR werden mit den Erfahrungen aus der Geschichte der anderen ehemaligen sozialistischen Länder für die Millionen in den noch existierenden sozialistischen Ländern und für die Welt von morgen insgesamt nützlich sein. Wer seine Arbeit und sein Leben für die DDR eingesetzt hat, hat nicht umsonst gelebt. Immer mehr »Ossis« werden erkennen, daß die Lebensbedingungen in der DDR sie weniger deformiert haben als die »Wessis«

durch die »soziale« Marktwirtschaft deformiert worden sind, daß die Kinder in der DDR in Krippen, in Kindergärten und Schulen sorgloser, glücklicher, gebildeter und freier aufwuchsen als die Kinder in den von Gewalttaten beherrschten Schulen, Straßen und Plätzen der BRD. Kranke werden erkennen, daß sie in dem Gesundheitswesen der DDR trotz technischer Rückstände Patienten und nicht kommerzielle Objekte für das Marketing von Ärzten waren. Künstler werden begreifen, daß die angebliche oder wirkliche DDR-Zensur nicht so kunstfeindlich war wie die Zensur des Marktes. Staatsbürger werden spüren, daß die DDR-Bürokratie plus die Jagd auf knappe Waren nicht so viel Freizeit forderte, wie die Bürokratie der BRD. Arbeiter und Bauern werden erkennen, daß die BRD ein Staat der Unternehmer (sprich Kapitalisten) ist und daß die DDR sich nicht ohne Grund einen Arbeiter-und-Bauern-Staat nannte. Frauen werden die Gleichberechtigung und das Recht, über ihren Körper selbst zu bestimmen, die sie in der DDR hatten, jetzt höher schätzen. Viele werden nach der Berührung mit dem Gesetz und dem Recht der BRD mit Frau Bohley, die uns Kommunisten verdammt, sagen: »Gerechtigkeit haben wir gewollt. Den Rechtsstaat haben wir bekommen.« Viele werden auch begreifen, daß die Freiheit, zwischen CDU/CSU, SPD und FDP zu wählen, nur die Freiheit zu einer Scheinwahl bedeutet. Sie werden erkennen, daß sie im täglichen Leben, insbesondere auf ihrer Arbeitsstelle in der DDR, ein ungleich höheres Maß an Freiheit hatten, als sie es jetzt haben. Schließlich werden Geborgenheit und Sicherheit, die die kleine und im Verhältnis zur BRD arme DDR ihren Bürgern gewährte, nicht mehr als Selbstverständlichkeit mißachtet werden, weil der Alltag des Kapitalismus jetzt jedem deutlich macht, was sie in Wahrheit Wert sind.

Die Bilanz der 40jährigen Geschichte der DDR sieht anders aus, als sie von den Politikern und Medien der BRD dargestellt wird. Der wachsende zeitliche Abstand wird das immer deutlicher machen.

Der Prozeß gegen uns Mitglieder des Nationalen Verteidigungsrates der DDR soll ein Nürnberger Prozeß gegen Kommunisten werden. Dieses Unternehmen ist zum Scheitern verurteilt. In der DDR gab es keine Konzentrationslager, keine Gaskammern, keine politischen Todesurteile, keinen Volksgerichtshof, keine Gestapo, keine SS. Die DDR hat keinen Krieg geführt und keine Kriegs- oder Menschlichkeitsverbrechen begangen. Die DDR war ein konsequent antifaschistischer Staat, der wegen seines Eintretens für den Frieden hohes internationales Ansehen besaß.

Der Prozeß gegen uns als die »Großen« der DDR soll dem Argument

entgegengesetzt werden, »die Kleinen hängt man und die Großen läßt man laufen«. Das Urteil über uns soll damit den Weg völlig frei machen, um auch die Kleinen zu »hängen«. Schon bisher hat man sich allerdings hierbei wenig Zwang auferlegt.
Der Prozeß soll die Grundlage für die Brandmarkung der DDR als »Unrechtsstaat« bilden. Ein Staat, der von solchen »Verbrechern« wie uns, von »Totschlägern« regiert wurde, kann nur ein »Unrechtsstaat« sein. Wer ihm nahestand, wer ein pflichtbewußter Bürger der DDR war, soll mit einem Kainszeichen gebrandmarkt werden. Ein Unrechtsstaat kann natürlich nur von »verbrecherischen Organisationen« wie dem MfS, der SED usw. geführt und gestützt worden sein. Kollektivschuld, kollektive Verurteilung soll an die Stelle individueller Verantwortlichkeit treten, um das Fehlen von Beweisen für die behaupteten Verbrechen zu verschleiern. Pfarrer aus der DDR geben ihren Namen für eine neue Inquisition, für eine moderne Hexenjagd. Millionen werden so gnadenlos ausgegrenzt, aus der Gesellschaft ausgestoßen. Vielen werden die Existenzmöglichkeiten bis aufs äußerste eingeschränkt. Es reicht, als IM registriert worden zu sein, um den bürgerlichen Tod zu erleiden. Der Journalist als Denunziant wird hoch gelobt und reich entlohnt, nach seinem Opfer fragt niemand. Die Zahl der Selbstmorde ist tabu. Das alles unter einer Regierung, die sich christlich und liberal nennt, sowie mit Duldung, ja sogar Unterstützung einer Opposition, die diesen Namen ebenso wenig verdient wie die Bezeichnung »sozial«. – Das alles geschieht mit dem selbstverliehenen Gütesiegel des Rechtsstaats.
Der Prozeß offenbart seine politische Dimension auch als Prozeß gegen Antifaschisten. Zu einer Zeit, in der der rechte neonazistische Mob ungestraft auf den Straßen tobt, Ausländer verfolgt, die wie in Mölln ermordet werden, zeigt der Rechtsstaat seine ganze Kraft bei der Verhaftung demonstrierender Juden und eben bei der Verfolgung von Kommunisten. Hier fehlt es auch nicht an Beamten und Geld. Das alles hatten wir schon einmal.
Resümiert man den politischen Gehalt dieses Prozesses, so stellt er sich als Fortsetzung des Kalten Krieges, als Negierung des menschlichen Denkens dar. Er enthüllt den wahren politischen Charakter dieser Bundesrepublik. Die Anklage, die Haftbefehle und der Beschluß des Gerichts über die Zulassung der Anklage sind geprägt vom Geist des Kalten Krieges. Die Präjudizien zu den Gerichtsentscheidungen gehen auf das Jahr 1964 zurück. Die Welt hat sich seitdem geändert, aber die deutsche Justiz führt politische Prozesse, als regiere noch Wilhelm II. Sie hat die vorübergehende liberale politische »Schwäche«,

die sie nach 1968 überfiel, wieder überwunden und ihre alte antikommunistische Hochform wiedergewonnen. Uns schalt man »Betonköpfe« und warf uns Reformunfähigkeit vor. – In diesem Prozeß wird demonstriert, wo die Betonköpfe herrschen und wer reformunfähig ist. Nach außen ist man zwar äußerst geschmeidig, wird Gorbatschow die Ehrenbürgerschaft von Berlin verliehen, wird gnädig verziehen, daß er einst die sogenannten Mauerschützen durch seinen Eintrag in ihr Ehrenbuch belobigte, aber nach innen ist man »hart wie Kruppstahl«. Den einstigen Verbündeten von Gorbatschow stellt man dagegen vor Gericht. Gorbatschow und ich gehörten beide der kommunistischen Weltbewegung an. Es ist bekannt, daß wir in einigen wesentlichen Punkten verschiedener Meinung waren. Doch unsere Differenzen waren aus meiner damaligen Sicht geringer als unsere Gemeinsamkeiten. Mich hat der Bundeskanzler nicht mit Goebbels verglichen, und ich hätte ihm das auch nicht verziehen. Weder für den Bundeskanzler noch für Gorbatschow ist dieses Strafverfahren ein Hindernis für ihre Duzfreundschaft. Auch das ist kennzeichnend.

Ich bin am Ende meiner Erklärung. Tun Sie, was Sie nicht lassen können.

Erich Honecker
3.12.92

Brief von Luis Corvalán an Erich Honecker

Santiago, 12. Dezember 1992

Lieber Genosse Erich Honecker,
seit langem schon wollte ich Ihnen schreiben. Ich habe es vorher nicht getan aus Unsicherheit, ob ein Brief von mir in Ihre Hände gelangen würde. Ihre Frau Margot und unsere gemeinsame Freundin Gladys haben mich überzeugt, daß solche Befürchtungen übertrieben sind. Gladys berichtete uns auch detailliert von ihrem Interview mit Ihnen. Sie kehrte sehr beeindruckt von Ihrer Haltung als wahrhafter Kommunist nach Hause zurück. Ich war erfreut, das zu erfahren. Aber ich war dessen sicher gewesen. Als Sie die chilenische Botschaft in Moskau verließen, genauer gesagt, als man Sie aus der Botschaft hinauswarf, erhoben sie Ihre rechte Hand mit geschlossener Faust zum Zeichen der Stärke, wie es die alten antifaschistischen Widerstandskämpfer taten. Diese Eigenschaft haben Sie Ihr ganzes Leben lang bewiesen, auch im Verlauf des ganzen so ungerechten und groteskerweise gegen Ihre Person eröffneten »Justiz«-Verfahrens.

Was für überaus grausame Tage mußten wir in den letzten Jahren erleben! Die menschliche Vorstellungskraft reichte nicht aus, niemand konnte sich vorstellen, was passiert ist! Die schlimmsten, grausamsten Feinde des Sozialismus hätten sich die Auflösung der Sowjetunion und den Zusammenbruch des Sozialismus in Europa niemals träumen lassen, ohne daß ein einziger Schuß abgegeben worden wäre!

Der Untergang der DDR ist besonders schmerzlich gewesen. Wir mochten sie sehr aus verschiedenen Gründen; selbstverständlich wegen der großen Solidarität, die sie unserem Kampf erwies und dem Kampf aller Völker, die den Weg in Richtung Fortschritt beschritten oder Opfer despotischer Regimes waren. »Die Solidarität hilft siegen« war eine der Losungen, die der X. Parteitag der SED proklamierte. Daran werden wir uns immer erinnern.

Gorbatschow war hier. Er wurde gefeiert von den Feinden des Sozialismus und gerühmt von den Deserteuren des Revolutionsfeldes. Er gab gutbezahlte Interviews. Er sprach über alles, nur nicht über den Sozialismus. Zum Abschluß seines Besuches, genau am Tag seiner Abreise erschien im »El Mercurio«, der Tageszeitung des chilenischen Großkapitals, ein Artikel, unterzeichnet von Tamara Avetikian, über seine Reise nach Chile. »Manche sagen, daß er nichts zu sagen hat; daß sich sein politisches Vorhaben als Mißerfolg erwies; daß er die aktuelle Krise in der Ex-UdSSR zu verantworten hat«, schrieb Tamara und fügte hinzu: »Vielleicht haben sie Recht. Dennoch kann man das bedeutende Werk nicht leugnen, das er der Nachwelt hinterlassen hat: die Zerstörung des Kommunismus aus dem Inneren des Systems heraus«.

Ein trauriges Ende hat der hochgelobte Gorbi gehabt! Er ist frei, und Sie sind in Haft. Sie haben die Freiheit verloren, aber nicht die Ehre als Kommunist.

Ich habe ein Buch geschrieben, Genosse Honecker, das im März unter dem Titel »El Derrumbe Del Poder Soviético« (Der Zusammenbruch der Sowjetischen Macht) in Chile erscheint. Es handelt sich um etwa 160 Seiten, auf denen ich versuche zu erklären, was passiert ist, in journalistischem Stil, in dem sich Erlebtes, Erzählungen und eigene Überlegungen mischen. Es ist keine wissenschaftliche Analyse der Ereignisse. Aber ich glaube, daß es zu etwas nützlich sein wird. Darin gibt es ein Kapitel, das von der DDR handelt.

Ich stelle die wahre Geschichte der Mauer dar und die Tatsache, daß die DDR nicht wegen ihrer Unzulänglichkeiten oder Fehler untergegangen ist. Sie wurde ausgeliefert.

Ziemlich oft, wenn auch vielleicht nicht so oft, wie es sein könnte, sehe ich Margot und Sonia, von weitem auch Roberto und Viviana. Es geht ihnen gut, obgleich sie sich natürlich Sorgen machen um Sie und um das, was passiert, eine Sorge, die ich vollkommen teile.

In den Telegrammen war dieser Tage immer wieder die Rede davon, daß Sie möglicherweise freigelassen werden und nach Chile reisen können, um Ihre Lieben zu treffen. Hoffentlich stimmt das. Wir sind gespannt, was diesbezüglich geschehen wird. Ich hoffe sehnsüchtig auf die Möglichkeit, daß diese Ankündigung Realität wird, um Sie zu sehen und Ihnen in natura und persönlich all unsere Wertschätzung auszudrücken.

Ich schreibe Ihnen diese Zeilen kurz vor Weihnachten, das in der DDR immer Anlaß für ein großes Fest war. Sie können jetzt nicht feiern. Doch ich bin sicher, daß Sie deshalb nicht entmutigt sind. Sie können Ihren Kerkermeistern und der ganzen Welt mit erhobenem Kopf in die Augen blicken, mit der Freude, die sich aus dem Wissen nährt, daß Sie Ihren Überzeugungen und Ihren Prinzipien treu geblieben sind und treu bleiben werden.

Es umarmt Sie herzlichst Ihr alter Genosse und Freund. Bitte grüßen Sie auch Ihre Genossen im Gefängnis von mir.

Luis Corvalán